베트남
문화의
길을 걷다

베트남 문화의 길을 걷다

당신이 알고 싶은 베트남 현장 이야기

초 판 발 행   2017년 4월 17일
6 판 발 행   2018년 11월 15일
개정판발행   2020년 3월 10일

CHAMBOOKS는 (주)도서출판 참의 인프린트 브랜드입니다.

지 은 이   박낙종
발 행 인   오세형
디 자 인   선우

제작지원 TOPIK KOREA

발 행 처   (주)도서출판 참
등록일자   2014년 10월 12일
등록번호   제319-2014-52호
주   소   서울시 동작구 사당로 188
전   화   도서 내용 문의 (02) 6294-5742
           도서 주문 문의 (02) 6294-5743
팩   스   (02) 595-5749
블 로 그   blog.naver.com/cham_books
이 메 일   cham_books@naver.com

ISBN   979-11-958836-6-0   03300

당신이 알고 싶은 베트남 현장 이야기

베트남 문화의 길을 걷다

박낙종 지음

CHAMBOOKS

개정판을 내면서

『베트남 문화의 길을 걷다』가 3년 만에 개정판을 내게 되었다. 독자들의 뜨거운 성원에 힘입어 6쇄까지 완판하였다. 작가로서 감사할 뿐이다.

일반적으로 보면, 개정판을 내는 시기가 조금 이르다는 지적이었다. 그러나 이유가 있다. 베트남의 전반적인 상황이 너무 빠르게 변하기 때문에 불과 2~3년 전의 정보로는 데이터로서 활용성이 떨어질 수 있다고 느꼈기 때문이다. 이런 자료를 그대로 방치하는 것은 저자로서 독자에 대한 예의가 아니라고 생각하였다.

베트남은 정말 빠르게 변하고 있다. 1인당 국민소득이 우리의 10분의 1도 안된다고 생각하는 사이에 우리를 바짝 따라오는 형국이 되었다. 한국이 마이너스 성장의 늪에 빠져 허우적거리는 사이에 베트남은 지난해에는 7.08%를 달성하였고, 금년에도 6%대는 무난히 달성할 것으로 예측하고 있다.

베트남의 경제 상황은 우리가 겪어왔던 순차적 발전 경험과도 다르게 1차 산업에서 4차 산업에 이르기까지 모든 산업이 동시다발적으로 움직이고 있다. 산업들의 융복합적 상호반응이 국가경제에 시너지 효과로 나타날 수 있는 여지가 느껴지고 있다. 즉, 교통, 무역, 유통, 관광, 통신, 금융 등 3차 서비스산업의 발전은 물론 화학, 전기, 가스, 건설과 자동차 생산 등 제조업 분야도 활기를 띠면서 경제적 펀더멘털이 굳건해 지고 있다.

정치적인 안정과 함께 대외 개방정책을 더욱 강화하면서 해마다 해외직접투자유치(FDI) 규모도 최대치를 갈아치우고 있다. 중국시장에서의 실패와 내수시장의 한계를 느낀 일본, 한국, 미국 등 주요 경제선진국들은 베트남시장에 공격적으로 진출하고 있다. 베트남시장은 세계 각국의 각축장으로 변해 경제사슬의 먹이구조를 만들고 있다.

APEC 등 국제대회를 유치하고 북미정상회담을 성공적으로 치르면서 매력적이고 발전하는 국가로 국제적인 스포트라이트도 받게 되면서 외래 관광객도 물밀듯이 밀려오고 있다. 2018년도 베트남을 찾은 외래관광객은 15,497,791명을 기록했고 한국은 15,346,879명을 기록했다. 근소한 차이이지만 베트남이 한국을 앞서기 시작했다. 2014년 베트남 외래 관광객이 약7천8백만 명이었을 때 한국은 약 1천4백만 명이었다. 그때와 지금을 비교하면 격세지감을 느낀다. 물론 베트남 외래관광객의 과반수(54%)는 중국(32%)과 한국(22%)의 관광객들이 차지하고 있지만, 베트남 관광산업이 전반적으로 상승세를 타고 있는 것은 확실하다.

베트남의 영웅으로 떠오른 박항서 감독이 이끄는 국가대표팀의 국제대회의 우승이나 연이은 상위권 진입은 베트남 국민들의 자존심을 회복시키고 자신감을 안겨주고 있어 국가발전에 긍정적 요소로 작용하고 있다. 이제는 한국 국가대표팀과도 경쟁할 만하다는 인식이 팽배하다.

경제성장과 함께 문화산업의 성장도 눈에 띄게 변화하고 있다. 영화, 드라마, 음악, 게임 등 시장에 자본이 흘러 들어가면서 빠르게 성장하고 있다. 베트남은 우리나라 내수시장의 연장선상에서 동반성장의 길을 가고 있고, 우리의 가장 좋은 협력파트너라는 것은 의심의 여지가 없다. 그러나 경제 수준의 격차만큼 위험부담이 항상 도사려 있음을 기억해야 한다. 경제가 발전하고 있다고 하지만 2018년도 기준 1인당 국민소득은 2,546달러에 불과하다. 구매력이나 구매수요가 바쳐주지 못할 수도 있고 부가가치 높은 한국의 선진기술이 현장에 접목되지 못하고 마케팅 비용만 발생시키는 경우가 허다하다. 최근 박윤정 NIPA 하노이IT센터장은 "한국의 첨단 IT기술기반의 스타트업비즈니스가 현지에서 성공적으로 안착할 확률은 매우 낮다. 베트남의 IT기술이 분명히 발전하고는 있지만 아직은 시간이 필요하다. 베트남의 대기업은 자체적으로 기술을 개발하고 있고, 중소 스타트업은 비즈니스문화가 다르고 시장이 아직 성숙되지 않아 매우 어려운 구조이다."라고 강조하고 있다.

비즈니스를 경제적 시각으로만 접근해서는 성공을 담보하기 어렵다. 최근 한국 경제가 어려워지자 한류가 뜨겁고 문화도 유사한 베트남에 진출하는 중소기업들이 많이 늘어나고 있다. 많은 한국인들은 베트남 문화가 우리와 유사하기 때문에 사업하기 수월할 것이라는 낙관적인 생각을 갖고 있다. 장기보다는 단기성 수익을 내는 데 집중하는 경향이 강하다. 그러나 안타깝게도 이런 기업들이 성공적으로 현지에 안착하는 사례가 많지 않다는 사실이다.

베트남에서 수십년 사업을 해 오면서 산전수전을 겪은 한 교민은 "한국과 베트남이 관혼상제가 유사하다고 해서 국민성이나 문화가 같다고 보면 오산이다."라는 말을 한 적이 있다. 베트남 문화는 우리와 적지 않은 차이점이 있다는 것을 체감하는 것이 실패를 줄이는 최선의 방안이다. 개정판『베트남 문화의 길을 걷다』가 독자들의 성공을 안내하는 길잡이가 되기를 소망한다.

2020년 2월
하노이에서 저자 박낙종

초판 머리말

베트남 문화예술의 집적지 호안끼엠 호수 인근, 베트남 시성의 이름을 따서 지은 응옌주 Nguyen Du 49번지, 시야가 탁 트인 오거리에 당당하게 자리 잡은 주베트남 한국문화원은 동남아시아에서는 처음으로 2006년 11월에 개설되었다. 2005년에 베트남을 국빈 방문한 노무현 대통령은 한류의 불길이 훨훨 타오르는 현장에서 베트남의 높은 잠재력을 목격하고 문화원 설립의 필요성을 느꼈다. 여기에는 과거 전쟁으로 상처받은 양국 국민의 마음을 문화교류로 치유하기를 원했던 한국교민의 건의와 베트남 정부의 묵시적 공감도 중요하게 작용하였다.

그로부터 10년, 개원 10여 년이 흘렀다. 필자는 감사하게도 2012년부터 2016년까지 4년 가까운 기간 동안 외교관 신분의 문화원장으로 한류의 현장에서 일선 지휘관으로 활동하면서 한류가 성숙해지고 과일을 맺을 수 있도록 지원하는데 미력한 힘이지만 기여할 수 있었다. 다행스럽게도 10여 년 동안 문화원의 역할과 기능은 매우 커졌고 성과도 많이 나타나게 되었다. 한류는 미세한 굴곡이 있었지만 한류의 불길은 여전히 수그러들지 않고 지속되고 있다. 한류가 침체되고 있다는 의견도 있지만, 한류가 양적에서 질적 현상으로 전환되는 과정에 있다고 생각한다.

한류에 대한 현지 관료나 언론인 등 일부 계층의 부정적인 시각도 수면 아래로 가라앉고 오히려 한류의 현지화와 일상화가 진행되면서 베트남 문화를 풍성하게 만들고 있고, 문화산업을 일으키는데도 기여하고 있다. 한식당이나 한국제품 판매점을 직접 운영하는 현지 기업들, 한국 패션, 화장품, 전자제품을 즐겨 구매하는 일반 국민들과 K팝이나 드라마를 일상생활로 즐기는 젊은 이들을 어디에서나 쉽게 만날 수 있고, 한국어 배우기 열풍이 베트남 전국을 강타하는 현실에서 그들에게 한국문화는 일상적인 놀이로, 한국상품은 필수 소비재가 되고 있다.

한류는 한국에게 더 많은 성과를 안겨주고 있다. 한국의 경제성장에 기여하고 있고 외교, 국방, 금융, 행정, 안보 등 모든 분야에서 성과를 내고 있다.

2016년 말 현재 양국은 180만여 명의 사람들이 왕래하였고, 6,000개가 넘는 한국기업들이 베트남에 진출해 있다. 교역 규모는 450억 달러를 넘어섰다. 최근 양국은 1992년 수교 이래 교역과 교류분야에서 전대미문의 성과를 매년 갱신해 나가고 있다. 이러한 역사적인 순간에 필자는 문화원장으로 현지 문화정책과 행정, 그리고 문화자원에 대한 실질적인 정보나 자료에 접할 수 있었고, 나아가서 독자들과 공유하고 싶은 다양하고 유익한 경험을 하게 되었다.

이러한 배경하에서 이 책을 쓰게 된 계기와 기획 의도는 다음과 같다. 최근 한국의 베트남에 대한 관심이 크게 높아지고 있는 시점에서 일반적인 이론서보다는 현장 경험에 의한 체험서가 필요하다는 생각이다. 그래서 이 책은 베트남에 진출하고자 하는 기업인, 문화기획자, 여행사업자, 베트남 여성과 결혼한 한국인 남편과 가족, 베트남에 유학하고자 하는 청년들, 베트남과 교류 관계를 갖고 있는 민간단체에 이르기까지 베트남 문화에 진정성을 갖고 공감하고자 하는 독자들에게 필요한 체험서라고 할 수 있다.

둘째는 저자가 외교관 신분인 문화원장으로 4년 여 동안 현장에서 공무 수

행 중에 겪은 다양한 경험들을 독자들과 공유하고자 한다. 이 책은 한국의 정책 당국자와 이론과 현실을 비교·연구하고자 하는 학자의 입장에서 베트남의 문화와 관광정책 그리고 현황을 이해하는 데 도움이 될 것이다.

『베트남 문화의 길을 걷다』는 정치, 경제, 관광 등 다양한 분야를 베트남만의 '독특한 문화'라는 앵글에 맞추어 기술하려고 노력하였다. 특히, 최근의 문화현상을 바라보면서 최근 발전하는 베트남의 문화산업을 전반적으로 담고 있다. 학술적인 면보다는 저자가 직접 베트남에서 겪었던 에피소드를 통해 베트남을 실용적인 관점으로 바라보고 있으며, 책 중간에 베트남과 관련된 다양한 사진과 흥미로운 자료를 삽입하였다.

마지막으로 이 책은 베트남을 사랑하는 마음과 베트남의 우수한 문화를 한국에 널리 알리고자 하는 마음으로 기술하였다. 한국에는 베트남 다문화가정이 점점 증가하고 있는 반면에 이혼이나 폭력 등의 갈등 문제도 적지 않아 보인다. 이러한 불행한 일들은 상대 문화에 대한 깊이있는 이해가 부족하기 때문에 발생하는 경우가 대부분이다. 이 책이 한국사회에서 베트남 문화에 대한 깊이 있는 이해, 베트남 문화의 우수성에 대한 인식을 높여주는 역할을 기대한다.

재임 중 베트남여성연맹 화 Nguyen Thi Thanh Hoa 주석과 면담한 적이 있는데, 그 자리에서 화 주석은 한국에 결혼한 베트남 여성이 점점 많아지는데 한국에서 존중을 받지 못하고 있어 안타깝다는 말과 함께 한국사람들에게 베트남 문화, 특히, 여성의 우수한 문화, 근면하고 성실한 베트남 여성상을 알려 달라는 부탁을 받은 적이 있다. 이 책이 화 주석의 희망이 조금이나마 이루어지는데 기여한다면 더 없이 좋을 것이다.

그러나 이러한 막중한 책임감을 갖고 시작한 일이지만, 막상 책을 집필하는 과정에서 적지 않은 장벽에 부딪치게 되었다. 우리나라의 시중 서점에는 베트남 문화에 대한 서적들이 적지 않게 나와 있고 대체로 자료 구하기에 커다란 어려움은 없었다. 하지만, 차원을 달리하여 베트남 문화예술과 관련된 정책이나 관련 산업에 대한 정보나 자료, 지식 등은 찾아보기 어렵다고 보아야 한다. 베트남은 개발도상국가이며 사회주의 국가로서 정확한 통계자료를 갖고 있지 않거나, 공개하기를 꺼려하고 있을 뿐만 아니라 대부분의 자료가 현지어로 되어 있어 정보 취득에 어려움을 겪었다. 이런 점에서 본 저자의 내용이 객관성이나 논리적 근거가 미흡할 수 있다는 점과 일부 인용한 숫자나 정보에 오류가 있을 수 있는 것에 대해 독자들의 양해를 구하고자 한다.

이 책이 탄생하기까지 많은 분들의 권고와 격려, 그리고 도움이 있었다. 일일이 한 분 한 분 지면을 통해서 감사인사를 드려야 도리인 줄 알지만, 베트남에 관심이 있고 베트남을 사랑하는 모든 독자 분들과 필자를 성원해 주시는 모든 분들께 부족한 이 졸저를 바치면서 감사함을 대신하고자 한다.

2017년 4월
저자 박낙종

CONTENTS

개정판을 내면서
초판 머리말

1장 가족 공동체 사회

01 여성의 사회적 위상과 역할 ⋯ 20
02 낙천적인 사람들 ⋯ 30
살짝보기 높은 교육열기 ⋯ 39
03 직장의 가족문화 ⋯ 42

2장 존경받는 영웅들

01 거리 이름으로 기억되는 영웅들 ⋯ 52
02 축제로 추모받는 영웅들 ⋯ 55
03 민족주의자 호찌민의 애민사상 ⋯ 58
04 명장들의 민본정신 ⋯ 62
살짝보기 국호, 왜 베트남Vietnam, 越南인가 ⋯ 65

3장 국가체제와 사회문화적 특성

01 정치문화의 특성–사회주의 국가 ··· 70
살짝보기 국가체제와 신지도부 ··· 83
02 사회문화의 특성–자본주의 사회 ··· 85
살짝보기 발전하는 베트남 ··· 92
살짝보기 비즈니스 팁 ··· 94

4장 베트남 문화의 정체성

01 환경과 문화 ··· 100
살짝보기 정감 있는 거리 풍경 ··· 105
살짝보기 Shocking, 오토바이 문화 ··· 108
살짝보기 베트남 음식과 과일 ··· 111
02 정신문화적 특성 ··· 113
살짝보기 꽃을 좋아하는 문화 ··· 121
살짝보기 베트남인의 정신과 삶–연꽃 ··· 123
03 베트남 문화의 정체성 ··· 125
살짝보기 베트남어와 이름 구조 ··· 136

5장 풍부한 문화유산

01 신화와 전설 ··· 150
02 전통공연과 민족음악 ··· 159
03 전통미술 ··· 165
04 고전문학의 보고 ··· 168
05 문화유산의 보존과 전승 ··· 173

6장 베트남 문화산업

01 경제, 사회, 문화적 환경 ··· 180
02 문화콘텐츠 분야별 현황 ··· 183
살짝보기 한-베 합작드라마 〈오늘도 청춘〉 이야기 ··· 198

7장 문화예술

01 공연예술 ··· 202
살짝보기 베트남 공연예술 지형도 ··· 210
02 미술분야 ··· 214
살짝보기 베트남문화체육관광부 조직과 기능 ··· 222

8장 관광산업

01 관광산업개황 … 226
02 문화관광축제 … 235
03 추천 관광지 … 264

9장 베트남의 한류

01 한류의 영향력 … 282
살짝보기 주베트남 한국문화원의 역사와 홍보활동 … 286
02 장르별 한류 … 288
03 한류의 성과 … 320
살짝보기 베트남 스포츠와 한류 … 329
04 한류의 미래 … 332

부록
베트남 문화체육관광부 조직도 … 338
참고문헌 … 340

출처: 위키피디아

1장

가족 공동체 사회

베트남인의 친화력은 매우 뛰어나다. 처음 보는 사람도 통성명이 끝나면
오랜 지인처럼 마음을 열고 대화한다.
누구나 친척이고 가족의 일원으로 스스로 인정받기를 바란다.
베트남에서 혈연, 지연과 학연관계는 사회생활에서 매우 중요하다.
사람들은 가족공동체의 일원으로 인정받기 위해 본능적으로 친화력을 발휘한다.

01
여성의 사회적 위상과 역할

/

"가족내에서 여성은 남성의 종속물이 아닌
남성과 함께 비교적 민주적이고 평등한 위상을 갖는다는 점.
여성은 가정에서 단지 내조자로의 역할만이 아니고
가족을 대신해서 적극적으로 사회의 대외적인 일에도 참여한다."

베트남에서 '여성의 날'이 두 번인 것에서 알 수 있듯이 베트남 여성들의 위상
은 세계적으로도 매우 높은 편이다. 3월 8일은 세계 여성의 날이고, 10월 20
일은 국가에서 지정한 여성의 날이다. 단순히 여성의 날이 두 번이라는 것이
아니라, 실질적으로 여성을 존경하는 사회분위기가 전반적으로 성숙되어 있
으며, 남편이나 남성들은 꽃다발을 바치거나 가족과의 외식 등을 통해 여성
들의 헌신에 대한 존경과 사랑을 표시하고, 정부나 사회에서도 크고 작은 기
념행사들을 개최한다. 베트남에서 여성의 날이 두 번이라는 의미를 뒤집어
해석해 보면, 남성들이 여성에 대해 반드시 존경심과 사랑을 표시해야만 하
는 이유가 있을 것 같다. 이것은 남성들이 사회 집단적으로 거행하는 고해성
사와 같은 신성한 의식이 아닐까.

베트남에서 여성은 만능선수와도 같다. 출산의 고통을 겪으면서 가정에서

육아를 책임지고, 벌이가 시원치 않은 남편과 자식들의 생계나 교육을 위해 회사에서도 열심히 돈을 벌어야 한다. 전쟁이 나면 후방에서 군량미를 조달하고, 일부는 직접 군인으로 또는 의용대로 참전하여 싸우면서도 가정을 지켜냈다. 베트남 여성들은 전통적으로 남자들에 의존하지 않고 스스로 가족을 부양하기 위해 상업활동에 종사했다.

여성들과 비교해서 남성들은 실업자가 많고 생산활동에 적극적으로 참여하지 않고 있는데, 이런 현상은 오늘날의 일만은 아닌 것 같다. 유인선은 '근세 베트남의 법과 가족'에서 1778년 영국의 인도 총독에 의해 코친차이나에 보내졌던 찰스 샤프만이 베트남에 왔을 때 이런 보고를 했다. '부인들은 훨씬 활동적이었다. 이들이 일상적으로 모든 업무를 처리하는 동안, 게으른 남편

들은 한가로이 다리를 꼬고 앉아서 담배를 피우거나 혹은 빈랑 열매를 씹든 가 아니면 차를 마시고 있을 뿐이다.'

또한 1794년 11월 베트남에 표류했던 일본인 선원은 '이 나라의 풍습으로 말하자면, 여자가 상당히 현명하고 굳건하여 장사의 흥정도 열의 아홉은 여자가 한다. 대개 남자는 그저 건들건들 술을 마시고 노래를 흥얼거리고 삼미비 파소궁을 켜며 장사는 남의 집 일인 양 게으름만 피우면서 놀러 다닌다.' 안타깝게도 300여 년 전 베트남의 여성과 남성의 모습이 오늘 날의 여성과 남성의 모습과 크게 다르지 않다는 것이다. 지금도 하노이 시내에 나가면 하루 종일 차만 마시고 빈둥거리는 남성들을 얼마든지 볼 수 있다. 가정집, 식당, 마사지숍 등에서 어렵게 수입을 올리는 여성들 중에서는 남편의 술과 도박으로 인해 이혼한 사례가 적지 않다. 이러한 사회문화적 바탕이 베트남에서 여성의 날을 중요하게 만드는 계기가 되었다고 할 수 있다.

세계에서 보기 드물게 하노이와 호찌민에 '여성박물관Vietnamese Women's Museum'이 있다는 점도 베트남에서 여성의 업적과 위상이 어느 정도인지 알려준다. 하노이 여성박물관은 1987년에 베트남 여성연맹에 의해 설립되었는데, 베트남 여성과 관련한 25,000점 이상의 아이템과 자료, 다양한 전시를 통해 베트남인은 물론 수많은 외국 관광객들에게 다양한 정보를 제공하고 있다.

전시는 '가족 안에서의 여성', '베트남 역사 속에서의 여성', '베트남 여성의 패션' 등으로 구성되어 있다.

역사적으로 전쟁이 많았던 베트남에서는 여성들이 전쟁의 지휘관으로, 병사로, 물자 보급병으로 참여하여 커다란 공적을 이뤘다.

여성의 권리 보호를 위해 설립된 여성연맹Women's Union은 중앙부처이고 주석은 장관급으로 예우를 받는다. 여성박물관은 여성연맹의 대표적인 소속기관이다. 2014년도 기준, 여성연맹에서는 베트남 전국 지자체 및 도시 10,472 지역의 여성, 1,300만 회원으로 구성된 노동조합이 운영되고 있고, 이들은 중앙 정부, 주정부 및 시 단위63개, 지구 수준642개, 그리고 코뮌 수준10,472개의 4단계의 조직으로 구분된다.

현재 베트남은 전체 노동자중에서 51%가 여성이며, 여성국회의원의 비율이 전체의 27.3%에 이르고 있고, 2016년에는 여성인 응웬 티 킴 응안Nguyen Thi Kim Ngan이 국회의장으로 선출되었다. UN국제연합은 최근에 "베트남은 정치활동에 여성의 참여비율이 세계적으로 가장 높은 나라 중 하나이다"라고 평가한 바 있다.

베트남에서는 국가와 민족이 어려움에 처했을 때 몸소 앞장서서 조국을 구한 사례도 많이 있다. 그 중에 가장 선두에 있는 영웅은 쯩짝과 쯩니하이바쯩 Hai Ba Trung 자매라고 할 수 있다. 쯩 자매는 A.D. 40년 전국적인 봉기를 주도했으며, 이들 자매의 영도아래 짧은 시간 안에 베트남을 지배하고 있던 중국 한나라를 패퇴시켰다. 쯩 자매는 국민과 장군들에 의해 왕으로 추앙 받았으며, 쯩짝은 수도를 메린Me Linh, 현재 빈푹 성 메린 현에 세우고 스스로 왕에 오르며 2년 동안을 통치하다가 A.D. 42년 다시 침략한 한나라의 압도적인 병력에 희생되고 만다.

이들 자매의 용기 있는 봉기는 불멸의 영웅 서사시이자 독립의지와 자유를 중시하는 국가 정신의 발로로 인식되었다. 베트남 국민들은 3월 8일 세계 여성의 날을 하이 바 쯩을 기리는 날로 기념하고 있으며, 하노이와 호찌민 중심 거리를 하이바 쯩 도로로 명명하여 영웅인 쯩 자매를 추앙하고 있다.

현대에 들어와서 미국, 프랑스, 일본, 중국 등 군사 강대국과 전쟁을 할 때도 여성들의 항전의지와 역할은 남달랐다. 여성들에 의해 주도된 「3가지 담당」운동은 지금까지도 유명하다. 1965년 3월 22일 미국과의 전쟁이 가열되던 시기에 북부에서는 전쟁터에 나간 남자들을 대신하여 후방에 남아 있는 여성들은 '가정', '생산', '군수물자와 식량' 등 3가지를 담당하자는 운동을 시작하였다고 한다. 전쟁으로 점철된 베트남의 역사를 통해 여성들의 기여도는 결코 적지 않다. 하이바쯩 이외에도 수많은 여성 영웅들의 이름은 후세에도 영원히 기억되고 있다. 베트남에서는 영웅들의 이름을 거리 이름으로 많이 사용하는데, 여성 영웅들은 13곳의 거리 이름을 갖고 있는 것으로 알려져 있다.

이와 같이 베트남 여성의 정치, 사회 및 문화적 위상은 매우 높고 존중을 받고 있다. 이에 대해 한-베 문화교류센터 심상준 대표인류문화학 박사는 베트남에서 여성의 지위가 높아진 이유를 다음과 같이 설명하고 있다. 우선, 베트남의 자연환경은 여성의 역할에 적합한 요건을 갖추고 있다. 4계절 자연채취가 가능하고 초목문화로 수렵보다 채집이나 채취가 발달되었기 때문에 여성들의 신체구조와 생산노동의 특징에 적합하다. 그리고 전통적으로 소규모 농업이라 생산도구가 가볍고 간단하다. 이런 생산도구들은 남성들은 물론 부녀자들과 어린아이와 노인들까지 사용할 수 있다. 그래서 베트남은 노동 분업이 합리적으로 되어 있다. '남편은 쟁기질을 하고, 물소는 써레질을 하고, 아내는 모를 심는다.'라는 베트남 성어는 이를 말해준다.

농업 이외에도 여성들에게 적합한 수공업이나 소상이 발달할 수 있는 자연 환경을 갖고 있다. 도시의 골목마다 여지없이 들어서 있는 베트남의 재래시장을 나가보면 남성들은 찾아보기 어렵다. 대다수가 채소나 생활 필수품을 팔고 있는 여성 소상인들임을 알 수 있는데, 베트남의 경제적 기반이 여성들 위주의 상업활동에서 발아하고 있는 현장이라고 할 수 있다.

또한 전통적인 사회구조적 차원에서 여성의 지위가 높아진 이유를 설명하고 있다. 우선, 가족구조의 양태성兩態性에 있다고 한다. 여기서 양태성이란 먼

베트남은 아열대기후로 인하여 연간 2모작이 가능하다. 대부분 소규모 농업이고 부녀자들과 어린이와 노인들까지 쉽게 사용할 수 있도록 생산도구가 가볍고 간단하게 개발되었다.
(사진은 4월, 베트남 북부 썬라(Son La)지방에서 농부들이 벼농사를 짓는 모습)

저 가족 내에서 여성이 남성의 종속물이 아닌 남성과 함께 비교적 민주적이고 평등한 위상을 갖는다는 점, 여성은 가정에서 단지 내조자로의 역할만 하는 것이 아니고 가족을 대신해서 적극적으로 사회의 대외적인 일에 참여한다는 뜻에서 양태적이라고 한다. 한국에 거주하는 한–베 다문화가족의 베트남 여성들이 가장 힘들어 하는 점이 집안에서 부인을 내조자로서의 역할만 강요하기 때문이라고 한다.

두 번째로는 전통적으로 촌락의 구조에서 그 원인을 찾고 있다. 과거 한국처럼 베트남도 촌락에는 규범이 엄격하게 적용되는 향약이 있었는데 '왕의 법이 촌락의 율례에 진다'라는 성어가 생겨날 정도로 향약의 힘은 대단하였다.

베트남의 사회구조의 가장 기본적인 특성은 고대부터 지금까지 촌락의 토지가 개개인의 소유가 아닌 촌락의 공동소유에 있는데, 이 촌락공동체가 여성에게 토지를 할당해 왔으며, 베트남 법률은 여성이 재산과 토지를 상속받을 수 있도록 하고, 조상제사를 지낼 수 있도록 하였으며, 남편이 있어도 호주가 될 수 있도록 하고, 합법적으로 이혼할 수 있는 권리를 보호하는 등 촌락 내에서 여성의 지위를 높여 주고 있다. 결혼관계를 사랑과 신뢰가 무너지면 '쿨'하게 정리해 버리는 베트남 여성들의 자신감 있는 태도는 바로 이러한 문화적 바탕에서 비롯된 것으로 보인다. 이러한 역사적인 배경 하에서 베트남 여성들은 가족 내에서 그리고 지역 공동체 안에서 비교적 높은 지위를 누릴 수 있는 사회적 기반을 갖고 있다고 할 수 있다.

최근 한국 남자와 결혼한 베트남 여성은 6만 명을 넘어서고 있고, 이미 결혼 후 한국 국적을 취득한 베트남인도 4만여 명에 이른다. 통계청이 공개한 '2018년 혼인·이혼 통계'에 따르면, 한국인이 외국인과 결혼해 작년에 국내 행정기관에 신고한 혼인은 2만2,698건으로 2014년(2만3,316명) 이후 4년 만에 가장 많은 것으로 집계됐다. 2017년도 한국 남성과 혼인한 외국 여성은 베트남인이 38.2%로 가장 많았고 이어 중국인 22.1%, 태국인 9.4% 순이었다.

한국과 유사한 농경사회 문화와 유교문화의 영향으로 시부모와 남편을 공경하는 착하고 성실한 베트남 여성을 선호하는 한국 남성들이 증가하고 있다. 그러나 불행하게도 폭력과 핍박에 시달리고, 고부간의 갈등, 남편과의 갈등으로 인해 어려움을 호소하거나 이혼하는 사례도 함께 많아지고 있다. 이것은 전반적으로 베트남 문화에 대한 이해 부족은 물론, 베트남 여성의 지역 공동체에서의 지위나 가정에서의 역할에 대해 한국인 남편이나 시댁 식구들의 인식이 부족하기 때문이라는 점을 간과하지 말아야 한다.

02
낙천적인 사람들

/

"심해지는 빈부격차로 인한 박탈감,
첨단기술로 무장한 외래문화와 고착화된 전통문화가 뒤섞여
피로감이 증폭될 수 있는 혼란한 현실을 탓하지 않으면서
낙천적으로 살아가는 모습은 분명 깊은 인상으로 다가온다."

필자가 4년여 정도의 근무를 마치고 귀국한 지금도 베트남 국민들의 특성들은 긍정적이든 부정적이든 여전히 가슴속에 아련한 추억으로 남아 있다. 베트남 사람들의 긍정적인 측면을 살펴보면 대체로 상황에 대해 낙관적이고 가족적이라는 점이다. 우선, 외국인에 대한 시선이 따뜻하고 친절하다. 직장이나 길가에서 그리고 가게에서 우연히 눈만 마주쳐도 자연스럽게 웃어준다. 길에서 목적지를 물어보면 가는 길을 멈추고 미소로 안내한다. 혹시 길을 잘 모르거나 언어 소통이 되지 않을 때에도 어색하지만 미소로 답한다. 가게에서 무뚝뚝한 종업원을 만나보기 쉽지 않다. 자신감 넘치는 태도에 친절한 미소를 가득 담아서 인사한다.

집안에 기분 좋은 일이라도 있어서일까? 사랑하는 애인이 생각나서일까? 외국인에게는 편안하고 기분 좋은 생활태도이며 습관이다. 직장에서도 재미

해맑은 웃음과 긍정적인 태도, 한류에 대한 열정과 건강미가 넘치는 젊은이들

있는 이야기가 있다. 일을 하다 실수해도 웃고 상관한테 꾸지람을 들어도 웃는다. 물론 잘 했다고 칭찬을 들어도 웃는다. 그들은 좋아서 웃기보다는 본능적으로 웃는 것 같다. 지금은 많은 한국 관리자들의 태도가 달라졌지만 초기에 진출한 한국기업의 관리자들이 현지 직원들의 애매모호한 미소를 건방진 태도로 잘못 이해하고 체벌을 가하여 문제를 일으켰던 사례도 있었다. 아무런 대가도 바라지 않는 서민들의 웃음이 빛이 난다. 이러한 서민들의 웃음은 고객에게 웃음을 파는 상인들이나 동공이 흔들리는 사업가, 눈빛이 무거운 사회 지도층 인사들의 그것과는 분명 다르다. 이들로부터는 순수하고 아름다운 서민들의 자연스런 미소를 찾기는 쉽지 않다.

국민소득이 2천500달러인 개발도상국가에서 일반서민들의 피폐한 삶, 점차 심해지는 빈부격차로 인한 박탈감, 강력한 첨단산업과 동서양문화, 반면에 고착화된 전통문화가 뒤섞여 피로감이 증폭될 수 있는 혼란한 현실을 탓하지 않으면서 낙천적으로 살아가는 모습은 분명 깊은 인상으로 다가온다.

이런 낙천적인 성격은 아마 역사적으로 도교나 불교의 영향을 어느 정도 받은 것으로 보이고, 수많은 전란과 자연재해로부터 얻은 고통과 심리적 트라우마를 자연스럽게 치유하는 과정에서 생성된 긍정적 문화라고 생각된다.

베트남인의 친화력은 매우 뛰어나다. 처음 보는 사람도 통성명이 끝나면 오랜 지인처럼 마음을 열고 대화한다. 누구나 친척이고 가족의 일원으로 스스로 인정받기를 바란다. 베트남에서 혈연, 지연과 학연관계는 사회생활에

서 매우 중요하다. 그러나 '우리가 남이가'라는 말과 같이 다른 집단에 배타적인 한국과는 얼핏 달라 보인다. 국토와 정치 통합과정에서 발생한 남북 간 지역 대결 구도가 없는 것은 아니지만 그렇게 심각해 보이지 않는다. 베트남에서 혈연, 지연, 학연은 가족의 연장선상에서 고려의 대상이다. 사람들은 가족 공동체 사회의 일원으로 인정받기 위해 본능적으로 친화력을 발휘한다. 이웃이나 동료의 눈치를 살피고 인간관계가 단순해 보이면서도 민감하다. 한국인들이 자신의 신분이나 부를 과시하기 위해서 주변을 의식하는 것과는 의미가 다르다. 베트남 사람들은 가족 공동체의 일원으로 인정받기 위해 타인과의 대화에 열중하고 열린 마음으로 타인을 대한다.

베트남 사람들에게 소통 능력은 가히 세계 최고 수준이라고 할 수 있다. 큰 도로 옆의 넓은 공간이건 흙더미 공사장 코너의 작은 공간이건 가리지 않고 이동식 찻집이 생기고 서민들이 삼삼오오 앉아서 차를 마신다. 길거리마다 목욕탕 의자처럼 작은 의자에 앉아 해바라기 씨와 차 한 잔 시켜놓고 시간 가는 줄 모르고 대화를 즐긴다. 베트남을 처음으로 찾는 외래객들에게는 매우 이채롭고 인상 깊은 풍경임에 틀림없다.

길거리 카페에서만 대화하는 것이 아니다. 스타벅스와 같은 외국 프랜차이즈 커피점이나 하이랜드 커피점과 같은 자국 브랜드의 카페, 혹은 카페베네, 엔젤리너스 등 한국브랜드 카페들도 젊은이들로 가득찬다. 어디를 가나 젊은이들의 웃음과 대화하는 소리가 넘쳐 흐른다.

베트남사람들은 유달리 맥주를 좋아한
다. 크고 작은 도로변이나 골목길에 여
지없이 들어선 맥주집(BIA HOI)에서는
가벼운 안주와 맥주로 더운 열기를 식
히는 술꾼들로 가득하다.

한국사람들이 이해하기 어려운 점은 아열대성 기후에 속한 베트남 사람들
이 술을 좋아한다는 것이다. 맥주 소비가 세계 5위라고 한다. 거리마다 서민
들을 위한 광장식 맥주집이 즐비하게 늘어서 있고, 밤마다 젊은이들은 맥주
잔을 기울이며 한낮의 열기를 식히려는 듯 보인다.

위스키 판매량도 적지 않다. 대화를 즐기는 이들에게 술 마시기와 날씨는 무관한 모양이다. 베트남은 가족이나 직장 단위 모임이 많다. 단체모임에서는 높은 도수의 술(베트남 소주인 넵머이 NepMoi는 알콜도수 약 40도)을 즐겨 마시고 모두들 기분이 들떠 있어 대체로 적정한 실내 소음기준을 넘어선다. 베트남 사람들은 우리처럼 건배사와 구호를 외치고 나서 술잔의 바닥을 보여준다. 그리고 참석자들과 일일이 악수를 한다. 남자들은 술 좀 할 줄 알아야 사람들과 쉽게 친해질 수 있다. 한국사람들이 폭탄주 문화를 전파했는지는 모르겠지만, 술문화가 우리와 비슷하다. 모처럼 손님과 조용한 식당을 찾은 경우라면 아마 진저리를 치며 서둘러 빠져 나올 수도 있다.

　사회적 소통은 직업이나 신분에 관계없이 대화로 이뤄진다. 일반 국민들과 사회 지도층 인사가 길거리에서 반갑게 또는 진지하게 대화하는 모습을 흔히 볼 수 있다. 골프장에서 풀을 뽑는 근로자와 농담을 주고받는 고위급 인사의 모습은 우리에게는 인상적이지만 이곳에서는 자연스런 일이다. 정부나 기업에서 고용주와 직원들은 서로를 언니, 오빠, 삼촌으로 부르면서 스스럼없이 대화한다. 가끔 직원들과 승용차로 지방출장을 가게 되면 출발할 때부터 도착할 때까지 운전기사와 직원은 쉬지 않고 대화한다. 택시를 타도 마찬가지다. 한국인의 눈으로 볼 때 처음 만난 택시 기사와 승객이 무슨 할 말이 그렇게 많을까 궁금할 때가 많다. 운전기사에 대한 배려일 수도 있지만 사회적 신분이나 직업에 관계없이 상하좌우로 소통하는 사회적 구조와 기능적 행태는 국민적 단합을 위한 효과적인 기재mechanism라고 할 수 있다.

최근 베트남의 큰 도시에는 한국식 아파트가 즐비하게 들어서고 있다. 오픈된 공간인 빌라식 주거형태에 익숙한 사람들이 폐쇄된 아파트 문화에 익숙하지 않은 듯 안내 데스크나 엘리베이터 주변에 삼삼오오 모여 온종일 대화를 하는 사람들을 쉽게 목격할 수 있다. 아파트 거실 문을 항상 열어놓고 생활하는 이웃도 흔하다. 최근 사회관계망 인구가 급속히 증가하고 있는 것도 우연은 아닌 것 같다. 직장인들이 회사에서 컴퓨터 작업을 하는 중간에도 Facebook이나 베트남의 카톡이라고 할 수 있는 Zalo를 작동시켜 놓고 외부 지인들과 메시지를 주고받는 모습을 쉽게 볼 수 있다. 이와 같이 소통을 즐기는 문화는 나라가 전란이나 재해 등 위기상황에 처했을 때 매우 유용하게 대처할 수 있다는 점에서 나라의 안전을 위한 긍정적인 문화로 여겨진다.

베트남 국민들의 자부심이나 자신감은 매우 높다. 대외적으로뿐만 아니라 가족의 일원으로 서로를 존중하는 마음에서 나오는 자부심이나 자신감이다.

자신감의 깊이는 알 수 없지만, 최소한 자부심은 높아 보인다. 천 년 이상 중국의 지배를 받았지만 자주 독립을 이룩하였고, 근세기에 프랑스, 미국, 중국 등 강대국과의 전쟁에서 모두 승전함에 따른 민족적 자부심을 엿볼 수 있다. 국가에서는 민족의 지도자 호찌민의 애민애족사상을 유훈으로 삼아 국민들에게 대가족이라는 신념을 갖게 만들었고 자부심과 자신감을 안겨 주었다. 최근 남중국해에서 벌어진 중국과의 대결에서 베트남 정부나 국민들이 보여 준 자신감 넘치는 응전태세는 내면에 자리잡은 국민적인 자부심에서 우러나온 것으로 보인다.

국민들의 자존감 또한 높아 보인다. 눈앞에 닥친 도전에 쉽게 포기하고, 현실을 쉽게 받아들이는 실용적인 정신도 분명하게 존재하지만, 직장생활이 어려움에 처하거나 집안이 가난하다는 이유로 결코 상사에게 약하거나 비굴해 보이지 않으려는 자존의식을 갖고 있다. 훌륭한 관리자는 종업원에게 잘못을 꾸짖거나 능력이 부족하다는 점을 지적하기보다는 초과수당과 같은 인센티브나 자존감을 높여주는 인간적인 배려에 무게를 두는 것이 좋다.

베트남직원이 업무추진과정이나 결과에서 분명한 실수를 한 경우라도 직원들의 입을 통하여 잘못했다는 반성을 들어보려고 애쓰거나 힘을 뺄 필요는 없다. 인민재판에서 자신의 잘못을 인정하는 순간 강제 노역 등 처벌을 받게 되는 공산주의 문화에서 비롯된 것인지는 모르겠지만 절대 스스로 잘못을 시인하지 않는다. 그냥 쑥스럽고 멋쩍은 웃음만 보여준다.

회사에서도 한국처럼 수직적 명령하달식의 관료체제가 아니다. 아무리 직급이 낮은 직원이라도 자신의 담당 업무에 대해서는 자신의 권한과 판단에 따라 일을 처리한다. 어떤 일을 처리함에 있어서 큰 틀에서는 함께 움직이지만 상사가 결정하는 사항과 현장의 직원이 수행하는 사항이 별도로 존재한다. 베트남 사람들을 상대로 성공적으로 사업을 추진하고자 하는 경우에는 그들의 자부심과 그리고 자존감을 종합적으로 고려하는 심리적인 접근이 필요하다는 점을 염두에 두어야 할 것이다.

높은 교육열기

베트남의 교육열은 매우 높은 것으로 유명하다. 한국이나 중국의 교육열이 높다고 하지만, 이들 나라에 결코 뒤지지 않는다. 필자가 만난 정부 주요 간부나 기업의 간부 등 대부분의 사회 엘리트층들은 자녀들을 해외에 보내 공부 시키는 것을 자랑으로 삼는다. 미국에서는 수십만 명의 베트남 학생들이 공부하고 있고, 중국, 일본, 한국, 호주 등에도 수만 명의 유학생들이 나가 있다. 한국의 베트남 유학생 수는 2010년 2,800여 명이었는데 2018년에는 2만 7,000명에 이르렀다. 이는 전체 유학생 수의 과반 이상을 차지하고 있는 중국 유학생 다음으로 많은 숫자이다. 베트남 유학생들이 증가하는 이유는 주로 일자리와 관련이 있다. 해외에서 공부한 자녀들이 귀국하면 부모들이 미리 괜찮은 직장을 알선해 놓거나, 외국계 기업들이 베트남에 진출을 확대하면서 늘어난 일자리에 취직하기가 절대적으로 유리하기 때문이다.

세 자녀를 둔 모회사 중견직원은 큰 딸을 사립학교에 보내고 방과 후에는 영어학원에 보낸다. 여유가 되면 수영이나 피아노도 가르치고 싶다고 한다. 첫 아이의 사립학교 등록금은 한 달에 400달러, 영어학원비는 60달러(원어민선생은 200달러), 그리고 둘째 딸도 유치원에 보내고 있는데 월 200달러에 달한다.

자신의 월급이 1천 달러에 불과한 상황에서 자녀들의 교육비와 생활비를 감당하기에는 역부족이다. 남편의 도움이 절실해 보이지만, 공무원인 남편의 월급은 200달러 정도여서 큰 도움이 되지 못한다. 시부모의 도움을 종종 받아왔지만 올해부터 시아버지도 퇴직했으니 교육비를 감당하기에 더욱 난감하다. 그러나 여성 혼자의 힘으로 자녀를 양육하는 사회적 관습과 문화, 여성의 강한 자존감으로 자신의 삶을 자녀 교육에 올인하고 있지만, 마땅한 해결책을 찾기가 쉬워 보이지 않는다.

명문 중고등학교와 명문 대학에 진학하려는 경쟁도 뜨겁다. 대학진학을 위해서는 한국의 수능시험과 같은 일제고사를 치러야 한다. 많은 학생들이 과외는 물론 방과 후 수업에 열을 올리는 이유이다. 시험성적이 좋지 않은 경우에는 재수를 선택하는 학생들도 많다.

일반적으로 베트남에서 교육열이 높은 것은 역사적으로 이조시대에 도입된 과거 제도의 영향을 받은 것 같다. 치열한 경쟁을 통하여 과거시험을 합격해야 중앙부처나 지방 관료가 될 수 있었던 과거의 전통이 현재의 교육열에 영향을 미치고 있다는 측면도 배제하기는 어려워 보인다.

그러나 1960~70년대 우리의 부모세대가 가난을 벗어나기 위하여 자녀들의 교육에 모든 인생을 걸었듯이, 베트남도 가난으로 학업의 기회조차도 제대로 갖지 못한 자신들의 처지를 결코 자녀들에게 그대로 물려주지 않겠다는 의지가 강하게 반영되고 있다.

베트남 부모들의 교육열은 남다르다. 부모들은 소득
수준이 좋아지면서 자녀들의 양육과 훈육에 올인하
고 있다.(사진은 모 사립유치원생들의 현장 나들이
모습)

민족의 지도자인 호찌민이 국민교육에 대해 언급한 유명한 이야기가 있다. 1960~70년대 베트남전이 한창일 때 우방국 김일성은 전투기를 지원하겠다는 의사를 표명하였지만, 호찌민은 전투기 대신 베트남 젊은이들의 교육이나 잘 시켜달라고 주문했다고 한다. 그 당시 베트남의 공산당 정권은 전쟁 와중에도 일부 우수한 학생들을 선발하여 러시아, 동유럽 국가와, 북한 등에 파견하였다. 이들이 유학을 떠나기 전 호찌민 주석은 염치 없어하는 유학생들에게 '나에게 한 가지 약속을 분명하게 해라. 국가는 여기 남아있는 우리가 지키겠으니, 너희들은 국가가 독립하면 돌아와서 국가의 발전을 위해 헌신해 달라.'는 말을 했다고 한다. 민족의 지도자로서의 호찌민 주석이 갖는 교육에 대한 숭고한 철학을 느끼게 해 주는 사례라고 할 수 있다.

03
직장의 가족문화

/

"직장의 동료관계가 가족관계의 기반 위에서 형성되는 것으로 보인다.
상사는 직원들의 가족이나 개인사에도 관심을 갖고 보살펴 주어야 하고
직원들은 상사의 가족사나 개인사에도 깊이 참여하며 성심을 다한다."

부임 이후 초반에는 현지 직장문화가 엄격한 관료제, 계급제, 성과위주로 운영되는 우리와 많은 차이가 있다는 것을 제대로 인식하지 못했다. 이로 인해 조직 운영에 있어서 적지 않은 시행착오를 겪기도 하였다. 시간이 지나면서 조직 내부 직원들은 물론 카운터 파트너인 정부나 공공기관의 관계자들과 좀 더 가까운 인간관계를 갖게 되면서 베트남의 직장문화에 대한 이해를 넓히게 되었다.

　가장 인상 깊었던 점은 베트남의 직장문화는 가족문화의 연장선상에서 바라봐야 한다는 것이다. 이런 문화는 우리나라에서도 70~80년대 전후로 어느 정도 존재했던 것으로 보이지만, 최근 한국의 관료제나 성과주의 문화와는 많은 차이점을 내포하고 있다. 우선, 직장에서 호칭의 문제이다. 한국의 직장에서는 직급과 서열이 중요하고 직원들은 상관들의 이름 대신 '대리님', '과장

님' 등 직급을 부르는 것이 일반적이다. '성'이나 '이름'을 부르지 않는다. 그러나 베트남에서는 주어진 직급을 부르기 보다는 이름이나 가족관계 호칭으로 부른다. 이름을 부르는 것은 서양문화의 영향을 받은 것으로 보이고, 직장에서 가족 관계 호칭이 일반적으로 사용되는 것은 베트남 사회가 여전히 전통문화의 영향을 뿌리깊게 받고 있음을 보여준다.

현지 직원이 한국인 상사를 부를 때는 일반적으로 Mr. Park 또는 Ms, Lee와 같이 성을 부른다. 상사는 하급 직원에게 그냥 이름만을 불러도 된다. 다

직장은 가정이 확장된 영역이다. 직장에서는 언니, 오빠, 삼촌, 동생과 같은 호칭이 통용된다. 가족같이 지내는 직장분위기는 주로 여성들이 주도한다.(베트남 문화체육관광부 대외협력국직원들(왼쪽), 한국문화원직원들(오른쪽))

만, 이름만을 그대로 부르는 것에, 짱Trang은 공식적인 호칭이고, 이름 뒤에 어이Ay라는 접미사를 붙여준다면짱 어이, Trang Ay 가까운 동생을 부르듯이 친근감을 표시하는 것으로 흔쾌히 기쁜 마음으로 받아들인다. 일처리도 관계도 훨씬 부드러워진다. 가족 같은 분위기를 지향하는 한국인 상사라면 후자로 불러주어야 직원을 격려해 주는 의미도 있어서 바람직하다. 필자도 근무한지 1년이 넘어 직원들과 가까워지고 나서야 그들의 조언을 듣게 되었으며, 가급적 이름 뒤에 '어이'를 붙여서 부르게 되었는데, 가족 같은 부드러운 분위기를 만들 수 있어서 좋았다.

또한, 일반적으로 이름을 부르지 않고 형제, 자매나 친척을 부르는 호칭을 애용하는 경우도 많다. 연배가 위인 상사한테는 추Chu 삼촌, 아잉Anh 오빠 또는 형, 찌Chi 언니, 누나로 부르고, 동생뻘 되는 동료한테는 엠Em 등으로 부르는데, 일반적으로 이 호칭에도 뒤에 '어이'를 붙여서 부른다. 직장에서 뿌리 깊은 가족문화의 흔적을 엿볼 수 있는 분명한 증거라고 할 수 있다.

둘째로, 업무처리 관습과 관련된 사항이다. 직장에서는 직원 한 사람 한 사람의 개성이 중요하고 각 개인이 맡고 있는 업무의 독립성을 존중받는다. 직원들은 가족의 구성원이라는 큰 틀에서 상호 대등하다는 인식을 바탕으로 수평적으로 업무에 임한다. 필자가 근무한 직장에서도 원장과 직원의 일대일 업무처리 방식이 일반화되어 있었다. 시간이 흐르면서 필자는 직원들과의 수평적 업무처리 방식에 업무의 집중이나 소통의 문제가 있음을 알게 되었다.

즉 기관장과의 일대일 방식은 기관장에게 사소한 일까지 너무 많은 일들을 관여하게 만들어 정작 정책이나 전략, 사업계획 수립, 대외활동 등 큰 그림을 그리는 일에는 소홀해지기 쉬웠다.

직원들 상호간에 정보 교환이나 소통이 잘 이루어지지 않는다는 문제점도 있었다. 특히, 직원들이 공동으로 준비하고 추진해야 할 정도로 규모가 큰 프로젝트의 경우에는 모든 직원들이 일찍부터 사업계획과 추진일정을 공유하고, 자기의 역할을 알고 있어야 차질없이 일을 추진할 수 있다. 하지만, 개인별 고유업무처리 방식은 사업이 비록 성공적으로 완료된 경우라도 추진과정에서 발생한 정보공유 부족이나 책임감 미흡으로 인한 업무편중 등에 따른 갈등과 서운한 감정이 여운으로 남게 된다.

이러한 문제점을 해소하기 위하여 필자는 한국식의 팀장 제도를 새로 도입하여 채찍과 당근을 주면서 조기 정착을 시도했지만, 오랫동안 관습으로 인한 직장문화를 쉽게 극복해 내지 못했다. 다행히 기존 인력이 자연스럽게 교체되고 새로운 직원들이 들어오면서 다시 팀장제도를 정착시키기 위해 노력하였다. 팀장으로 하여금 사업 준비 단계부터 추진일정, 직원별 업무역할에 대한 분담계획을 수립하게 하였다. 직원 간에 횡적인 정보공유를 유도하기 위하여 직원 공람제도를 도입하였다. 다행스럽게도 남은 재임기간 동안 이러한 팀장제도가 지속적인 훈련과 교육을 통해 자연스럽게 정착되었다.

셋째로, 직장의 동료관계가 가족관계의 기반 위에서 형성된다. 상사는 직원들의 가족이나 개인사에도 관심을 갖고 보살펴 주어야 하고 직원들은 상사의 가족사나 개인사에도 깊이 참여하며 성심을 다한다. 직장의 선배나 동료들 사이에서 가족적 네트워크가 깊게 형성되면서 신규 충원이나 승진 등에 막강한 영향력을 행사하게 된다. 가족적인 분위기는 상하관계가 부드러워지고 대내외 소통을 원활하게 만든다는 장점도 있다. 직장에서 상사와 말단 직원 간의 대화는 가족간의 대화처럼 정감있고 자연스럽다. 전화, 메신저, Zalo 등 온라인 소통망을 통한 상하간의 소통도 상대적으로 활발한 편이어서 일처리가 신속하고 수월한 측면도 있다.

이런 가족문화가 사회 곳곳에 스며들어 있는 원인을 추측해 보면, 크게 두 가지 측면을 생각해 볼 수 있다. 베트남에서는 역사적으로 가족이나 마을 공동체가 중요시되는 농경사회의 전통이 강하게 작용해 왔다. 베트남에서 직장 생활이나 사회생활에서 가족사만큼 중요한 일정이 없다. 가족이나 친척이 결혼을 하거나 세상을 떠나게 되면 반드시 휴가를 내고 참석해야 한다. 도시에서 고향까지 아무리 먼 거리라도 대소사에 반드시 찾아가서 동참한다.

베트남 직원들에게 이러한 가족사는 흔한 일상이다. 툭하면 휴가를 내는 직원들로 인해 한국기업들의 고충도 만만치 않다고 한다. 다른 한 가지 중요한 이유로 간주되는 것은 오랜 역사를 통하여 베트남이 겪어야 했던 수많은 전쟁이나 기근, 천재지변 등 재난으로부터 살아남기 위한 공동체적 본능이 민족의 DNA로 체화된 것이 아닐까 하는 것이다. 국가적 위기에서 절대적으로 필요한 대동단결의 힘은 국민들의 소통에서 나온다는 사실은 자명한 이치이다. 강대국의 침략을 보기 좋게 물리친 베트남의 역사가 이를 잘 증명하고 있다.

그러나 이와 같은 직장에서의 가족문화는 전통적으로 국가의 독립과 발전에 긍정적인 역할을 해 왔다고 인식되지만, 21세기 산업자본주의 시대에 진입하면서 문제점이나 폐단도 적지 않은 것 같다. 우선, 정부 관료의 충원방식이나 승진방식이 폐쇄적이고 성과위주가 아닌 혈연관계에 의존한다는 문제가 있다. 예를 들어, 정부의 고위직 관료들은 자신의 자녀들을 공무원으로 특채하는 것이 관례로 되어 있고, 총리실과 정부 부처에 광범위한 네트워크를 갖고 있어 자녀들을 원하는 곳에 적절히 배치할 수 있다.

이러한 폐쇄적인 공무원 충원방식은 공무원 사회의 경쟁력을 떨어뜨리는 요인으로 작용할 수 있다. 두 번째로는 직장에서의 가족문화는 직장의 상사가 정규 봉급이외에 부수입으로 직원들의 생계를 도와주어야 한다. 이로 인해 각종 사업의 허가과정에서 다양한 리베이트가 발생하게 되지만, 직장 상사는 부수입을 가져와서 일부를 다시 직원들에게 분배하게 되는데 저임금으로 고생하는 직원들에게는 선행이고 미덕으로 간주된다.

베트남에서 공무원이나 대학, 정부투자기관에 근무하는 직원들의 급료는 현지 물가 수준에 비해 매우 낮은 것으로 알려져 있다. 대부분의 공무원이나 회사원들은 생계비에도 미치지 못하는 적은 임금을 보충하기 위해 부업Second Job을 하는 것이 관행이다. 심지어 의사들도 병원에서의 통상 진료 이외에 자신의 주택에 의료시설을 갖춰놓고 업무시간 이후에 특수고객을 진료하고 부수입을 올리는 경우가 적지 않다.

베트남 공산당은 부패가 정권의 생존의 위협 요인이 되고 있다는 것을 인식하기 시작했으며 부패와의 전쟁에 나서야 한다는 보고서도 내놓고 있다. 국제투명성기구TI의 2018년도 국가별 부패인식지수CPI 집계 결과 베트남은 100점 만점에 33점을 기록하며 168개국 가운데 117위에 머물러 있다. 베트남 정부는 지속적으로 부패, 비리 내부고발자에 대한 포상제도를 도입하고 최고 권력층 처벌강화, 부적격 공무원의 퇴출을 추진하는 등 나름대로 대응에 나서고 있지만 여전히 미흡하다는 평가를 받고 있다.

2016년도 새로운 국가지도자가 출범하면서 권력서열 1위인 응웬 푸 쫑 Nguyen Phu Trong 공산당 서기장은 최근 부패척결을 수차례 강조하고 있어 앞으로 공직 사회를 비롯한 공공 부문의 개혁 작업에 속도를 낼 것으로 보인다. 베트남이 자유무역협정FTA, 환태평양경제동반자협정TPP 등 세계경제블록에 자의반 타의반 가입하면서 자본주의체제가 고도화되고 있는 점을 감안했을 때, 이런 가족주의로 인해 파생되는 문제점들이 조속히 개선되지 않는다면 지속적인 경제발전 과정에 장애물이 되지 않을까 우려된다.

2장

존경받는 영웅들

호찌민 주석은 자기의 전 생애동안 국민의 어려운 생활에 관심을 가졌다. 그는 세상을 떠나기 전까지 이런 마음은 변하지 않았다. 그는 다음과 같이 유언을 남긴다. "우리 국민이 도시에나 산간지역에나 대대로 가난을 겪었고, 봉건과 식민지 착취를 당했을 뿐만 아니라 오랫동안 전쟁을 치렀다. 그럼에도 불구하고 우리 국민은 매우 영웅적이고 용감하고 근면했다. 당을 설립하는 과정에서도 열정을 다했다. 우리 당은 국민의 생활수준을 개선할 수 있도록 최대한 좋은 방향으로 경제, 문화 발전 대책을 세워야 한다."

거리 이름으로 기억되는 영웅들

/

"도로명 정책은 후손들이 자연스럽게 역사속의 영웅들을 기억하고
추모하며 나라를 굳건하게 지켜나가자는 다짐이기도 하다."

한국은 일제 강점기부터 최근까지 지형적인 특징에 의한 주소제도를 갖고 있
다가 최근에서야 새로운 형태의 도로명 주소를 전면적으로 시행하고 있지만
여전히 지형적 특징에 의존하고 있다는 점에서 베트남의 주소체계와는 차이
가 있다.

베트남은 일찍부터 서양의 영향을 받아 대부분 인명에 의한 도로명 주소체
계를 갖추게 되었다. 흥미로운 것은 도로 이름의 대부분은 역사 속 중요한 위
인들로 지어져 있다는 것이다. 베트남은 1954년 프랑스를 물리치고 나서 전
국의 주요 지역이나 건물, 도로를 프랑스식의 이름에서 자국 명칭으로 바꾸
는 작업을 시작했다. 1975년 남북통일을 이룬 다음해 사이공을 호찌민으로
바꾼 것은 대표적인 사례라고 할 수 있다. 특히, 베트남의 도로명은 왕, 위인,
장군, 시인 등 오늘날까지 후손들에 의해 추앙받고 있는 역사 속 영웅들의 이
름을 주로 사용하고 있다.

이 인물들에는 중국본토를 공격하여 송나라 황제의 간담을 서늘케 한 장군

이며 왕인 리 트엉 끼엣Ly Thuong Kiet, 세계 최강이던 원나라를 두 차례나 대패시켜 베트남의 독립을 지킨 제1의 영웅으로 한국의 이순신 장군과 같은 반열로 추앙받고 있는 쩐 흥 다오Tran Hung Dao 장군, 세계 최강이던 건륭제가 통치하던 청의 30만 대군을 맞아 스스로 황제라고 자처하고 하루만에 무찔러 베트남 역사상 가장 통쾌한 전투를 치른 꽝쭝Quang Trung황제, 자매로서 중국 한나라에 대항하여 최초의 대규모 조직적인 저항운동을 펼친 여성 영웅 하이바쯩Hai Ba Trung, 명나라를 물리치고 360년의 레Le왕조를 창건한 초대 황제이며 호안끼엠의 전설로 유명한 레 타이 또Le Thai To등 전쟁영웅들과 베트남의 가장 대표적인 시인이며 대문호로 일컬어지는 응웬 주Nguyen Du 등이 도로에 다시 부활하여 국민들과 함께 살아가고 있다. 특히, 문화원은 베트남의 시성으로 추앙받고 있는 응웬 주Nguyen Du 거리의 중심에 위치하고 있어 양국 문화교류의 상징적인 의미를 더해 주고 있다.

도로명에는 역사적으로 오래된 과거 인물만 있는 것은 아니다. 독립 이후 최초의 하노이 시장으로 오늘날 하노이를 설계하고 기반을 닦았던 쩐 지 훙Tran Duy Hung, 1912~1988, 독립운동 과정에서 호찌민을 도와 외교관으로 맹활약을 펼쳤으며, 독립이후에는 외교부장관, 문화부장관, 국회의원, 조국전선위원장 등을 역임한 황 민 잠Hoang Minh Giam, 1904~1995 등도 거리 이름으로 기억되고 있다.

이와 같은 도로명 정책은 베트남이 외세의 오랜 침략으로 많은 피해를 받은 결과, 후손들이 자연스럽게 역사속의 영웅들을 기억하고 추모하며 나라를 굳건하게 지켜나가자는 다짐이기도 하지만, 국민 교육을 통해 사회적 공감대를 만들어 나가려는 정치적 의도가 반영된 것으로 보인다. 우리나라도 세종로, 퇴계로, 율곡로, 충무로, 충정로, 다산로, 고산자로, 을지로, 원효로 등에서 위대한 우리 선조들의 이름이 쓰여지고 있지만, 베트남처럼 전반적이지 않다. 한 발 더 나아가서 최근 베트남에서는 도로명 바로 밑에 그 인물의 공적을 간략하게 기록함으로써 역사적인 의미를 함께 부여하려고 노력하고 있다는 점에서 우리나라가 참고할 만한 좋은 사례라고 생각한다.

베트남의 거리에는 주로 역사적으로 유명한 영웅들의 이름들이 등장한다.(사진 왼쪽은 독립 이후 외교부 장관 등 최고위 공직을 두루 거쳤던 황 민 장 장관과 최초의 하노이시장이었던 쩐 지 흥을 기리는 도로, 오른쪽은 꽝 쭝 황제와 리 트엉 끼엣 왕의 도로)

02
축제로 추모받는 영웅들

/

"〈베트남 전통축제 총람〉에 의하면 총 209개 축제 중에서 역사적 인물을
수호신으로 모시는 제례형 축제가 과반수에 가까운 103개에 이른다."

베트남에는 유달리 제례형 전통축제가 많다. 전통축제야말로 축제의 원형이
고 인류의 역사에서 가장 오래된 축제의 형태라고 할 수 있다. 베트남의 전통
축제 대부분은 역사적으로 나라나 마을을 지키다 순화한 영웅들을 추모하는
축제로 발전해오고 있으며, 농경사회의 특징을 반영하여 풍농을 기원하는 마
을단위의 공동체 놀이축제도 적지 않다. 베트남의 전통축제는 대부분 오랜
역사를 갖고 있으며 공동체 사회의 중심축으로써 마을사람들의 참여도가 매
우 높은 특징이 있다.

베트남에는 마을마다 사당을 모시고 있고 역사적 인물이나 잡신을 모시는
사찰도 많이 있다. 마을의 사당에는 주로 풍농을 기원하는 놀이축제를 개최
하기도 하지만 마을에 영향을 미친 역사적인 인물을 수호신으로 모시기도 한
다. 한편, 사찰에서는 주로 전쟁에서 신화한 영웅들을 수호신으로 모시는데,
연례적으로 추모제를 개최한다. 이러한 추모제에서 시행되는 제례 프로그램

이 점점 다양화되고 발전하면서 역사적 의미가 있는 전통축제가 되고 있다.

하노이문화예술지가 2000년에 발간한 〈베트남 전통축제 총람〉에 의하면 총 209개 축제 중에서 역사적 인물을 수호신으로 모시는 제례형 축제가 과반에 가까운 103개에 이른다. 이 가운데는 베트남에 불교를 전파한 스님들, 직조술이나 농사의 기술을 전파해 준 인물들도 포함되어 있지만, 나라의 기틀을 세웠던 왕이나 외침을 물리친 장군과 같은 민족의 영웅들, 그리고 마을을 지켜낸 인물을 수호신으로 모시는 축제가 대부분을 차지한다. 이들 수호신에는 여성 장군들도 많이 눈에 띄는 것이 인상적이다.

이들 축제에서 모시는 왕이나 장군의 예를 들어보면, 나라의 기틀을 세운 안 즈엉 부엉An Duong Vuong 왕, 응우옌 까Nguyen Ca 장군, 퀘화Que Hoa여성장군, 리 랑 꽁Ly Lang Cong 왕자, 리 옹 쫑Ly Ong Trong 장군, 치우 쯩Chieu Trung 장군, 흥 하이 꽁Hung Hai Cong 장군, 리씨 왕조, 꽝 쭝Quang Trung 왕, 도안 트엉Doan Thuong 장군, 하이바 쯩Hai Ba Trung 여성장군 자매, 국민영웅 이 푹 만Ly Phuc Man, 부 타인Vu Thanh 장군, 팜 우 라오Pham Ngu Lao 장군, 티우 화Thieu Hoa 여성장군, 흥 브옹Hung Vuong 왕, 쩐 흥 다오Tran Hung Dao 장군, 레 로이Le Loi 왕, 역사의 영웅 콩로Khong Lo와 리 트엉 끼엣Ly Thuong Kiet 장군, 레 찬Le Chan 여성장군, 루 지아Lu Gia 대왕, 타인 종Thanh Giong 왕, 팜 응우 라오Pham Ngu Lao 장군, 보 까이Bo Cai 대왕, 쩐 꾸옥 땅Tran Quoc Tang 장군, 리 타이 또Ly Thai To 왕, 브옹 타인 까오Vuong Thanh Cao 학자, 부꼬Vu Co 왕, 호 란 하우Ho Lan Hau 장

군, 둑 타인 땀 장Duc Thanh Tam Giang 형제 장군, 브 티 툭Vu Thi Thuc 여성장군,
풍흥Phung Hung 왕, 딩 띠엔 황Dinh Tien Hoang 왕, 응우 누옹Ngu Nuong 여신과 쩐
쿠옥 찬Tran Quoc Chan 대왕 등을 사찰이나 마을에서 수호신으로 모시고 정례
적으로 축제를 개최하고 있다.

전쟁과 재난이 유난히 많았던 베트남이 수많은 외침을 물리치고 오늘날과
같이 나라의 독립을 굳건하게 지켜 온 데는 이러한 전통축제가 큰 역할을 했
을 것으로 여겨진다.

03
민족주의자 호찌민의 애민사상

/
"유훈은 지금까지 베트남 국민들의 가슴속에
영원히 남아 정신을 지배하고 있다."

베트남에서 국민들은 가족의 확장된 개념이다. 정치지도자나 일반국민들은 나라를 지켜야 한다는 절실한 목표 아래 뭉친 대가족이라고 볼 수 있다. 국민을 가족으로 여기는 분위기는 나라의 지도자들의 공통된 철학이고 염원이라고 할 수 있다. 이러한 분위기는 호찌민이 "나를 이끈 것은 공산주의자가 아니라 애국심이었다."라고 고백하는 말에서도 느낄 수 있고, 호찌민Ho Chi Minh, 1890~1969이 말하는 애국심의 핵심은 애민정신이라고 할 수 있다.

  민족의 최고지도자 호찌민의 사상이나 정신만을 말하는 것이 아니라, 같은 시대에 제2인자로 활동하다 종전 이후 내무부장관과 국방부장관 등 1세대 정치인의 정치철학을 실천하다 102세에 생을 마감한 보 응웬 지압Vo Nguyen Giap, 1911.8.25.~2013.10.4 장군, 그리고 그들의 유훈을 실천하며 오늘날의 정치를 이어가고 있는 차세대 정치지도자들에게 가장 큰 덕목은 역시 '국민'을 위한다는 것이다.

사회주의 국가로 남북을 통일한 건국의 아버지이며 국민의 절대적 영웅으로 추앙받고 있는 호찌민에게 국민은 안타깝고 애틋한 존재라고 할 수 있다. 호찌민 주석은 혁명 활동기간 동안 공산당 지도방침으로 "국민이 근간"이라는 말을 수도 없이 반복하고 역설했다. "우리나라는 민주주의 나라이다. 모든 이익이 국민을 위하고 모든 권한이 국민의 것이고 개방이나 나라 건설에 대한 책임이 국민의 것이고 항전과 건국사업이 국민의 사업이고 마을, 동으로부터 정부의 정권이 국민으로부터 선출되고 마을로부터 중앙까지의 모든 단체는 국민으로 조직되고 권세와 역량이 모두 국민으로부터 나온다."라거나 "천지에서 국민보다 귀중한 것이 없다. 세계에서 국민의 단결력보다 더 강한 것이 없다."며 국민의 중요성을 강조했다.

혁명 50주년 기념(2015) 퍼레이드(출처: 위키피디아)

호찌민 주석은 자기의 전 생애 동안 국민의 어려운 생활에 안타까운 마음을 가졌다. 그가 세상을 떠나기 전까지 이런 마음은 변하지 않았다. 그는 다음과 같이 유언을 남긴다. "우리 국민이 도시에나 산간지역에나 대대로 가난을 겪었고, 봉건과 식민지 착취를 당했을 뿐만 아니라 오랫동안 전쟁을 치렀다. 그럼에도 불구하고 우리 국민은 매우 영웅적이고 용감하고 근면했다. 당을 설립하는 과정에서도 열정을 다했다. 우리 당은 국민의 생활수준을 개선할 수 있도록 최대한 좋은 방향으로 경제, 문화 발전 대책을 세워야 한다."

또한 국민 생활에 대한 당의 임무를 다음과 같이 정의했다. "당과 정부의 정책은 국민의 생활에 최대한 관심을 가져야 한다. 국민이 배가 고프면 당의 잘못이고 국민이 추우면 당과 정부의 잘못이고 국민이 무식하면 당과 정부의 잘못이다. 그렇기 때문에 지방으로부터 중앙까지 당과 정권의 지도자는 국민의 생활에 최대한 관심을 가져야 한다."

그는 유언에서 다음과 같은 말을 했다고 한다. "나의 전 인생은 한마음으로 조국과 혁명사업에 복무하였고 국민을 위해 복무하는 것이었다. 지금 이 세상과 이별한다고 해서 후회할 것은 없지만 더 이상 국민들에게 복무할 수 없다는 것이 안타깝다. 내가 죽은 후에 국민의 돈과 시간을 많이 낭비하지 않도록 장례식을 크게 하지 마라."

호찌민 주석은 평생 독립운동에 전념하였고 결혼도 하지 않고 청빈한 생활을 하다가 1969년 나라의 완전한 독립을 보지 못하고 생을 마감하게 되었지만, 그의 유훈은 지금까지 베트남 국민들의 가슴속에 영원히 남아 정신을 지배하고 있다. 이러한 호찌민 주석의 국민위주의 정치사상과 철학을 정약용 선생의 '애민'사상에 견주어 볼 수 있을 것이다.

이러한 사상적 유사성으로 인하여 호찌민 주석이 생전에 "정약용 선생의 목민심서를 머리 맡에 두고 즐겨 읽었다."는 주장이 일부 학자들에 의해 제기되기도 했으나 사실관계는 확인되지 않고 있다. (권대현 2010. p30)

04
명장들의 민본정신

/

"국민에 대한 확고한 믿음을 기반으로 한 군사지도자와
병사들의 강한 신뢰관계의 구축이 전쟁을 승리로 이끈 원동력"

침략전쟁으로 얼룩진 베트남의 역사에서 다행인 것은 '난세가 영웅을 만든
다.'는 말과 같이 전쟁으로 나라가 혼란할 때 지덕을 갖춘 영웅들이 많이 나
타났다는 것이다. 그 중에서 영국 BBC방송이 세계 100대 전략가에 포함시킨
13세기에 원나라와 싸워 승리한 쩐 흥 다오Tran Hung Dao 장군과 프랑스, 미국
과 중국 등 세계 강국을 차례로 물리친 20세기 최고의 명장인 보 응웬 지압Vo
Nguyen Giap 장군을 좋은 사례로 들 수 있다.

베트남은 1천년 이상 중국의 지배를 받는 과정에서 수도 없이 대외 항쟁과
외세로부터의 탄압을 받아오다 939년 중국 대륙이 5대 10국으로 혼란한 틈을
타서 자력으로 독립을 쟁취하게 되었지만, 그리 순탄하게 독립을 유지한 것
은 아니다. 이후에도 끊임없이 통일국가를 이룬 송, 원, 명, 청 등의 침략을 받
게 되었기 때문이다.

1200년대, 세계 최강의 제국을 이룬 원元나라의 쿠빌라이 황제는 대군을 이

끌고 모두 세 차례에 걸쳐 대규모의 군사[1차 3만 명, 2차에 50만 명, 3차에 30만 명]를 보내 베트남을 침공했다. 그러나 원나라는 병력수로 비교도 되지 않는 막강한 군사적 우위에도 불구하고 결국은 베트남 정벌에 실패하고 만다.

50만 대군으로 침략한 2차 전쟁에서 베트남군은 필사적으로 항전했으나 군사력의 절대적 열세로 수도가 함락되고 황제가 몽골에 항복할 수밖에 없게 된다. 이때 베트남의 '쩐 흥 다오陳興道'장군은 "우리의 조국은 이대로 죽지 않는다. 모든 국민이 떨쳐 일어나 마음을 뭉쳐 싸운다면 우리가 이길 것이다."라는 격문을 써서 장수와 병사들에게 호소하였고 사기가 오른 군인들의 결사 항전으로 수도가 탈환된다. 국민에 대한 확고한 믿음을 기반으로 한 군사지도자와 병사들의 강한 신뢰관계의 구축이 전쟁을 승리로 이끈 원동력이라고 할 수 있다.

'제2의 쩐흥다오'라고 불리는 전쟁 영웅 보 응웬 지압 장군은 20세기 프랑스, 미국, 중국 등 강대국을 상대로 '3불 전략'을 구사해 승리를 거둔 세기의 명장으로 알려져 있다. 그러나 교사 출신으로 군사전략을 제대로 배운 적이 없었던 지압장군이 전쟁을 승리로 이끈 힘은 '3불 전략'에 앞서 국민들로부터의 불변의 지지와 언젠가 승리할 수 있다는 확고부동의 믿음이었다. 지압장군은 1960년 프랑스 언론과의 인터뷰에서 "우리의 힘의 원천은 도덕성과 인민의 지지에서 나온다. 인민의 마음만 단결시키면 소국이 대국을 이길 수 있다."고 국민의 지지가 전쟁의 승인이라는 자신의 소신을 밝힌 바 있다.

소위 월남전쟁 대부분의 과정에서 남베트남은 북베트남에 비해 경제·군사적 측면에서 압도적 우위에 있었다. 특히 미군이 철수하면서 많은 양의 무기와 장비를 남베트남에 양도해 남베트남군의 전력은 외형적으로 세계 4위의 군사력을 보유하게 됐다. 그럼에도 불구하고 1975년 4월 30일 사이공이 함락되면서 남베트남은 패망하게 된다.

국방일보2012.8.6.에서는 국가지도부와 군의 부패와 무능, 내부의 적인 베트콩의 통일전선전술과 사회적 혼란, 단순한 소모전으로 이해한 미군과 남베트남군의 잘못된 전략 및 국민의 사상적 무장해제를 패망의 원인으로 제시했다. 그러나 필자는 이러한 의견들에 동의하면서도 마지막 원인으로 지목한 '국민의 사상적 무장해제'를 주목한다. 즉, 남베트남의 정치지도자와 군사지도자들의 민본정신의 부족이 국민들의 지지를 얻지 못하고 사상적 무장해제를 촉발시켰기 때문에 결국 패망의 길로 들게 되었다고 생각한다.

국호, 왜 베트남Vietnam, 越南인가

베트남의 국호에 대해 의문을 가졌다. 왜 越南인가? 북방중국의 남쪽이라는 의미인가? 베트남은 우리나라가 1897년 청나라로부터 독립국가임을 표방하기 위해 고종이 황제를 칭할 때 썼던 大韓帝國이나, 과거 삼한의 부족연맹체를 통합하는 의미의 韓國과 같이 중국으로부터 자주 독립을 의미하거나 고유의 이름을 갖지 않고 월남이라는 말을 사용했을까.

차라리 대월大越, 월국越國, 대월민국大越民國 등의 이름을 갖지 않고 越北과 대비되는 월남을 사용했을까하는 의문이 들었다. 베트남은 불행하게도 1천년 이상을 중국의 지배를 받으면서 자주 독립을 위해 끊임없이 저항운동을 벌였으며, 이러한 저항운동에는 국호는 물론이고 자국의 전통문화를 지키려는 노력도 포함되었다.

비엣Viet, 월이라는 말은 고대 중국에서 기원전 8세기부터 중국의 양쯔강 유역의 남부에 사는 사람들을 지칭했다. 기원전 3세기 중국 남부에서 북부 베트남에 거주하는 비중국계 사람을 통합하여 박비엣Bach Viet, 백월白越이라고 불렸으며, 기원전 207년 진나라 장군이었던 조타가 현재 광조우 지역에 남비엣 Nam Viet, 南越을 세운다. 이는 현재의 복건성과 절강성에 각각 해당하는 북쪽의 월과는 다른 남쪽의 월이라는 의미였다.

국호에 대한 혼란은 계속되었지만, 10세기 중국으로부터 독립한 베트남은 리왕조에 이르러 다이비엣(大越)이라 정하였고 쩐 왕조, 레 왕조시대까지 다이비엣으로 불렀다. 그러나 레왕조 이후 막씨, 남북조 시대에 나라가 다시 혼란에 빠지면서 독립국가의 자부심을 상징하는 다이비엣을 더 이상 사용하지 못하게 되었으며, 중국은 여전히 베트남을 지리적 명칭인 안남安南이라고 불렀다. 16세기에 시인 키엠Nguyen Binh Khiem은 중국식의 남월을 월남으로 바꿔 불러 국호에 영향을 주었다. 이는 남南이라는 단어가 더 이상 월국의 남부를 지칭하지 않고 북쪽의 중국과 다른 남쪽의 베트남을 지칭한다고 해석하였다.

이후에도 베트남이라는 국호가 일반적으로 사용되지 않다가, 19세기에 들어오면서 응우옌Nguyen왕조의 지아 롱Gia Long, 1804-1813황제가 최초로 국호로 사용했다. 사실 프랑스의 간섭에 위협을 느낀 지아롱 황제는 정권의 안정을 위해 청나라에 남비엣南越이라는 국호를 허락해 줄 것을 요청했는데, 청나라 황제는 고대 남월과 혼동될 수 있다고 보고 베트남越南으로 고쳐서 보냈다고 한다.

이후에도 일부 지식계층에서 월남을 사용하고 있었지만, 일반 대중들은 계속 안남Annam이라는 국호를 사용했고 베트남이라는 말을 잘 알지 못했다. 그러다가 1930년 베트남국민당Viet Nam Quoc Dan Dang이 주도한 옌바이Yen Bai 봉기를 통해 베트남이라는 이름이 널리 알려지게 된다. 1940년대가 되어서야 베트남이라는 말은 일반적으로 사용하게 된다. 1941년 창설된 호찌민의 베트남독립동맹회Viet Nam Doc Lap Dong Minh Hoi, 비엣민에서도 베트남을 언급하고, 1942년 프랑스령 인도차이나의 총독도 베트남이라는 말을 사용하였다. 베트남이라는 이름이 공식적으로 사용된 것은 1945년이었다.

1945년 7월 베트남의 마지막 왕조인 후에Hue의 바오다이Bao Dai황실 정부에서 베트남을 국호로 명명하였고, 같은 해 9월에는 하노이의 공산정부에서 공식적으로 베트남Vietnam으로 발표하였다.

한국인으로서 개인적인 의견이지만, 현재의 베트남 대신 10세기 리왕조로부터 이후 800여 년간 사용된 다이비엣大越이라는 국호가 나라의 자주성을 대외적으로 인식시키는 데 훨씬 적절하지 않을까 하는 생각도 해 보지만, 월남이라는 국호를 결정하는 과정에는 과거를 배척하지 않는 베트남 민족 특유의 실용적인 사상은 물론 강대국 중국과의 복잡한 관계가 영향을 미친 것으로 보인다.

3장

국가체제와
사회문화적 특성

현지 문화를 잘 알지 못하는 사람들이 사업을 시작할 때 곤란을 겪는 사례가 많다. 상사가 '해라'라고 지시하는 명령을 적극적 파워라고 한다면, 현장 직원의 '안된다'라는 힘은 소극적 파워라고 부를 수 있을 것이다. 베트남에서 사업을 성공적으로 추진하기 위해서는 상하간에 협의할 수 있는 시간을 주어야 하고, 이두 가지 파워를 적절하게 고려해야 한다.

정치문화의 특성–사회주의 국가

/

"정치체제에 있어서 베트남은 북한의 독재정권과는 다르고
중국과 유사한 과점형태의 정치체제와 운영방식을 따르고 있다고 할 수 있다."

1) 미래에 투자하는 큰 정치

2012년 8월 12일, 오후 1시 반경. 필자는 문화원장이라는 직함을 가지고 하노이 노이바이Noi Bai국제공항의 트랙에 내렸다. 첫 방문이지만 뭔가 편안하고 익숙한 바람이 양볼을 스쳐지나갔다. 한국의 뜨거운 날씨로 고생한 덕분인지 하노이 날씨가 오히려 선선하게 느껴졌다. 날씨에 대한 걱정이 가시면서 사회주의 국가에 대한 막연한 긴장감과 한류의 진원지라는 기대감이 교차하면서 야릇한 설레임이 대신 자리를 잡았다.

입국 수속을 밟으면서 공항직원들의 경직된 모습은 긴장감을 더하게 만들었다. 여기가 바로 사회주의 국가인 베트남. 어려서부터 수도 없이 들었던 게릴라전에 능하다는 베트콩의 나라다. 월남전에 참전했다 돌아온 사촌 형님과 이웃 마을의 형들이 들려주던 베트콩에 대한 이야기가 뚜렷한 기억으로 되살아났다. 한때는 적대국가였던 나라에서 문화원장의 직책을 갖고 국익을 위해

어떤 전략과 자세로 홍보활동을 해야 할지에 대한 걱정이 앞섰다.

한국은 1960년대 베트남전에 미국의 요청으로 참전1964~1973년하여 9년 가까이 싸우면서 이루 말할 수 없는 상처를 주었다. 물론 우리도 많은 희생자가 있었지만 가해자로서의 걱정과 미안함은 어쩔 수 없는 감정이다. 오늘날 베트남 국민들의 여론과 반응이 궁금했다. 과거에는 총칼로 침략을 했지만 이제는 문화로 침략을 한다는 부정적인 인식을 갖고 있지 않을까하는 우려를 떨쳐 낼 수가 없었다.

그러나 문화원장으로 4년 가까이 재임하는 동안 이러한 선입견에 따른 우려는 많은 부분 해소될 수 있었다. 우리는 진정성을 갖고 그들을 도와주려고 노력하고 있고, 그들도 우리를 진정으로 좋아한다는 느낌을 받게 되었다. 양국의 정치지도자들은 한국남성과 결혼한 한-베 가족이 점점 많아지고 있는 상황을 고려하여 양국은 이제 친구관계에서 '사돈관계'가 되었다는 덕담을 즐겨 사용하고 있고 앞으로도 영원히 동반자관계를 갖자고 제안하고 있다.

왜 그럴까?

90년대 말에 불어 닥친 한류가 베트남 문화에 긍정적인 영향력을 미치고 있기 때문일 수 있고, 진정성을 갖고 제공하는 유·무상원조와 한국기업의 투자로 인한 경제적 수혜 때문일 수도 있다. 베트남은 한국의 무상원조 중점지원 대상국가로서 코이카에서는 다양한 유무상 프로젝트를 성공적으로 수행하여 왔으며, 5천 개가 넘는 한국기업들이 100만 명이 넘는 젊은이들을 고용하여 일자리를 만들어 주고 베트남 경제의 활성화에 기여하고 있다.

그러나 베트남 국민의 실용적인 태도나 낙천적인 생각, 외래문화에 수용적인 문화적 바탕을 감안하더라도, 과거의 상처를 묻어두고 미래의 동반자로서 번영을 함께 나누자고 먼저 손을 내미는 베트남 정치지도자들의 큰 정치가 양국 관계의 발전에 긍정적인 영향을 미치고 있다는 사실도 알게 되었다.

한국에서는 2001년 김대중 전 대통령이 베트남 국민들에게 큰 상처를 준 과거의 역사에 대하여 유감의 뜻을 표하였고, 이후, 지난해 베트남을 방문한 문재인 대통령에 이르기까지 한국의 정치 지도자들은 유사한 입장을 표명하고 있지만, 2004년 쩐득루옹Tran Duc Luong 국가주석의 "양국 간의 아픈 역사를 과거에 남겨두고 미래의 발전을 위해 함께 나아가자."는 입장을 발표한 이후 더 이상 베트남의 정치지도자들은 한국 측 지도자에게 공식적인 사과를 요구하지 않고 있다. 이렇듯 베트남 국민들이 아무리 과거를 잊었다고 주장해도 속마음은 그렇지 않을 것이다. 우리의 속마음이 여전히 편안하지 않은 것과 차이가 없을 것이다. 가슴에 박힌 못을 제거한다고 해도 못자국은 그대로 남는다는 격언을 생각해야 할 것이다.

현재상황에서 우리는 진정성과 신뢰성을 갖고 그들에게 우리의 미안함을 지속적으로 그리고 간접적으로 표시하는 것이 최선의 방법이라고 생각한다. 최근 일부 선도적인 베트남 언론에서 월남전의 참상을 특집으로 보도하였지만 큰 주목을 받지 못했다. 그러나 이러한 추세는 지속되거나 확대될 수 있기 때문에 월남전의 상처에 대해서는 조만간 양국 지도자간에 풀고 넘어가야 할 현안으로 부상할 가능성도 있어 보인다. 따라서 양국의 정치지도자가 가급적 빠른 시간에 과거의 불행했던 역사를 명확하게 정리해 주는 것이 양국의 미래관계를 반석 위에 올려놓는 큰 정치가 아닐까 생각해 본다.

2) 합의제 정치와 행정

정치체제에 있어서 베트남은 북한정권과는 적잖은 차이점을 보여준다. 베트남은 중국과 유사한 과점 형태의 정치체제와 운영방식을 따르고 있다고 할 수 있다. 공산당 서기장이 국가주석보다 서열이 높은 공산당이 지배하는 일당 국가이지만, 북한의 1인 독재체제와는 달리 집단지도체제라고 할 수 있다. 공산당 서기장은 명실상부한 서열 1위로서 권한을 행사하며, 주석_{대통령}은 외교와 국가안위를, 총리는 행정수반의 역할을 한다. 정치국원 19명_{2016년 전당대회 선출}이 권력을 균점하고 합의에 의해 주요 정책을 결정하고 있다.

베트남 정부의 행정절차는 합의제가 기본이다. 개별 행정부서는 주요 정책을 결정할 때는 총리의 결재가 반드시 필요하다. 이를 위해서는 사전에 부처 간 합의가 전제되어야 한다. 이런 사유로 인해서 정책결정과 처리기간이 생각보다 느리게 진행된다. 행정처리절차의 매뉴얼화가 되어 있지 않고 정책결정권자의 의지가 중요하게 작용하는 개발도상국의 특성이 베트남에도 예외는 아니다. 기업에서도 상사의 의사와는 별개로 현장 직원들의 협조나 합의가 매우 중요하다. 베트남은 가족주의에 기반한 사회이기 때문에 지위 고하를 막론하고 개인들의 영역이 분명하게 존재한다. 개인들은 각자 자신들의 권한이나 역할을 내세우는 데 주저하지 않는다. 이것이 리베이트와 연관되어 있다면 협상은 더욱 어려워진다.

현지 문화를 잘 알지 못하는 사람들이 사업을 시작할 때 곤란을 겪는 사례가 많다. 상사가 '해라'라고 지시하는 명령을 적극적 파워라고 한다면, 현장 직원의 '안된다'라는 힘은 소극적 파워라고 부를 수 있을 것이다. 베트남에서 사업을 성공적으로 추진하기 위해서는 상하간에 협의할 수 있는 시간을 주어야 하고, 이 두 가지 파워를 적절하게 고려해야 한다.

2012년 12월, 당시 최광식 문체부 장관이 한-베 수교 20주년을 기념하기 위하여 베트남을 공식 방문하였다. 방문기간 중 공연관람, 장관급 회의, 문화원 시찰 등이 순조롭게 진행되고 있었지만, 뜻하지 않게 한국저작권위원회 하노이사무소 개소식에서 해프닝이 발생했다. 한국저작권위원회에서는 태국이나 필리핀에 이어 베트남에 저작권사무소를 설치하고자 하였다. 양국 정부 간에는 일찍부터 저작권 협력을 위한 MOU를 체결하였지만, 주로 상호 정보교환을 위한 의사를 천명하는 수준이었고 저작권 사무소 설치를 위한 근거를 마련하지 못했다.

저작권 사무소 개설을 위해서는 새로운 양해각서가 필요한 상황이었다. 그러나 한국저작권위원회는 새로운 양해각서의 체결을 기다리지 못하고 장관의 방문일정에 맞춰 하노이 사무소 개소식을 준비하고 있었다. 그러나 베트남 정부는 한국 저작권 사무소 설치가 외국기관으로서는 최초이기 때문에 중앙부처 간 협의가 필요하였다. 그러나 법무부, 정보통신부 등 일부 부처의 반대로 합의가 순조롭게 진행되지 못하고 있었으며, 정부 간 합의가 이루어져도 마지막으로 총리의 승인이 있어야 하기 때문에 언제 마무리 될지 짐작하기 어려운 실정이었다.

이때 마침 한국 문체부장관의 공식 방문이 예정되어 있었기 때문에 한국저작권위원회는 이 기회를 활용하여 새로운 양해각서 추진을 강력하게 요청하고, 이와 관계없이 우선 임시 사무소 개소식을 추진하고자 하였다. 이를 위해 임시 사무소에서는 초청장을 만들어 정부의 주요 인사에 배포하였다. 그러나 이는 결국 베트남 정부관계자의 심기를 불편하게 만드는 일이 되고 말았다.

초청장을 받은 문체부 대외협력국 부국장은 문화원에 긴급하게 연락을 취해 왔다. 개소식 준비를 철회해 달라는 요청이었다. 정부의 허가 없이 개소식을 해서는 안 된다는 것이었다. 우리는 한국에서 장관이 참석하기 때문에 눈감아 달라고 했지만, 오히려 공식화될 수 있기 때문에 더욱 문제라는 것이다. 이러한 반대에도 불구하고 한국측은 당초 계획했던 개소식을 철회하지 않고 대폭 축소하여 진행하되 장관 등 한국측 인사들만 참석한 가운데 끝내고 말았다.

이후로도 부처 간 합의가 쉽게 이뤄지지 않음에 따라 조급한 한국 측에서는 문화원에 적극적으로 역할을 해 줄 것을 요청하였다. 결국 문체부 대외협력국의 띵Mr. Tinh 국장에게 적절한 해결책을 마련해 달라는 요청을 강력하게 주문하였다. 항상 한국의 입장에 우호적이던 띵 국장은 난처한 입장에 처하게 되자 새로운 양해각서를 체결하지 않고 기존 양해각서에 일부 조항을 삽입하는 방식으로 해결책을 마련하였다. 일종의 편법이었지만 띵국장의 친한적인 자세와 오랜 관록, 과감한 결단이 아니었다면 쉽게 해결하기 어려운 과제였다고 할 수 있다. 이로써 임시사무소를 개설한지 1년 반이 넘어선 2014년 2월, 한국저작권위원회 사무소가 외국기관으로서는 처음으로 하노이에 정식으로 개설하게 되었다.

3) 여전한 사상 검증

베트남은 80년대 중반에 들어서면서 고전적 사회주의가 국가의 경제발전에 도움이 되지 않는다는 판단 하에 1986년 개혁개방정책인 도이머이Doi Moi 정책을 도입하게 되었고 이후에도 자본주의 지향의 개혁 개방조치를 점진적으로 확대하면서 국가체재의 정체성을 규정하는 데 혼란을 겪고 있다.

이런 혼란을 해소하기 위해 최근 공산당 지도국은 베트남을 '사회주의 지향의 자본주의 국가'라고 규정하고, 외국인들에게 자유로운 활동을 어느 정도 보장하려고 노력하고 있다. 그러나 국가차원에서 사회주의 정신의 근간에 영향을 줄 수 있는 선교활동 등은 원칙적으로 금지하고 있고, 출판물 등에 대한 사상검증 제도도 여전히 유지하고 있는데, 내국인들은 물론 외국인들이 지켜야할 사상적 금기사항들이 분명하게 존재한다는 것을 명심해야 할 것이다. 특히, 영화, 드라마, 출판물, 공연물, 외국문화콘텐츠의 수입에는 엄격한 심사절차를 거친다고 보아야 한다.

2013년도 중반, 금요일 저녁 시간, 한국 문체부의 동료직원한테서 긴급한 전화가 왔다. 알고 지내는 모 대학의 교수 일행이 베트남 대학들을 방문하기 위해 대학 홍보자료와 기념품 등 몇 박스를 보름여 전에 보냈는데 아직 통관을 못하고 있다는 것이다. 내일 모레 출국인데 큰일이라고 난리가 난 모양이었다. 이번 하노이 방문일정을 담당한 여행사 직원과 통화해보니 세관에서 홍보책자를 아직 검사하고 있다는 것이다. 필자는 비상연락망을 통해 담당자와 연락을 취하고 양국 교류관계를 위해 중요한 방문임을 설명하고 협력을 요청하였으며 관할 세관의 요청에 의해 공식 서한을 발송하고 나서야 겨우 문제를 해결하였다.

필자가 근무하는 동안 이와 유사한 사례는 적지 않게 발생하였다. 2014년도 겨울, 한국의 모 국립박물관에서 현지인과 한국인 교포를 대상으로 한국의 현대사 강의를 하기 위해 베트남을 방문하는데, 본국에서 강의자료를 다소 늦게 보냈다. 강사들은 벌써 입국했는데 강의자료는 아직 통관이 되지 않았다. 결국 원본 자료는 쓰지 못하고 현지에서 파일을 프린트해서 활용하게 되었으며, 며칠이 지난 뒤에야 책자를 받을 수 있었다. 이와 같이 어떤 출판물을 보낼 때는 충분한 기간을 갖고 미리 보내고 진행상황을 확인해야 한다. 세관에서는 여전히 출판물 등에 대해서는 민감한 반응을 보인다는 점을 간과해서는 안 된다.

그림 전시회와 관련하여 실수하는 경우도 종종 있다. 한국인 화가들은 베트남에서 사진자료에 의한 사전 검열과 행사자체에 대한 사전 허가를 받아야 한다는 것을 잘 이해하지 못하는 경우가 있다. 허가를 받더라도 형식적일 것이라는 생각으로 준비를 소홀히 하는 경우가 많다. 문화원에서 전시회를 갖기 위해서는 한 달 전까지 출품작품의 사진과 설명자료를 보내주는 것이 좋다. 허가절차를 위해 문화원에서 자료를 정리하는 시간과 당국에 허가서류를 제출하고 기다리는 시간이 필요하기 때문이다. 반면에 대부분의 작가들은 촉박하게 자료를 보내주고, 어떤 작가들은 개막식 전날 허가받은 작품을 다른 작품으로 대체하려는 경우도 있다. 이런 작품은 원칙적으로 전시회에 출품할 수 없고, 개막식을 진행할 수 없다. 그러나 전시를 위해 이미 작가들이 방문한 상태에서 개막식을 연기할 수 없기 때문에 다시 서둘러 보완 허가 절차를 밟아야 한다.

공연도 마찬가지이다. 베트남에는 연간 수십 차례 한국에서 공연단을 파견한다. 최근 몇 년 사이에 KBS의 뮤직뱅크, MBC의 '쇼! 음악중심' 등 대형 공연이 여러 차례 있었다. 작은 규모의 K팝 공연이나 전통공연도 자주 열린다. 이러한 공연이벤트를 허가받기 위해서는 프로그램에 대한 사전 심사와 출연자의 의상 등에 대한 현장 심사도 진행된다. 베트남에서 공연 등 이벤트를 준비하는 사람이라면 베트남 사회가 자본주의를 대폭 수용하고 있지만, 여전히 사회주의 국가라는 점을 잘 이해하고 세심하게 준비할 필요가 있다.

4) 대국주의大局主義 언론

베트남국민들에게 신문이나 방송의 위력은 대단하다. 문맹률이 낮은 베트남인들에게 신문구독은 생활 그 자체라고 할 수 있다. 베트남 신문에서 다루는 주제도 다양하다. 정치, 경제, 사회, 문화, 노동, 부동산, 증권, 법, 치안, 오염, 마약 등 사회 전반에 걸친 사안이 다루어진다. 그러나 베트남 언론은 기본적으로 사회주의 체제 또는 국가이익을 대변하는 기능을 수행하고 있다. 체제를 비판하거나 체제에 부정적 영향을 줄 수 있는 민감한 사안이 보도되기는 어렵다. 최근에 인터넷 신문 등 일부 신문에서 환경문제 등 민감한 주제들이 다루어지고 있지만, 정치체재에 영향을 미칠 수 있는 사회문제에 대한 비판은 대국적大局的 차원에서 여전히 금기시된다. 대국적이라는 용어는 '큰 판국이나 전체적인 판국에 따르는 것'을 의미한다.

중국이나 베트남과 같은 사회주의 국가에서 언론보도나 언론기관의 역할을 대국주의적인 관점에서 바라보는 것 같다. 공산주의 체제의 특성상 언론기관은 사회주의 정책에 순응하거나 적극 옹호하는 것이 국민을 위하는 길이라는 보편적 인식을 갖고 있다.

따라서 베트남 언론이 갖고 있는 홍보 선전propaganda의 역할은 여전히 중요하다고 할 수 있다. 즉 베트남은 사회 다방면에 걸쳐 개방화, 글로벌화 및 민주화가 빠르게 진행되면서 언론기관의 독자적 위상이 높아지고 있지만 여전히 대다수는 정치나 사회적 이슈와 같은 예민한 현안에 대해서는 정부의 보도지침을 철저하게 준수하고 있다고 할 수 있다.

베트남은 전국에 450개 이상의 언론 매체가 있고 560종 이상의 인쇄 매체가 있다. 국영방송 이외에도 각 지방자치단체들이 자체 방송국을 운영하고 있다. 모든 언론매체는 당과 정부기관, 지방자치단체, 사회단체 등에서 발행한다. 국내 언론에 대해서는 정보통신부Ministry of Information and Communication에서 인·허가, 검열 등의 업무를 관장하고, 외신은 외교부Ministry of Foreign Affairs 공보국과 외국 프레스센터Foreign Press Center에서 사증 발급, 취재 허가 등의 업무를 관장한다.

베트남에서 가장 영향력 있는 언론기관은 인민일보Bao Nhan Dan이다. 인민일보의 편집국장 투안 휴Thuan Huu는 공산당 중앙위원회 집행위원이며 장관급이다. 당 정치국 소속인 베트남 언론인협회의 회장으로서 한국의 기자협회와도 긴밀하게 교류 관계를 갖고 있다. 휴 국장은 성품이 온화하고 개방적인 성격이다. 자녀들이 K팝을 좋아한다는 이유로 한국문화원의 행사에도 관심을 갖고 있어 우호적인 관계를 유지하고 있다.

문화원은 2013년도 9월, 박근혜 대통령의 국빈 방문에 앞서 사전보도를 요청하기 위해 편집국장을 면담한 적이 있으며, 그 이후에도 일본의 강제징용 시설 세계유산 등재 반대 등 중요한 현안사항이 있거나 한국 정부의 요청이 있을 경우에는 보도요청이나 정치적인 협력을 위해 대사를 수행하거나 단독으로 휴국장을 면담해 왔다.

그 밖에 영향력 있는 신문으로 베트남노동자총연합회를 대표하는 노동신문Bao Lao Dong, 하노이 인민위원회 산하 새하노이 신문Bao Hanoi Moi, 베트남통신사가 발행하는 베트남뉴스VN news 등을 들 수 있다. 베트남통신사는 세계 21개국에 특파원을 파견하고 있다. 이 외에도 인지도가 높은 신문으로는 베트남 청년동맹의 뚜오이쩨신문Bao Tuoi Tre, 청년신문, 베트남 공산당 온라인 신문, 선봉신문, 인민군대신문 등을 들 수 있다. 특히, 젊은이들에게 인기가 있는 뚜오이쩨 신문은 베트남 최대 일간지 중의 하나로써 젊은이들의 취향에 맞는 사회적 이슈를 발굴하여 도발적으로 보도하고 있다. 한국의 한류문제나 월남전 그리고 중국과의 영토분쟁 등 예민한 현안에 대해서도 선정적으로 이슈화시키는 것으로도 인지도가 높다.

베트남에서 방송의 역할은 중요하다. 대표적인 국영방송으로 VTVVietnam Television가 있으며 사장은 당 중앙위원회 집행위원으로 장관급 인사이다. VTV는 7개의 채널을 가진 베트남 유일의 전국 TV방송이며 한국과는 인적 및 기술교류가 활발한 편이다.

2015년도 한국의 EBS는 교육전담방송인 VTV7 채널을 신규로 개설하는데 기여하였다. 한국의 다양한 교육 및 다큐프로그램이 베트남의 어린이와 일반 시청자들에게 방영되고 있고, 베트남 교육프로그램의 신규 제작을 위한 인력과 기술도 지원한다. 베트남 디지털 방송인 VTC, 하노이 인민위원회 산하의 Hanoi TV, 호찌민 인민위원회 산하의 HTV, 베트남 통신사 관할 방송인 Vnews, 베트남 소리 방송 VOV(Voice of Vietnam) 등도 영향력 있는 방송이다.

이상과 같은 신문이나 언론은 한국문화원의 중요한 협조기관이며 사업파트너라고 할 수 있다. 문화원은 개원 이래로 베트남의 주요 신문 방송의 기자들과 잦은 접촉을 통하여 한국의 중요 정책이나 문화가 현지에서 긍정적으로 보도될 수 있도록 협력관계를 유지하고 있다. 특히, 매년 6월 중순 베트남 혁명기자의 날을 맞이하여 개최하는 대사주최 간담회, 12월 송년 간담회 등을 정례적으로 개최하면서 한국문화와 홍보사업을 소개하는 기회를 갖고 있다.

기자단 초청간담회

국가체제와 신지도부

베트남은 사회주의 공화국Socialist Republic of Vietnam으로 헌법상 공산당이 유일한 정당으로 국가와 사회를 영도한다고 명시하고 있다. 정치는 공산당 집단지도체제를 유지하고 있으며, 권력기관간 견제와 균형을 통해 안정적으로 국내정세를 관리해 나가고 있다. 당 서열 1위인 서기장은 명실공히 최고의 권력을 행사하고 있으며, 국가주석은 국가원수로서 군사 · 외교권을 행사하고, 총리는 정부수반으로 내각을 관할한다. 국회는 단원제로 임기 5년, 의원수는 500명이고 정기회의는 연 2회5월, 10월에 개최한다. 행정부총리와 국회의 권한이 점차 강화되는 추세에 있다.

공산당은 1930년에 결성되었으며, 현재 당원수는 360만 명 정도이다. 대의원은 2,000명, 중앙위원 175명, 정치국원 19명으로 구성되며, 전당대회는 매 5년마다 개최하고 있다. 주요 정책은 당서기장, 국가주석, 총리, 국회의장 등이 포함된 정치국에서 결정된다.

국회는 헌법제정 및 입법기관이며 국가주석, 부주석, 총리, 최고인민법원장, 최고인민감찰원장을 선출하고 해임할 수 있다. 국회의장, 부의장4명, 상임위원12명으로 구성된 상무위원회에서 국회 소집, 국회 폐회시 업무를 수행하거나 헌법을 해석하는 역할을 한다.

행정부는 국회 의결사항의 최고 집행기관이며 행정기관으로서 총리, 부총리(5명), 각료 21명으로 구성되어 있다. 사법기관은 최고인민법원, 지방인민법원, 군사법원, 기타 특별법원으로 구성되고 있으나 국회상무위가 헌법 해석권을 갖고 있어 정부에 대한 견제기능이 미약한 것으로 인식된다.

베트남의 정치는 공산당 1인 체제와 사회주의 체제의 근간을 유지한 가운데 그간의 급속한 개혁개방에 따른 경제사회적 변화 요구에 대해서도 비교적 능동적으로 대처하고 있으나, 급격한 세계화의 변화 물결에 신속하게 대처하는 능력에 있어서는 집단지도체제의 한계를 동시에 내포하고 있어, 2016년 4월 새롭게 출발한 현 국가지도부가 향후 국정을 어떻게 이끌어 갈지 주목된다. 안타깝게도 2018년 9월, 쩐 다이꽝 국가주석이 지병으로 사망함에 따라 권력서열 1위인 응웬 푸 쫑 당서기장이 국가주석직을 겸하고 있다. 이미 당수반으로 베트남 최고결정권자인 응웬 푸 쫑 서기장은 국가주석 권한인 군통수권과 총리 임명권까지 손에 넣으면서 더욱 막강한 권력을 쥐게 됐다. 베트남 국부로 추앙받는 호찌민 전 국가주석 이후 서기장과 국가주석을 겸직하는 것은 처음이다.

당서기장 · 국가주석
응웬 푸 쫑
Nguyen Phu Trong

총리
응웬 쑤언 푹
Nguyen Xuan Phuc

국회의장
응웬 티 킴 응안
Nguyen Thi Kim Ngan

02
사회문화의 특성–자본주의 사회

/

"국가의 정치체제는 사회주의이지만,
사회체제는 자본주의라는 의미이다."

1) 사회구조의 변천

베트남은 현재 '사회주의를 지향하는 자본주의 국가'라고 불리고 있다. 국가의 정치체제는 사회주의이지만, 사회체제는 자본주의라는 의미로 이중적 입장을 취하고 있다. 여기에는 전통적으로 농경사회의 기반인 가족이나 마을 중심의 공동분배 사상, 끊임없는 외세의 침략과 지배로 인한 배척과 수용의 이중적 생존 방식이 적절하게 조화를 이루고 있는 것으로 보인다. 이와 같이 오늘날의 베트남의 사회문화적 특징을 이해하기 위해서는 개략적이나마 베트남 선조들의 생산과 생활양식의 발전단계를 알아볼 필요가 있다.

베트남은 다른 아시아권 국가들과 마찬가지로 공동체로서 인류가 발전해온 단계를 순차적으로 거치게 된다. 우선, 구석기, 신석기, 청동기와 같은 선사시대를 거쳤다. 선사시대는 원시사회로서 권력에 의한 계급이 존재하지 않는 씨족사회였고 주로 어로, 채취, 수렵 등에 의존하여 살았기 때문에 분배의 의미는 중요하지 않았다. 다음으로 점차 부와 권력에 의한 계급이 형성되면서 부족국가로서 봉건 사회적 특징을 보여주게 된다. 토지의 소유권자가 지배자가 되고 경작자는 피지배자라는 관계가 형성된다. 피지배자는 토지를 지급받는 대가로 지배자를 위해 조세와 부역, 군역을 담당했다.

그러나, 베트남은 다른 아시아권 국가와 달리 효율적인 농경생활을 위해 마을단위의 기능과 역할이 중요했다. 일찍부터 발전한 도작농업을 위해서 많은 노동력이 필요했고 정착생활을 위해 촌락이 만들어진다. 촌락은 랑싸Lang xa라고 불렀는데, 이 촌락은 "왕의 법이 마을의 규례에 진다Phep vua thua le lang."라는 속담도 생길 정도로 외부에 폐쇄적이었고 자치적인 성격이 강했다. 촌락의 운영은 자신들이 제정한 향약에 의존했으며, 촌락은 공동분배사상의 기초를 제공했다.

초기 봉건사회였던 어우 락Au Lac국이 중국에 의해 멸망하면서 1천년 이상을 중국문화의 강력한 영향을 받게 된다. 특히, 베트남의 농업위주의 사회체제는 중국의 영향을 받아 좀 더 체계적이고 발전된 모습도 보여주게 된다. 중국으로부터 독립한 이후에도 베트남은 중국과의 관계를 지속해 오면서 농업기술을 발전시키고 농업생산이 증가하였으며, 농업위주의 봉건사회가 더욱 공고해진다. 이 때에 매매를 통한 사전私田제도가 출현하게 된다.

19세기에 프랑스의 식민지가 되면서 베트남의 아시아적 봉건주의 사회질서에 변화가 불어왔다. 서구식 자본주의가 영향을 미치게 된 것이다. 그러나 베트남 사회는 전통적 사회질서가 완전히 변화된 것은 아니었고, 서구식 사회질서와 공존하는 양상을 보여주었다.

20세기에 들어서 베트남 사회는 제2차 세계대전의 소용돌이에 휩쓸리면서 북부 일부지역에서는 공산당이 지배하는 해방구가 생겨나고, 이들 지역에서는 농지를 평균적으로 농민에게 분배하기도 하였지만, 1958년 북부 베트남이 공산주의 사회가 되면서 토지의 개인소유는 사라지고 무산계급의 사회가 되었다. 1975년 베트남 전체가 공산화가 되면서 베트남 전역에는 사유제도가 없어지고 공유제도가 확산되었다. 모든 것은 공산당의 계획과 통제에 의하여 추진되고 봉건제도의 잔재는 사라졌다. 사회주의 체제가 확고하게 자리를 잡는 것으로 보였다.

그러나 노동만을 제공하고 필요에 따라 분배받는 공산주의 사회는 노동의 질과 생산력을 저하시키고 창조력을 위축시키는 결과를 맞게 되면서 생존을 위한 기본 먹거리조차 해결하지 못하는 국가적이며 체제적인 위기를 초래하게 된다. 이러한 위기감을 바탕으로 1986년 12월 공산당 전당대회에서 경쟁과 사유를 기본으로 하는 자본주의정신이 반영된 도이머이Doi moi정책을 과감하게 채택하게 된다. 이를 계기로 베트남은 쌀 생산의 자급자족을 달성하게 되었고 자본주의적 생산방식의 필요성을 전반적으로 인정하게 되었지만, 사회주의 체제를 포기하지 않으면서 베트남 국가사회의 구조가 어정쩡한 이중적인 모습을 취하게 되었다.

비교적 최근인 2013년도 공산당 전당대회에서 헌법개정안에 현재의 국명인 「베트남 사회주의 공화국」을 「베트남 민주공화국」으로 변경하자는 안이 제출되었으나 논의 끝에 부결된 바 있다. 이러한 일련의 흐름과 같이 베트남에서 사회주의는 경제발전에 걸림돌이 될 수 있는 구체제의 아킬레스건이며 사회주의는 더 이상 국민들에게 공감하는 명분을 제공하지 못하고 있다는 소수 의견들도 나오고 있어 주목된다.

2) 자본주의 문화의 확산

베트남은 시장경제가 돌아가는 상황을 보면 분명히 자본주의 사회이다. 시장경제는 이제 누구든 거스를 수 없는 사회 전반에 걸친 현상이며 국민 생활 깊숙하게 뿌리를 내리고 있다. 최근 식당, 카페, 의상실, 화장품 및 전자제품 가게 등 의식주나 사치품과 관련된 서비스 산업이 눈에 띄게 발전한다. 속도를 내고 있는 베트남의 경제발전에 위로부터는 금융당국과 기업가로부터 밑으로는 일반 상인에 이르기까지 자본주의식 문화가 확산되어 있다.

매일아침 새벽을 깨우며 난장을 펼치는 골목 장터에 나가보면 시장마다 활력이 넘쳐난다. 자신감 넘치는 상인들은 숙련된 모습으로 고객들에게 물건을 판매한다. 상인들은 돈 앞에서 절대로 양보가 없는 듯하다. 한국에서는 물건을 하나만 살 때보다 여러 개 살 때 할인을 해 주지만, 베트남은 몇 개를 사든지 동일한 단가로 계산한다. 기본적으로 할인문화가 없는 듯하다. 가격 할인

사회주의 국가인 베트남은 자본주의 시장경제를 지향하고 있다. 번화가인 하노이 호안끼엠시장은 물론 북쪽의 소수민족 마을 사파시장에 이르기까지 시장경제가 정착되고 있다.
위: 가방전문가게(호안끼엠 인근), 아래: 소수민족 재래시장(사파 박하)

보다는 덤으로 주는 경우는 있다. 상인이 일단 부르는 가격은 아무리 높게 불렀어도 스스로 조정하지 않는다. 가격이 높다고 판단하면 재차 가격 협상을 하기보다는 다음 날 다시 오던지 다른 가게를 찾아가는 것이 시간을 절약하는 방법이다.

베트남 사람들은 중국을 싫어한다는 말을 거침없이 내뱉는다. 중국 상품이나 중국사람들을 믿을 수 없기 때문이란다. 1천년이 넘는 기간 동안 중국의 식민 지배를 받아오면서 중국에 대한 반감이 체질화된 것도 원인일 수 있지만, 최근에 갈등이 심화되고 있는 남중국해 문제 등에 그 원인이 있는 것으로 보인다. 그러나 이러한 외형적인 거부감과는 달리 중국의 경제적 영향력은 베트남의 구석구석에 미치고 있다. 베트남의 최대 교역 상대국인 중국의 위상을 고려하면 베트남이 마냥 중국에 반감을 갖고 쇄국정책을 취할 수도 없는 입장이다.

2014년 5월 중순, 남중국해의 파라셀제도Paracel Islands에서 중국 석유시추선의 굴착작업을 둘러싸고 베트남 내에서는 반중국 민중폭동이 일어났다. 이로 인해 중국기업과 대만기업이 큰 피해를 입었다. 심지어 우리 기업의 일부도 적지 않은 피해를 보면서 당시 전대주 대사가 현지에 급하게 내려가 피해 상황을 점검하였다. 중국은 베트남 정부에 즉각적으로 폭동을 진압해 줄 것을 요청하였지만, 베트남에서는 이를 방관하는 자세를 취했다. 그러나 폭동이 오래 지속될 경우, 중국기업이 철수하고 중국관광객의 발길이 끊어질 것을 우려하여 베트남 정부는 돌연 강압적으로 폭동을 진압하는 모습을 보였으며, 피해를 본 중국기업들에 대한 보상계획을 서둘러 발표하게 된다.

폭동이 진압되어 갈 무렵 응웬 번 뚜안Nguyen Van Tuan 베트남 관광청장은 담당국장 등을 대동하고 긴급하게 대사관을 찾아왔다. 뚜안 청장은 당시 박노완 공사, 본인, 강성길 관광공사 지사장 등이 참석한 자리에서 베트남 폭동 진행상황과 정부의 입장을 전달하고 한국기업들이나 관광객들에게 어떠한 피해가 가지 않도록 철저하게 조치를 취하고 있다는 점을 상세히 설명하면서 한국정부에 공식으로 보고해 줄 것을 요청하였다. 뚜안 청장은 중국, 대만 등 피해국가 대사관이나 대표부에도 방문하여 설명한 것으로 알려지고 있다. 대외적으로 사회주의적 명분을 최우선으로 하는 베트남 정부에서 외국 기업의 투자나 관광객들의 방문이 줄어들 것을 우려하여 서둘러 진화하는 모습에서 베트남은 사회주의라는 명분보다는 자본주의적 실리를 추구하고 있다는 것을 확인할 수 있었다.

발전하는 베트남

　베트남은 2008년 세계 금융위기 이전까지 7%이상의 빠른 성장치를 기록하다 5%대까지 떨어졌으나, 최근에는 다시 연평균 6%이상의 성장률을 기록하고 있으며 인도네시아와 함께 'Post China'로 주목받고 있다. 이는 FDI 등 외국자본의 적극 유치와 도로확장 등 사회 인프라 구축이 경제성장을 견인하고 있는 것으로 보인다. 베트남은 한국, EU와의 FTA체결, TPP Trans Pacific Partnership, AEC Asean Economic Community 등에 가입하여 글로벌 시장과의 경제협력에 적극적으로 임하고 있다. 중산층의 급속한 증가로 인하여 식료품, 휴대폰, 가전제품, 자동차 등의 소비재 수요가 증가하고 대형유통망, 글로벌 프랜차이즈의 진출은 현대식 소비패턴의 변화를 유도하여 내수시장이 동력을 받게 될 것으로 전망된다. 베트남 경제에 대한 월드뱅크, 아시아개발은행 등 주요 예측기관들은 중기적 전망을 긍정적으로 바라보고 있지만, 제조업과 석유 수출 감소, 축적된 재정 불균형, 금융시스템 불안, 생산성을 높이기 위한 구조 개혁의 지연 등이 성장에 발목을 잡을 수 있을 것으로 우려했다.

　베트남은 아세안(6억명), 중국(13억명), 인도(12억명)를 연결하는 경제 요충지라는 지리적 이점을 갖고 있으며, 낮은 인건비와 높은 생산성, 인구의 절반 이상이 30세 이하의 인구구성, 소득과 소비의 가파른 증가, 높은 교육열 등은 베트남의 경제 전망을 밝게 한다.

롯데센터에서 바라
본 하노이시 전경

짱띠엔(Trang Tien)
명품백화점

비즈니스 팁

(1) 미팅

미팅은 매우 공식적인 것으로 간주된다. 약속시간에 앞서 단지 1주일 전에 확인을 해주기 때문에, 신청자가 그때까지 다른 일정을 잡기 어려운 것이 현실이다. 미팅 1~2일 전에 재확인하고, 파트너와 접촉하여 참석자 명단 및 직위 등을 확보하는 것이 필요하다. 면담장소에서는 간단한 악수 및 인사말 후에 Host 측이 환영 인사하고, 이어 방문자 측이 답사하는 것이 통상적이다.

(2) 베트남 인사 이름 부르기

직함과 함께 부를 때는 〈직함+전체이름 : 예, Chairman 'Nguyen Van Nam'〉와 같이 부르도록 한다. Deputy, Vice, Assistant 등 직함은 직함을 생략하고 Mr. Ms. 이름으로 부르거나 상위자가 같이 없을 때는 Director Nam과 같이 높여 부르는 것도 좋다.

(3) 이름 표기방식

우리와 같이 성+이름순으로 표기한다. 베트남 이름은 성–중간이름–끝이름으로 구성되는데 한국과 달리 끝 이름만으로 호명한다. 베트남 이름의 경우 중간이름만으로 성별을 알 수 있는데, Van(반)은 보통 남자이름에 사용되며, Thi는 여자이름에만 사용한다.

(4) 첫 만남

베트남에서 첫 비즈니스 접촉은 전통적으로 대부분 소개에 의해 이루어지는 것이 관례이다. 최근에는 인터넷, 무역박람회, 카탈로그, 브로셔, 광고 및 이메일, 전화 등을 통해 직접 접촉이 가능하기도 하다.

(5) 비즈니스 관계형성

비즈니스 관계는 상대방에게 충분한 시간과 노력을 보여주면서 호감과 신뢰를 쌓고 선물, 식사 대접 등으로 개인적 친분관계를 다져가게 된다. 서양에 비해서는 나이, 취미, 가족관계에 대해 파악하기에는 용이하나, 대부분의 베트남인, 특히 북부 지방의 베트남인은 개인적 친분을 쌓는 데 상당한 시간과 노력이 필요하다. 개인적인 혜택을 주고, 비즈니스 외의 개인적인 필요에 관심을 가져주는 파트너가 되는 것이 관계형성과 유지에 크게 작용한다.

(6) 선임자 체면 세워주기 및 명함 수수

지위 선임자에 대해 체면을 세워주고 적절한 존경을 표시해 주는 것이 중요하다. 선임자에 우대적 표시는 정부기관, 국영기업 접촉시 더욱 중요하다. 첫 면담시 선임자에게 더 좋은 선물을 제공하도록 한다. Host 측에서 좌석을 선임자 순으로 배치하도록 한다.

친분을 쌓기 전에는 Mr.+이름 또는 Mrs.+이름 대신에 Chairman+full name, Director+o, Manager+o 등 직함과 함께 불러주는 것이 적절하다. 명함은 선임자 순으로 제공하고, 명함을 주거나 받을 때 양손으로 잡고 손을 뻗어 주는 것이 예의이다. 받은 명함은 주의 깊게 읽는 표정을 통해 상대방에 대한 존중, 존경을 표시하도록 한다. 받은 명함을 호주머니에 쑤셔 넣는 행위는 금물이므로 주의하여야 한다.

(7) 오 · 만찬시

베트남 초청자 측이 오 · 만찬을 대접할 경우 선물_{양주, 와인 등}을 가져가는 것이 좋고, 대접받고 나서는 반드시 감사의 표시로 리턴 초대하는 것이 예의이다. 주최 측의 건배 제의를 시작으로 상호 건배를 제안한다. 주최 측이 건배를 제의할 때는 최고 선임자를 보고 일어나서 양손으로 술잔을 들며 간단한 덕담을 하는 것이 좋다. 헤어질 때는 모든 베트남 참석자들과 악수하고 감사를 표시하도록 한다.

(8) 팁 문화

오래 전부터 베트남에 팁문화가 있었던 것은 아니나, 내국 부유층 및 외국 관광객의 증가로 인해 차츰 팁문화가 정착되어 가는 추세이다. 호텔 및 고급 식당, 골프장, 스파 등에서 일하는 종업원들은 손님으로부터 약간의 팁을 받는 것을 기대하고 있다.

작가: 이상복

4장

베트남 문화의 정체성

공동체에 대한 끈끈한 유대감, 강한 애국심, 고대문화에 대한 자부심, 베트남어에 대한 중요성 인식, 강한 교육열, 일에 대한 열정, 총명함, 창의성, 기술력, 검약, 수경농업의 영향력, 고전적 가족의 역할, 효도, 어른에 대한 공경, 가족과 마을과의 강한 연대, 생존을 위한 적응력, 행동의 유연성, 현실 중시, 절충주의, 실용주의, 실생활의 냉철함과 단순성, 멋지고 대단한 것보다는 단순하고 능숙하고 사랑스럽고 우아한 것에 민감, 이성적이기보다는 감성적, 철학적 관조나 형이상학적인 사고의 부족, 광신적이기보다는 독실한 신앙, 뿌리가 튼튼한 토착 신앙, 정령신앙, 유교와 불교의 깊은 영향, 선행과 도덕에 높은 가치를 두는 것 등과 같은 요소가 특징이다.

01
환경과 문화

/

베트남은 일반적으로 비가 많이 온다. 비는 베트남처럼 쌀농사를 짓는 민족에게는
삶에 중요한 요소이기 때문에 일반 국민들의 거부감은 크지 않다.

이열대 나라의 진실

대다수 한국인들은 베트남을 '후덥지근한' '열대몬순의 나라'라는 선입견을
갖고 있는 것 같다. 이 말이 틀린 것은 아니지만, 남북으로 길게 뻗은 지리적
특성을 감안하면 한마디로 베트남의 날씨를 정의하기는 어렵다. 베트남은 완
전한 열대 몬순기후 지역에 속하지만 변형된 몬순기후를 갖고 있다. 몬순기
후 지역에 속한 호찌민을 위시한 남부는 건기와 우기가 분명히 나타나지만
하노이를 비롯한 북부 베트남은 습기가 많고 건기가 거의 없는 편이다.

바닷바람을 가로막는 세 산맥이 있어 강우량이 많은 국가에 속한다. 하노
이 등 중북부 베트남은 여름 우기에는 강한 바람을 동반한 소나기가 내리기
도 하지만 연중 습한 공기에 간헐적으로 비가 내린다. 중국과 경계를 이루는
최북단 지역에는 겨울에 영하의 날씨로 눈이 오기도 하고, 집에 기르는 동물
이 얼어 죽기도 한다. 국토가 길게 위 아래로 뻗어 있고 산악이 많은 만큼 지
역마다 다양한 기후와 환경을 갖고 있다.

이와 같이 다양하고 변화무쌍한 아열대성 기후는 베트남 사람들의 삶의 방식이나 관습, 생각과 태도에 적지 않은 영향을 미치고 있다. 19세기 중반에 베트남에 파견 근무했던 프랑스인 장 타르디외Jean Tardieu는 베트남의 날씨에 대해 "아열대성의 덥고 강한 햇살 그리고 습기가 찬 먹물 같은 색깔"이라고 기술하였다. 이어서 그는 변덕스런 날씨에 순응하는 현지인의 모습과 자신의 불안정한 상황을 비꼬는 말투로 다음과 같이 표현하고 있다.(Hun Ngoc 2014, 495p)

"하노이에 정착한 이래 이렇게 불안정한 적은 없었다. 그 이유는 날씨 때문이다. 사람들은 전횡적이고 변덕스러운 날씨의 힘에 복종하는 것 같다. 사람은 태양, 구름, 먼지, 바람 그리고 시간들의 변덕스러움이 만들어 내는 눈에 보이지 않는 수많은 실타래에 묶여진 순진한 꼭두각시처럼 보인다. 폭풍우가 일어나서 접근해 오고, 발생하고 녹아들면서 감성은 살아났다가 동시에 약해진다. 나는 피곤과 희열, 행복함과 불안감, 완벽한 기쁨과 절망감에 이르기까지 신체적 또는 정신적으로 이러한 단계를 지속적으로 겪지 않고는 단 하루도 보낼 수가 없다. (중략) 계절사이에 정확한 구분도 없다. 일교차가 10도에서 15도나 된다. 어떤 날은 아주 추워서 아침에 집을 나설 때 모직 점퍼나 머플러를 해야 하는데 마치 파리의 12월 날씨와 같다. 그 다음날은 갑자기 파리의 여름과도 같다. 폭풍이 불어 올 것 같은 낮은 하늘, 탁한 잿빛으로 광택없이 반짝이는 구름들."

1세기 전의 베트남의 날씨가 외국인들에게 그렇게 혹독하였나 보다. 그러나 온난화 등으로 세계의 날씨가 점차 변하고 있듯이 베트남의 날씨도 최근에 많이 변하는 것 같다. 필자가 부임한 해인 2012년도 겨울은 축축한 보슬비가 3~4개월 동안 지루하게 내렸고 거의 하루도 햇빛을 보지 못했다. 이로 인해 우울증을 겪는 교민들이 많다는 말을 들었다. 그러나 최근에는 겨울에도 햇볕이 자주 들고 날씨도 시원하며 비가 그리 많이 오지 않고 훨씬 쾌적한 날씨를 보여준다. 날씨는 그 나라 국민들의 의식주에 커다란 영향을 미치기 때문에 앞으로 베트남 국민들의 생활문화와 관습에도 일정한 형태의 변화가 예측된다.

비와 생활문화

베트남은 북과 남의 날씨가 많이 다르지만 일반적으로 비가 많이 오는 나라이다. 비는 베트남처럼 쌀농사를 짓는 민족에게는 삶에 중요한 요소이기 때문에 일반 국민들의 거부감은 크지 않다. 베트남인의 민속문화가 비와 관련되어 발달하고 비에 수반되는 구름, 번개 그리고 천둥과 같은 현상이 문화예술에 반영되고 있는 것은 신기한 일이 아니다. 베트남과 같은 동남아시아는 습지에 사는 악어나 관수리, 용오름에 관련된 이야기가 많이 나온다. 특히, 베트남인이 숭상하는 상상의 동물인 용dragon도 물이 많은 논에서 태풍이 불어 닥칠 때 가끔 볼 수 있는 용오름에서 나왔다. 태고적부터 수많은 격언과 잘 알려진 노래는 비와 관련되어 있고, 잦은 비와 함께 살아 온 조상들의 지혜는 기상학적인 예측력을 보여주는 격언으로까지 발전하게 되었다.

"큰 소나기가 아니더라도 비가 지루하게 내리면 결국 홍수가 된다."

"비는 한낮을 넘어서 오래 지속되지 않는다. 언제나 오후 3시경에는 소강상태가 된다."

"음력으로 세 번째 달에 내리는 비는 흙이 꽃을 피게 하고 풍작을 이룬다."

"음력으로 네 번째 달에 오는 비는 여름 곡식을 망친다."

"음력으로 일곱 번째 달, 거친 바람을 동반한 비는 카나리아의 가지를 부러뜨린다."

"음력으로 여덟 번째 내리는 비는 용의 피처럼 논에 유익하다."

비와 관련하여 인간의 행동이나 기분을 말하는 속담들도 많이 있다.

"비는 항상 얼굴을 씻어준다. 이는 가난한 사람들을 위한 절대적 기부행위이다."mua luc nao mat mat luc day

"비가 만일 폭포수를 만든다면, 누구나 (물을) 나눠 마실 수 있어서 좋다."

mua thi mua cho khap

베트남의 마을풍경(The Duy작)

정감 있는 거리 풍경

1. 담장문화; 정감있는 삶의 터전

  베트남에서는 화려한 도시에도 과거의 흔적이 넘친다. 세월의 때가 묻은 담장 너머 천년을 지켜온 듯 큰 키의 보리수 나무, 비오는 날에는 우산이 되고 맑은 날에는 양산이 된다. 수백년 세월의 흔적이 이곳 담장 아래 응고되어 끈끈이 주걱처럼 붙어 있다. 이곳은 누추하고 허름하지만, 자연과 인간이 공존하는 삶의 터전이며 정감 넘치는 삶의 현장이다.

거리 음식점

거리 이발소—한국의 70년대 모습: 베트남의 거리풍경은 근대화 이전의 한국의 모습과 별반 다르지 않다는 점에서 한국 사람들에게 아련한 추억을 반추하게 만든다.

　푸르레한 이끼, 시큼한 냄새, 먼지, 소음, 바퀴벌레가 서민들과 함께 공존하는 공간이다. 우리도 그랬듯이 그들도 그렇게 살아왔고 오늘을 만족하며 미래를 살아갈 것이다. 또 한 세기를 기다리면서!

2. 골목문화; 안식과 생명의 순환로

　도로를 따라 가지런히 들어선 주택들 사이로 가르마를 타듯 들어선 골목길은 특별한 감흥을 준다. 골목은 무더운 날씨를 피할 수 있는 피난처이다. 마실 나온 주민들의 쉼터이고 온종일 주인에게 봉사한 오토바이의 안식처이고, 서민들의 생활터전이다. 골목길은 자연의 바람을 순환시키는 허파이며, 가족들을 행복으로 품어주는 공간이다. 골목길 깊숙이 빗장 걸린 대문을 열면 정원이 펼쳐지고, 아이들의 뛰노는 소리와 가족들의 웃음소리가 들린다. 골목길은 공유와 분배의 철학을 실천하는 공간이고 베트남문화의 발화지점이다.

베트남의 골목은 안식과 생명의 순환로이며 공유와 분배의 공간이고, 문화의 발화지점이다.

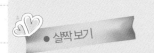
Shocking, 오토바이 문화

아침부터 교통질서는 엉망이다. 차량과 오토바이가 엉켜서 뒤죽박죽이다. 출근하는 시민들의 마음이 점점 조급해진다. 오토바이는 인도로까지 진격한다. 그들에게는 일상이지만 방문객들에게는 쇼킹한 광경이 일상적으로 반복되고 있다.

베트남 사람들에게 오토바이는 생활필수품이고 국민증명서이다. 신분이나 직업에 관계없이 적정한 가격에, 저렴한 비용으로 운용할 수 있기 때문에 보통사람들도 국민의 한 사람이라는 자부심을 갖게 하는 상징적인 도구라고 할 수 있다.

시간과 지역의 제약 없이 이동이 편리하다는 것도 오토바이의 장점으로 꼽힌다. 최근에는 해외 유명 브랜드의 고가 오토바이들이 베트남에 진출하며 과시를 즐기는 젊은이들을 소비자로 끌어들이고 있다.

오토바이 활용 인구가 많다보니 소비문화가 오토바이 사용자의 효율에 맞춰지는 것이 일반적이다. 오토바이 운전자들이 이용하기 편리하도록 길거리 상점이 발달되어 있고 상점 앞에는 오토바이 주차를 도와주는 경비원이 상주하는 경우도 많다. 기업의 사은품도 오토바이 헬멧이나 마스크와 같이 오토

베트남 전체 인구의 60%가 갖고 있는 오토바이는 베트남 사람들의 생활필수품이고 국민증명서와 같다. 반면에 오토바이는 공기오염을 일으키고 교통질서를 해치는 요소로 인식되어 하노이, 호찌민 등 대도시에서는 향후 10년 뒤에는 오토바이 운행 금지를 계획하고 있어 정책적인 논쟁거리가 되고 있다. 그러나 오토바이를 대체할 만한 교통수단이 마련되지 않는 한 앞으로도 오토바이 운행 금지는 현실성이 없는 정책으로 보여진다.

바이 사용자 위주의 상품이 대부분이다.(여성신문 2019.5.16)

베트남 교통부에 따르면, 2018년도 말 기준 등록된 오토바이 수는 약 5천 817만 대다. 베트남 인구 약 9천500만 명의 61%가량을 차지하는데, 만 18세 이상만 오토바이를 소유할 수 있는 점을 고려하면 성인 4명 중 3명이 오토바이를 보유한 셈이다. 베트남은 중국, 인도, 인도네시아 다음으로 오토바이 수가 많은데 전체 인구를 감안하면 가장 많은 나라라고 할 수 있다.

'배보다 배꼽이 큰' 자동차 세금, 불편한 대중교통 수단, 미흡한 도로 시설 등도 오토바이 대수가 증가하는 데 원인을 제공하고 있다. 예컨대 차량 가격만 2만 달러2천 340만원인 배기량 2천cc 수입 승용차를 사려면 수입세 60%, 특별소비세 45%, 부가가치세 10% 등을 더해 총 5만 1천 달러5,967만 원를 지불해야 한다. 물론 최근에 아세안 국가에 대한 수입 관세가 없어지고 있지만 매우 제한적이어서 자동차 구입가격에는 큰 변화가 없어 보인다. 오토바이 평균가격은 1천500~2천 달러175만원~234만원로, 베트남 1인당 월 평균소득이 약 450달러53만원인 점을 고려할 때 구매에 큰 무리가 없다.

오토바이 1대의 월평균 주유비는 20만~40만 동1만~2만 원이지만 4인승 승용차는 150만 동7만8천 원정도 들어간다. 코트라 호찌민무역관은 이를 '베트남의 오토바이 경제학'이라고 부르며 교통 체증이 심한 대도시는 물론 도로시설이 열악한 지방에서도 가동성을 갖춘 오토바이가 당분간 '질주'할 것으로 봤다.

베트남의 오토바이 시장은 혼다, 야마하, 피아지오, 스즈키, SYM 등 일본 이탈리아 대만 등 5개 외국투자기업이 독점하고 있는데 매년 성장세를 유지하고 있으며 베트남 정부는 외국투자기업에게 많은 이점을 제공하고 있다. 한국의 경우 오토바이 판매시장에 직접 진입하기 어렵기 때문에 오토바이 매연 저감장치나 오토바이와 관련된 창의적인 제품 등으로 틈새시장을 노려볼 만하다.

베트남 음식과 과일

베트남 음식은 쌀과 채소, 고기로 만들어지며 건강식이다. 발효 음식에 익숙하지 않은 서양인들과는 달리 천연 발효음식과 천연 조미료에 익숙한 한국인들은 대체로 베트남 음식을 선호하는 편이다. 베트남 음식은 천연조미료가 발달해 있다. 주 메뉴에는 항상 고수, 향채와 같은 채소와 일종의 간장인 느억 맘huoc mam, 새우 젓갈인 맘 떰mam tom 등이 수반된다. 고수와 같은 향채를 싫어한다면, 음식 주문 전에 향채를 넣지 말아달라고 부탁해야 한다.

소고기 쌀국수(Pho Bo)

베트남의 음식은 쌀, 채소와 고기로 구성된 건강식이다. 특히, 주된 요리에 곁들여지는 다양한 천연 양념들은 요리의 맛을 세밀하게 잡아준다.

우리들의 입맛에 맞는 대중 음식은 많이 있다. 진한 육수에 쌀로 만든 면을 넣고 허브와 소고기, 닭고기를 곁들인 쌀국수pho, 쌀국수와 더불어 숯불에 구운 고기완자, 그리고 야채를 새콤달콤한 국물에 담갔다가 꺼내 먹는 분짜bun cha, 쌀종이, 당면, 버섯과 다진 돼지고기와 야채를 돌돌 말아서 기름에 튀긴 만두처럼 생긴 냄nem, meat rolls 등은 한국사람 누구나 좋아할 수 있는 음식이다. 필자는 거의 주말 아침에는 아내와 함께 인근의 쌀국수집에서 소고기 쌀국수Pho Vo를 시켜 먹으면서 편안한 시간을 보냈다.

열대과일 중에는 망고, 자몽, 용과, 냐안Nhan, 쫌쫌chom chom, 밋jack fruit과 같이 맛이 달콤하고 부드러운 과일이 매력적이다. 일부 현지인들조차 좋아하지 않는 두리안durian은 과일의 왕이라는 호칭답게 악어 등처럼 단단하고 고슴도치털처럼 날카로운 껍질로 무장하고 있지만, 내면에는 노랗고 부드러운 과육을 갖고 있다. 냄새가 고약하여 사람마다 선호도가 확연하게 갈리는 것 같지만, 중독성이 매우 강한 과일이라고 할 수 있다.

분짜(Bun Cha)

용과(Dragon Fruit)

두리안(Durian)

정신문화적 특성

/

중국의 영향을 지속적으로 받아온 북쪽 지방은 진취적이며
목표의식이 강한 동북아인의 특성을 갖고 있으며,
남부는 라오스, 크메르, 인도 등의 인종과 섞이면서
낙천적인 동남아인의 특성을 갖고 있다.

복합적인 공동체 사회

일반적으로 베트남 사람들이 가지고 있는 정신문화적 특성은 역사적, 환경적 요인이 크게 영향을 주었으며, 이의 특성을 다음과 같이 세 가지 정도로 간략하게 정리해 볼 수 있을 것이다.

첫째는 베트남 사람들은 자연을 중시하고 혈연·지연 중심, 마을을 중심의 공동체 문화를 존중하는 특성이 있다. 특히 사회 각 분야에서도 문제를 해결함에 있어서 '구성원 모두가 만족하는 평화적인 방법'을 추구하는 경향이 강한데 이러한 양상도 공동체 중심의 관습이 반영된 것으로 보인다. 이러한 특성들은 고온 다습한 아열대성 기후, 계절풍, 수경재배를 기반으로 하는 농경사회라는 자연환경적인 영향을 받았다고 할 수 있다.

둘째는 명분에 매달리기보다는 실용적이고 유연한 사고와 행동양식을 보여준다. 1천년 이상 중국이나 강대국의 지배나 침략을 받고 잦은 자연재해 등으로부터 자신의 생명과 나라를 지키기 위해 복잡한 환경에 쉽게 순응하는 법을 배운 것으로 보인다. 외부 세력 앞에서 강한 집단적 단결력을 보이는 반면에 어려운 상황을 즉각 대처하지 않고 지켜보면서 해결책을 모색하는 현실적이고 유연한 사고와 행동양식을 갖고 있다.

셋째는 베트남인의 특성을 간단하게 정의하기 어렵다는 것이다. 그것은 남북으로 길게 뻗은 국토 면적을 갖고 있으며 다민족이며 다문화 민족으로 구성되어 있기 때문이다. 중국의 영향을 지속적으로 받아온 북쪽 지방은 진취적이며 목표의식이 강한 동북아인의 특성을 갖고 있으며, 남부는 라오스, 크메르, 인도 등의 인종과 섞이면서 낙천적인 동남아인의 특성을 갖고 있다.

이러한 특징들은 일련의 세미나와 연구발표에서도 공통적으로 지적하고 있다.(Hun Ngoc 2014, p499) 즉 공동체에 대한 끈끈한 유대감, 강한 애국심, 고대문화에 대한 자부심, 베트남어에 대한 중요성 인식, 강한 교육열, 일에 대한 열정, 총명함, 창의성, 기술력, 검약, 수경농업의 영향력, 고전적 가족의 역할, 효도, 어른에 대한 공경, 가족과 마을과의 강한 연대, 생존을 위한 적응력, 행동의 유연성, 현실 중시, 절충주의, 실용주의, 실생활의 냉철함과 단순성, 멋지고 대단한 것보다는 단순하고 능숙하고 사랑스럽고 우아한 것에 민감, 이성적이기보다는 감성적, 철학적 관조나 형이상학적인 사고의 부족, 광신적이기보다는 독실한 신앙, 뿌리가 튼튼한 토착 신앙, 정령신앙, 유교와 불교의 깊은 영향, 선행과 도덕에 높은 가치를 두는 것 등과 같은 요소를 언급하고 있다.

위에서 언급한 요소들은 대체로 베트남 사람들의 긍정적인 특성을 적출해 낸 것으로 보이지만 부정적인 성격들도 무시하기는 어렵다. 따라서 위에 열거한 일부 고전적 특성들은 21세기 글로벌 경쟁이 심화되는 현대산업사회에 적합하게 개선되어야 한다는 의견도 제기되고 있다.

예를 들어, 공동체에 대한 강한 집단적 유대감은 체면유지에 민감하게 행동하고, 혈연과 지연 중심의 특성은 사회 전반적으로 부패고리의 토양으로 자라나고 있으며, 전통적 가치에 치중하는 사회 분위기도 보수주의를 강화시켜 사회 발전과 혁신에 역행할 수 있는 위험요소로 작용할 수 있다. 또한 가족 중심, 마을 중심의 가장족장제도는 분리주의, 무정부주의를 낳고 실용적인 태도는 논리적이고 분석적인 감각이 부족할 뿐만 아니라 기회주의자를 낳을 수 있을 것이다.

소수민족을 존중하는 다문화 사회

베트남의 북부 산간지역인 씨파SaPa는 베트남에서 가장 유명한 관광지 중의 하나이다. 더운 나라인 베트남에서 해발 1,650미터의 산악지대에 형성된

베트남은 54개 민족으로 구성된 다민족, 다문화 국가로서 소수민족의 특성과 문화를 존중하는 정책을 펼쳐왔고 최근에는 이들 문화가 중요한 관광자원으로 활용되고 있다.(사진은 2005년 유네스코에 무형문화재로 등재된 타이족의 '징문화공간' 축제) - 사진촬영: Pham Duc

씨파는 연중 선선한 기후로 인해 여름 휴양지로 인기 있고, 소수민족들의 독특한 문화와 생활방식, 특히, 계단식 논 등으로 인해 외국인들에게도 인기 있는 지역이다. 씨파에는 소수민족인 몽족Hmong people, 苗族을 비롯하여 다양한 소수민족들이 있으며, 열악한 환경에 굴하지 않고 자신들의 전통과 문화에 대한 자부심과 자신감을 갖고 살아가는 모습은 매우 인상적이다.

베트남은 인근의 캄보디아, 라오스, 타일랜드, 중국 등과 인접하면서 다양한 민족 집단들이 역사의 굴레를 통해 모여들었고, 여러 문명의 교차로의 역할을 하게 되었다. 산간지역과 평야지역 그리고 해안지역으로 이루어진 다양한 지형으로 인해 베트남이 복잡한 민족으로 구성되는 역사를 갖게 되었다. 2018년 기준 베트남의 인구는 9천6백만 명을 넘어섰으며(출처 Worldometers), 54개 민족으로 구성되어 있는 다민족, 다문화 국가이다. 이중 주류 민족은 비엣Viet족 또는 낀Kinh, 京족으로 약 87%를 차지하고 있고 따이(Tay)족, 타이 (Thai)족, 므엉(Moung)족, 크메르크롬(Khmer Krom)족, 흐몽(Hmong)족, 화 (Hoa)족과 같은 소수민족은 거의 1천만 명이 넘는다. 이들은 민족마다 차별적 인 언어, 종교, 전통과 문화, 생활관습 등을 지키며 살아가고 있다.

베트남에서 소수민족은 나름대로 정부의 보호와 후원을 받는 것은 물론 자 신들의 권리를 보장받고 있으며, 주류 민족과의 갈등 없이 평화롭게 지내고 있다. 특히, 지방성에서는 소수민족의 문화를 지역 특화 자원으로 개발하여 그들의 문화적 자부심을 높이고 지역의 문화관광자원으로도 활용하고 있는 추세에 있다.

소수민족들의 권리가 정치적으로 보장받는다. 국회에도 소수민족 출신의 의원들이 10%대를 훨씬 넘어서고 있고, 소수민족위원회가 설치되어 소수민 족을 보호하고 계발하는 정책을 수행하고 있다. 이들 소수민족들의 정치 및 사회적 평등과 권리는 헌법에 의하여 보장되고, 평야 지역과 산간 지역 간의 사회경제적 차이와 교육적 격차를 근절하기 위한 상호부조가 장려되고 있다. 지역의 정당이나 지방정부에서도 소수민족 출신들이 공무원으로 채용되어 중요 직책을 수행하고 있다.

비엣족이 운영하는 기업이나 공장에도 소수민족의 고용을 장려하고 있고, 소수민족이 거주하는 대부분의 산악지역에 도로가 확장되면서 생활의 편리 성도 제고되고 있다. 일반 교육과 고등교육의 혜택도 좋아져서 초등학교와

하노이에서 130km 거리의 마이쩌우(Mai Chau)마을. 이 마을은 1개의 타운과 22개의 촌락으로 구성
되어 있고, 인구 53,000명, 타이(Thai), 무엉(Muong), 낀(Kinh), 흐몽(Hmong), 자오(Dao), 따이(Tay)
등 7개 소수민족이 옹기종기 모여사는 평화로운 마을

고등교육 과정이 국가가 지원하는 의무교육으로 바뀌면서 문맹률도 많이 낮아졌다.

소수민족 출신의 젊은 사람들이 지역의 대학에 입학하거나 대도시에 내려와서 대학을 진학하고 해외에 유학하는 비율도 높아지고 있다. 대도시에서 기업이나 직장에 취직하여 당당하게 살아가기도 한다. 정부는 소수민족에게 새로운 생활양식을 장려하고, 공공 보건 의료에도 지속적인 관심을 보이고 있다. 공중 보건 의료망이 모든 산간 지역에 깔려 있으며, 각각의 군 지역에는 보건소가 있고, 현에는 종합 진료소나 병원이 있다. 한국의 코이카에서도 북부 소수민족이 많이 사는 라오꺼이현에서 도로 포장 등 마을 환경개선, 의료시설 지원 등 행복프로그램을 실시하고 있다.

각각의 민족 집단이 보유하고 있는 문화적 유산은 재조명되고 있다. 소수민족들이 구전으로 전하는 설화, 신화, 속담, 민요가 베트남어로 번역되어 출판되었고, 많은 노래와 전통춤이 국내뿐만 아니라 해외에서 성공적으로 공연되고 있다. 교육수준이 전반적으로 향상되고 전통문화에 대한 관심은 작가, 예술가, 영화 제작자들로 하여금 스토리텔링이 가능하게 만들었고 국민들이 소수민족을 더욱 잘 이해할 수 있게 만들고 있다.

사실상 베트남에서 소수민족이 우대를 받을 수밖에 없는 것은 나라를 지키고 건설하는 과정에서 소수민족들의 기여도가 높았기 때문이며, 역사적으로도 일반 국민들의 존경을 받는 소수민족 출신의 영웅들이 많다. 호찌민 주석도 산악지대에서 전쟁 중에 소수민족의 도움으로 수차례 죽음의 위기를 넘길 수 있었으며, 허기진 군사들에게 식량 등 물자를 제공하여 승리하게 만들기도 하였다. 이런 이유로 인해서 호찌민은 독립 이후에도 소수민족들을 차별 없이 지원하라는 유지를 남겼다고 전해진다.

꽃을 좋아하는 문화

베트남 사람들은 유달리 꽃을 좋아한다. 구정, 여성의 날, 졸업식, 국가적으로 크고 작은 행사에 꽃을 즐겨 사용하고 연중 꽃이 팔려나간다. 특히, 연꽃은 국화라고 여길 만큼 베트남 사람들의 의식주와 정신을 지배하는 상징적인 꽃이다. 백합은 화려하고 화사하여 결혼이나 이벤트 행사 때 그리고 집안을 화려하게 장식할 때 주로 사용한다. 장미나 서양란도 선호하는 꽃이다. 남자들은 아내의 생일이나 여성의 날에 장미 한 다발을 선물한다. 가게 오픈기념에는 서양란이 축하선물로 많이 보내진다. 하노이에는 꽃 시장이 몇 군데

가 있는데 가장 큰 곳은 호떠이Ho Tay 호수에서 가까운 뜨리엔 꽃시장Cho hoa Tu Lien이다.

늦은 밤부터 이른 새벽 시간까지 꽃장사들이 몰려들

베트남 사람들은 낙천적이고 평화를 사랑하는 민족답게 유달리 꽃을 좋아한다. 크고 작은 축제나 여성의 날, 결혼식, 개업식 등이 연중 끊임없이 개최되면서 꽃의 거래가 활성화되어 있다.

어 불야성을 이룬다. 아름답고 다양한 꽃들이 판매대에서 손님을 기다리는데, 국내산도 많지만 이웃 국가인 중국, 태국 등에서 많이 수입된다고 한다. 그래서 그런지 하노이 거리에는 꽃가게가 즐비하고 자전거로 꽃을 팔러 다니는 여인들을 쉽게 볼 수 있다. 행운이 따르면 꽃보다 아름다운 여성들을 카메라에 담는 기회도 잡을 수 있을 것이다.

베트남인의 정신과 삶–연꽃

베트남의 주요도시에는 호수가 유난히 많고, 호수에는 어김없이 연꽃이 자란다. 연꽃은 국가화로 지정된 것은 아니지만, 국가화로 인정받고 있으며 베트남 사람들의 삶의 일부로서 문화와 정신을 지배하고 있다.

옛날부터 베트남 사람들은 진흙속에서도 지조를 잃지 않고 피어나는 연꽃의 순수함과 너무 강하지 않은 향기를 품고 있는 고귀함을 노래나 시로 담아냈다. 베트남의 잘 알려진 민요^{작자미상}는 연꽃의 순수함과 고귀함을 이렇게 노래한다.

"들판 가운데 연못에서
새벽의 꽃 연꽃만큼 아름다운 것은 없네
파란 잎사귀, 하얀 꽃은 노란 수술을 품고 있다
수술은 노란데, 꽃은 하얗고, 잎은 파랗다.
꽃은 진흙에서 자라지만, 어떤 악취도 이겨낸다"

베트남에서 연꽃은 불교의 상징으로, 문화 예술의 주요한 모티브로, 국가 대표 브랜드 베트남 국적기의 로고, 주요 건물과 고급 레스토랑의 브랜드와 샐러드 같은 고급 요리의 재료, 전통약재, 과자, 음식, 차와 음료 등으로 광범위하게 활용되고 있다.

베트남 영화제에서 최고의 영화는 'Golden Lotus Awards' 상을 받는다.

03
베트남 문화의 정체성

베트남문화의 정체성의 상징인 동썬(Dong Son)문화를 대표하는
청동북(Bronze Drum)

1) 토착 문화와 정체성

재임기간 중 필자가 공식행사에 초청받으면 주최측은 커피, 차와 같은 특
산물이나 액자, 수공예품 등을 주기도 하지만, 가장 귀하고 품격 있는 기념
품은 청동북Bronze Drum이다. 이 청동북은 베트남 고고학자들과 서양의 일부
학자들이 베트남 최초의 토착문화로 주장하고 있는 동썬문화東山文化, Van hoa
Dong Son의 대표적 출토품이다. 이로 인해 베트남에서는 민족의 정체성을 나

타내는 귀한 보물로 인정받고 있다.

베트남의 역사에 의하면, 기원전 수천 년에 이미 남비엣Nam Viet의 토착집단은 그 자신의 문화와 민족의 정체성을 형성하고 있었다. 초기에는 중국문화와는 분명히 다른 자율적인 베트남 조상의 문화가 현재의 중국과 베트남 국경 인근에 양다리를 벌린 형상으로 뻗어져 있는 윈난Yunnan에서 홍강 델타에 이르는 지역까지 형성되었다. 바로 이 지역은 베트남 역사학자들이 주장하는 가장 최초의, 그리고 가장 신뢰할 수 있는 토착 문화가 탄생한 지역이다.

이 최초의 토착 문화를 역사학자들은 동썬문화로 부르고 있으며, 청동기 시대와 철기시대 초기를 통하여 토착문화가 정교하게 다듬어졌고, 이 시기에는 주철, 옹기, 수경 벼재배, 직조, 나무 및 대나무 작품, 고기잡이 배 등 여러 가지 초기 단계의 농기구들이 출토되었다.

남쪽으로는 라오스, 크메르, 타이와 버마 문화와 같은 쌀 재배를 기본으로 하는 농경사회에서 문화적 통합을 이루게 된다. 이 지역주민들이 창조해 낸 공유된 양식은 벼농사기법, 청동북과 징, 풍요의 신 숭배, 장례문화, 모계제도, 물소 제물, 타투, 구장나무와 빈랑나무 씹기와 검은 치아 만들기, 대나무 집 등과 같은 요소들이다. 이러한 생활문화도 베트남 토착 문화의 일부를 이루고 있다고 말할 수 있다.

그러나 BC 2세기에 훙왕과 그 이후 안 즈엉 브엉에 의하여 건국된 베트남의 초기국가의 토착문화는 중국의 침략으로 인하여 1천년 이상의 지배를 받게 되면서 베트남 문화만의 고유성에 혼란을 겪는 등 많은 변화를 가져오게 된다. 그러나 문화는 시간과 환경의 변화에 따라 달라지는 생명체와 다르지 않기 때문에 정체성의 특성도 변화될 수밖에 없을 것이다. 따라서 현 시점에서 베트남 문화의 정체성은 베트남 고유문화를 원형으로 하여 중국, 프랑스 등 외래문화를 흡수, 통합, 중화하면서 새롭게 창조된 문화도 함께 고려되어야 할 것이다.

2) 토착 문화의 변화

위에서 간략하게 언급한 바와 같이, 어느 민족의 문화적 정체성은 살아있는 유기체처럼 시간이 흐르면서 주변 환경의 영향을 받으며 발전하는 것으로써 토착문화만을 어느 국가 또는 민족의 정체성으로 정의할 수는 없다. 동서양의 접점에 위치하고 있는 베트남은 중국 등 동북아시아의 문화와 함께 인도 등 동남아시아의 심장부에서 생성된 토착문화를 주류로 해서 유럽 등 태평양 서쪽에서 들어온 서양문화가 베트남 문화에 영향을 미치게 되었다.

베트남의 전통문화는 기본적으로 인구의 90% 가까이 차지하고 있는 비엣족의 농경문화로써 기원전 1천 년 전에 출현한 동썬문화를 기층으로 해서 오늘날까지도 베트남 문화의 정체성을 구축하고 있다. 국토 통합과정에서 동남아시아의 일부로 남아있던 남부지방은 힌두교 등 인도의 영향을 받게 된다. 이와 같이 북부의 토착 농경문화와 남부의 힌두문화가 베트남 토착문화의 중심이라고 할 수 있다.

그러나 기원전 2세기부터 1천년 동안 중국의 식민지로 전락함에 따라 베트남인들은 문화적 종속화를 극복하기 위해서 최초의 토착문화를 지켜내려고 지속적인 투쟁을 했음에도 불구하고 중국 문화의 강력한 영향력을 극복하지 못하고 한국이나 일본처럼 유교사상을 기축으로 하는 동북아시아의 문화체계로 통합되었다. 그러나 거의 모든 분야에 영향을 미친 중국 문화는 공동체 중심의 베트남 토착문화를 다양하고 풍성하게 만드는 데 기여했다고 할 수 있다.

중국으로부터 독립이후 80여 년간 다시 시작된 프랑스의 식민지화는 베트남 토착문화에 서양문화라는 색다른 문화가 접목되어 독특하고 다채로운 문화가 만들어지는 복합 문화 현상을 가져온다.

3) 중국 문화의 영향

베트남은 지리상으로는 동남아시아에 속하고 있지만, 문화적으로는 중국 유교문화의 영향으로 한국과 일본과 함께 동아시아 문화권에 속한다. 베트남은 기원전 2세기 한나라 때부터 1천년 이상 중국의 지배를 받아오면서 정치, 행정, 사회, 문화와 예술 등 다양한 분야에 중국의 영향을 받아왔다. 특히 국민들의 윤리의식과 도덕에 유교사상이 적지 않은 영향을 미치게 되었다.

이 시기의 중국인들은 베트남 문화를 말살시키고 자신의 문화에 동화시키

1070년 베트남 최초로 유학자를 양성하기 위해 세웠던 문묘(베트남어 Van Mieu). 경내는 다섯 곳의 주요 건물로 나뉘어져 있고, 경내 좌우에는 1442년~1787년간 과거에 합격한 사람의 명단이 새겨져 있는 거북 머리 대좌를 한 82개의 진사제명비가 있다.

기 위해 강제적이거나 준 강제적인 방법 등 다양한 수단으로 지배해 나갔지만, 베트남 사람들은 끊임없이 투쟁하고 저항하면서 문화의 정체성을 지켜나가는 노력도 게을리하지 않았다. 하지만, 자국문화의 발전을 위해 스스로 우수한 중국문화를 선별적으로 수용하기도 하였다.

베트남 문화형성과정에서 중국 문화의 영향은 서로 다른 시대에 대체로 두 가지 방향으로부터 왔다고 할 수 있다. 그것은 B.C. 179년에서 A.D. 938년까지 중국지배를 받는 1천여 년 동안 자신들의 문화를 보존하고 침략자들의 문화를 배척하면서 받아들인 영향이고, 다른 하나는 939년에서 1884년까지 베트남이 독립을 쟁취한 이후 국민들 스스로가 좀 더 풍성해 보이거나 매력적인 중국문화를 모방하면서 받아들인 영향이라고 할 수 있다.

사실상 중국과 베트남은 거부와 수용이라는 모호하고 복잡한 갈등관계를 통하여 베트남 전통문화를 지켜오려고 노력하고 있지만, 중국의 유교문화의 강력한 영향력을 벗어나지 못하는 결과를 가져 왔다. 실용적으로도 말의 사육, 쌀의 집중 재배, 철제농기구의 제작, 직조술의 발달 등 중국의 발전된 철기문화를 받아들여 농경생활을 좀 더 편리하고 생산적으로 만들었으며, 홍강의 범람과 같은 위기가 잦았던 초기의 베트남에서 단합된 힘을 위해 공동체의 규율이 필요했던 봉건사회에 적합했던 중국의 유교문화는 공자사상이라는 이데올로기 교육과 행정체제에의 도입을 통해서 혼란스런 나라를 효과적으로 통치하고 국가의 질서를 확립하는 데 유용한 도구로 활용되었다.

베트남은 독립 이후 내부적으로 왕권이 안정화되지 못하면서 여러 왕조가 교체되는 시기가 있었으나 11세기 리왕조가 이전 왕조들의 혼란을 수습하고 나라의 기틀을 다시 세우고 안정적으로 정책을 추진하게 된다. 리왕조는 1010년 수도를 지금의 하노이인 탕롱Thang Long, 昇龍으로 옮기고, 국호를 다이비엣大越으로 정하고 중앙에서 지방에 이르기까지 국가조직과 행정조직을 중국식으로 정교하게 체계화 시켰다.

또한 능력 있는 관료의 등용을 위해 중국의 과거 제도를 과감하게 받아들여 왕권을 강화하고 중앙집권체제를 확립하고자 하였다. 하노이에 가면 공자를 모신 문묘文廟 베트남어 Van mieu가 있는데 이것은 유교를 본격적으로 받아들인 흔적이다. 문묘안에는 왕실과 대신의 자녀들의 유학을 배우던 최고 교육기관인 국자감이 있다. 이 시기에 유교와 함께 불교 및 도교도 전파되었고 리왕조의 보호정책으로 융성하게 된다. 유교, 불교, 도교 전문가를 선발했던 삼교시三敎試는 이의 구현이라 하겠다. 리왕조는 중국의 제도를 받아들이고 이를 모방하였지만 중국을 추종하지는 않았다. 리왕조는 안정된 관료조직과 강력해진 군사력을 바탕으로 중국의 송나라를 침략하게 되는데, 베트남 역사에서 처음이자 마지막으로 중국을 침략하는 왕조라는 이름을 얻게 되었다.

4) 인도 문화의 영향

인도의 영향은 직접적이거나 지속성 차원에서 강력하지 못했던 것으로 보인다. 인도와의 최초의 접촉은 기원후 초기에 무역업자들의 여행을 통하여 일어났다. 발달된 항해술을 가진 인도인들은 금과 향료를 얻기 위하여 동남아시아로 탐험여행을 하면서 그들의 문화인 브라민Bramin과 불교Buddhist신앙을 전파한다. 베트남의 소수민족으로 통합된 참파Champa에 힌두국가가 만들어진 것도 이 시기였다. 그러나 인도인들은 6세기 이후 정치적인 격변이 있어서 이 지역을 출입하지 못하고, 대신 육지를 통해서 들어온 중국불교에 의해서 대체되었다. 그 당시 찬란하던 문화는 오늘날 미선My Son 유적지로 남아 관광객들을 맞고 있다.

크메르와 참족이 살고 있는 베트남 남부지역에서 현재 사용되고 있는 많은 지리적인 용어들이 인도어에 기원하고 있으며, 뒤에 중국어의 영향을 받게 된다. 인

베트남 남부해안지방은 4세기부터 13세기까지 인도 힌두문화의 영향을 많이 받았으며, 그 찬란했던 참파문화의 흔적은 미선(My Son)유적지로 남아있다.(1999년 유네스코 세계문화유산으로 등재)

도서부에 있는 강가Ganga강에서 유래한
MeKongMe=mother of great; Kong=river은
크메르용어가 베트남어로 정착한 사례
라고 할 수 있는데, 인도 언어의 강력한
영향력을 보여주고 있다. 인도문화는
참사찰과 크메르탑, 인도의 댄스와 문
학 등 예술분야에서도 베트남 소수민족
에게 깊고 강력한 영향을 주었다. 불교
라는 종교영역에서 인도는 그들 문화의
영향력을 깊고도 지속적인 방식으로 미
쳐왔다.

5) 프랑스 문화의 영향

19세기 프랑스는 식민지화 과정에서 베트남의 문화에 커다란 영향을 주게
된다. 프랑스 문화는 베트남 사람들에게 반감을 안겨준 동시에 매력도 안겨
주었다. 상류층 일부에서는 모국어는 소작농과 같은 하류층에서 쓰는 것으로
간주하고 프랑스어를 유창하게 구사하는 것을 자랑으로 여겼으며, 프랑스 문
화에 도취되기도 하였다.

시간이 흐르면서 외래문화에 대한 거부감이 적은 국민들에 의해 전통문화

의 일부는 무시되거나 서양의 문화로 급속하게 전환되는 현상도 일어나게 된다. 이러한 과정에서 농경문화에 뿌리를 두고 있는 베트남의 전통문화도 프랑스의 세련되고 화려한 문화로 풍성해지는 효과를 거두게 된다. 특히, 과학, 기술, 예술, 종교는 물론, 일상생활 문화, 즉 아침에 빵과 커피를 마시고, 식사재료로 양배추와 당근을 활용하는 등 문화 전반에 긍정적인 영향을 미치게 되었다.

호찌민오페라하우스

베트남 도시의 건축물과 전국의 휴양지에는 프랑스식 건물과 문화유산이 여전히 많이 남아 있으며 도시 경관에 다채로움을 선사하고 있다. 프랑스 식민지배는 베트남 사람들의 의식주와 생활태도에도 어느 정도 영향을 미쳤다.

　　프랑스 식민지 기간 중 전국 곳곳에는 프랑스식 건물이 세워지고 휴양지가 조성되었다. 오늘날 남아 있는 프랑스식 건물은 베트남식 건물과 공존하면서 도시의 모습을 더욱 다채롭고 매력적으로 만들어내고 있고, 방치되고 노후화된 전국의 휴양시설은 리모델링을 거쳐 관광휴양시설로 다시 활용되는 추세에 있다.

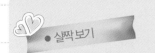

베트남어와 이름 구조

　200년이 넘는 장기집권 왕조인 리Ly, 李 왕조는 1255년도 쩐Tran, 陳 왕조에 의해 대체되고 만다. 쩐왕조는 내부적으로는 리왕조 말에 약화된 왕권을 회복하고, 대외적으로 코앞에 다가온 몽골의 침략에 맞서기 위해 나라의 정통성을 확고히 하는 것이 필요했다. 이를 위해 쩐왕조는 1272년 최초의 역사서인 '대월사기'를 편찬하였고, 국민적 단합을 이끌어 내기 위해 한자의 뜻과 음을 결합한 쯔놈Chu Nom이라는 문자를 창조하여 널리 사용하게 하였다. 그러나 왕조의 뜻과는 달리 쯔놈 문자는 민중의 글씨 또는 속자俗子로 취급되어 공식 문서에서는 사용이 제외되었고 여전히 한자가 사용되었다.

　이러는 과정에서 17세기에서 18세기 말 선교를 위해 베트남에 들어 온 예수회 소속 프랑스 선교사가 쯔놈으로 된 베트남어를 라틴문자로 옮겨 적기 시작하였고, 20세기 초 프랑스 식민지 시절 현재의 베트남어가 꾸옥응으Quoc Ngu, 국어로 정리되어 널리 보급되자 해방 이후에도 베트남의 공식 언어로 채택하게 되었고 한자와 쯔놈은 역사에서 사라지게 되었다.

　베트남어는 중국어의 4성조보다 많은 6성조로 발음의 장단, 높낮이에 따라 의미가 다르며 중국문화의 영향으로 한자가 60% 비중을 차지하고 있다.

　베트남 사람들의 이름은 거의 한자를 기반으로 하는데, 성, 중간이름, 개인이름으로 구성된다. 우리나라와는 달리 중간에 이름이 하나 더 있다. 위키피디아에 의하면, 베트남에 성씨는 약 100개가 있다고 하는데, 성씨별 인구는 응웬Nguyen, 阮씨가 약 40%를 차지하고, 나머지는 쩐Tran, 陳, 레Le, 黎, 팜Pham, 范, 황Hoang, 黃, 판Phan, 燔, 보Vo, 武, 당Dang, 鄧, 부이Bui, 輩, 도Do, 杜, 호Ho, 胡, 응오Ngo, 吳, 즈엉Duong, 楊, 리Ly, 李 등이다. 기타 성씨로는 바인Banh, 彭, 카오Cao, 高, 차우Chau, 周, 충Chung, 鐘, 디엡Diep, 葉, 담Dam, 譚, 다오Dao, 陶, 디인Dinh, 丁, 장Giang, 江, 하Ha, 何, 한Han, 韓, 김Kim, 金, 람Lam, 林, 라우Lieu, 柳, 룩Luc, 陸, 마이Mai, 梅, 루우Luu, 劉, 마Ma, 馬, 꾸옌Quyen, 權, 반Van, 文 등 다양하다.

여성들은 전통적으로 티 Thi 氏 씨를 중간이름으로 사용하고 있다. 예를 들어, 쯔엉 티 흥Truong Thi Huong張氏香, 리 티 마이 흥Ly thi Mai Huong, 李氏梅香에서 중간의 티는 성씨의 소속을 의미한다. 최근에는 중간이름을 생략하기도 한다. 남성들도 중간에 응우옌 반 띤Nguyen Van Tinh처럼 Van文, 문을 사용하거나 Huu友, 우, Duc德, 덕, Thanh誠, 성, Cong公, 공, Quang光, 광 등을 사용하는 경우도 있다.

주요 인물의 베트남 이름과 한글 및 한자 이름을 비교해 보면 다음과 같다. 민족의 영웅 호찌민Ho Chi Minh 주석은 호지명胡志明, 세계적인 군사전략가 보 응웬지압Vo Nguyen Giap 장군은 무원갑武元甲, 몽골을 물리친 쩐흥다오Tran Hung Dao 장군은 진흥도陳興道, 신임국가주석 쩐다이꽝Tran Dai Quang은 진대광陳大光, 신임 여성 국회의장인 응웬 티 킴 응안Nguyen Thi Kim Ngan은 완씨금안阮氏金銀, 여성연맹 주석 응웬 티 타인 화Nguyen Thi Thanh Hoa는 완씨청화阮氏靑花이다.

6) 문화의 변용acculturation 사례-아오자이Aodai와 썬마이Son mai

일반적으로 "문화변용 또는 문화접변은 이질적인 문화를 가진 두 사회가 지속적이고 직접적인 접촉을 통해 서로가 갖고 있는 문화에 변화를 일으키는 것"위키백과사전으로 해석되고 있다. 한마디로 다른 문화가 접촉을 통해서 서로 닮아가는 과정을 말한다.

베트남문화는 국토의 위로는 중국, 아래로는 인도, 바다로는 서양문화와의 지속적인 접촉을 통해서 토착문화의 문화적 변용과정을 거쳐 왔다. 이하에서는 몇 가지 문화변용의 사례를 제시하고자 한다.

우선, 오늘날 베트남 여성들이 즐겨 입는 아오자이Au Dai가 베트남의 문화를 상징한다는 데 이견을 갖는 사람은 많지 않을 것이다. 아오자이도 베트남의 전통문화가 중국과 프랑스 등 외래문화를 받아들여 창조된 새로운 형태의 문화 변용사례라고 할 수 있다.

아오자이는 긴 옷이라는 단순한 이름인데, 상의와 바지로 이루어진다. 상의는 긴 치마처럼 어깨로부터 바닥까지 내려오는 형태다. 상체는 꼭 끼며, 목 깃은 중국식의 칼라로 되어 있고, 소매는 어깨부터 소매로 일자로 떨어지는 형식을 취한다. 실용성을 고려하여 허리 아래는 양옆으로 갈라져 있다.

15세기 이전 베트남 여성들은 주로 현재 아오자이의 전신인 '아오 뜨 탄Ao

Tu Than이라는 옷을 입었다. 이 옷은 허리 아래가 네 부분으로 갈라진 긴 드레스로 앞의 두 갈래는 벨트 아래의 매듭으로 묶을 수 있도록 되어 있고 바지를 입지 않는다.

그러나 15세기 베트남이 중국 명왕조의 지배를 받게 되면서 유교식 가치관을 중시하던 왕조들은 여성들이 치마대신 바지를 입도록 강요하였으며, 19세기 프랑스의 지배1858~1954를 받을 때까지 중국의 흔적은 지속되었다. 19세기에 프랑스식 교육을 받은 일부 지식층과 화가들 그리고 디자이너들은 서구의 근대적 요소를 적극적으로 받아들이게 되었다.

특히, 1930년대 하노이에서 활동한 디자이너 응웬 캇 트엉Nguyen Cat Tuong은 화려한 색상, 유럽식 나팔 바지, 몸의 곡선이 고스란히 드러나는 '현대식 아오

전통과 현대가 용해되어 나타난 아오자이는 제3의 패션으로 인식되고 있으며, 외래문화에 대한 베트남문화의 강한 수용성과 창조성을 보여준다. 아오자이는 베트남 여성들의 자주성과 개방성, 나아가서 미래에 대한 희망과 자신감을 표출하고 있다.

자이를 탄생시켜 사회적 반향을 크게 일으키게 되었다. 일부 보수층의 반발에도 불구하고 아오자이는 현대적으로 지속적인 변화를 보이면서 오늘날 베트남 문화의 상징으로서 자리잡게 되었다.

다른 사례로는 베트남에서 독특한 장르로 발전하고 있는 옻칠 그림Lacquer painting의 일종인 썬 마이Son Mai를 들 수 있다. 한국이나 중국, 또는 일본에서도 옻칠이 오랜 과거로부터 발전해 오고 있지만 주로 장롱, 식탁 등 수공예분야로 발전하고 있다. 하지만, 베트남에서는 1925년 프랑스인에 의해서 설립된 인도차이나 미술학교에서 베트남식 수공예 기법과 서양의 회화기법이 융합되어 현대의 썬 마이, 즉 베트남판 라커페인팅이 탄생하였다.

이것도 현대 베트남 문화를 대표하는 상징으로 인정받고 있다. 유럽 특히 이태리에서 잘 알려진 베트남 화가 팜 땅Pham Tang, 1920~은 서양의 추상화에 베트남인의 영혼을 불어넣어 썬 마이를 그린 화가로 유명하다.

현재 베트남의 썬마이 화가로 수집가들에게 가장 인기 있는 타인 쯔엉Thanh Chuong, 1949~도 모딜리아니의 추상화에 견줄 만한 탁월한 상상력을 썬 마이 기법으로 표현하는 데 성공한 사례이다. 이러한 사례들은 베트남 문화의 변용이 어떻게 발전적으로 일어나는지를 잘 보여주고 있다.

7) 해방 이후 베트남 문화의 정체성 회복 운동

1945년 해방 이후 베트남 정부는 다시 외국 침략에 직면한 국민들에게 나라의 독립에 대한 확신을 안겨주기 위해 문화의 정체성을 강조하는 움직임을 일으킨다. 이런 운동은 특히, 언어교육을 포함하여 교육분야에 집중되었다. 호찌민 주석은 청소년들의 교육에 깊은 관심을 가졌으며, 전쟁기간 중에도 엘리트 청년들을 선발하여 외국 유학을 적극 지원한 것은 널리 알려져 있는 사실이다. 해방 이후 다시 프랑스의 침략1945~1954과 미국의 침략1964~1975이 이어지면서 호찌민은 불철주야 국가의 독립을 위해 싸웠지만 그 자신만의 노력만으로는 세계 열강과의 싸움에서 이길 수 없다는 결론을 내리고 국제적인 명분을 찾기 위해 사회주의 노선을 채택하게 된다.

이런 과정에서 20여 년간 북부는 사회주의 문화, 남부는 자본주의 문화의 영향을 강력하게 받으면서 문화 갈등의 소지를 만들게 된다. 치열한 전쟁에서 승리를 거두고 1976년 남북이 공산국가로 통일을 이루게 되자 베트남 정부는 남북간 갈등을 해소하기 위해 문화의 정체성 확립의 필요성이 부각되었다. 또한, 갑자기 불어닥친 세계화의 소용돌이와 심각한 경제적 위기를 경험하면서 베트남의 정치 문화적 정체성에 대한 갈등이 수반되었고 이의 해소를 위한 대책이 심각하게 논의되었다.

결국 베트남 정부는 86년도 개혁개방정책인 도이 머이Doi Moi정책을 과감하게 도입하면서 개인주의를 기본으로 하는 시장경제를 받아들인다. 베트남은 개방정책을 통하여 식량의 자급자족을 가져오고 외래문화의 유입으로 인하여 전통 문화가 풍성해지는 효과도 있었지만 사회주의 국가의 기본정신인 집단 생산주의 정신을 해치는 효과로 인하여 사회 전체적인 갈등을 일으키기도 하였다.

그러나 베트남의 정치지도자들은 21세기 세계화, 개방화의 불가피성을 충분히 인식하게 되면서 "인민의 번영, 강대한 국가, 그리고 균형, 민주주의 및 문명에 기반한 사회 건설"을 캐치프레이즈로 내세우면서 국민들을 독려하였다. 사회주의라는 이데올로기는 배제한 채로 만들어진 실용적이고 국민친화적인 비전은 베트남 모든 계층이 광범위하게 받아들일 수 있게 된다. 이와 같은 기저를 바탕으로 정치지도자들이 현재까지 개혁개방정책을 꾸준하게 추진해 온 결과, 경제적, 문화적 그리고 사회적인 발전을 지속하게 되었다. 이는 전반적으로 국민들의 삶의 질도 크게 높아지는 추세로 나아가고 있다.

지금까지 베트남 문화의 정체성에 대한 논의를 통해 문화적으로 영원한 형태의 정체성은 없다는 것을 이해하게 되었다. "모든 전통은 변화한다." 문화를 정치적인 의도에 의해 인위적으로 왜곡하거나 속박하게 되면 결국 약해지거나 사라질 수 있다. 따라서 정치지도자는 시간과 공간과 함께 진화하는 문화의 흐름에 두려움을 가질 필요는 없다. 이러한 철학이 수천 년간 강대국의 침범과 식민지배를 받으면서도 창조적인 문화의 변용을 통해 현재의 베트남 문화를 보존하고 발전적으로 전승해 나가는 원동력이라고 할 수 있다.

8) 일본 문화의 영향

베트남에는 JF(Japan Foundation, 일본국제교류기금)하노이 사무소가 있다. 문화홍보활동과 각종 문화사업들이 광범하고 활발하게 진행되고 있는 일본문화센터라고 부를 수 있다. 2014년 8월, 한국문화원에서 차로 2~3분 거리에 있는 JF사무소에서 초청장을 보내왔다. JF가 주최하는 아세안국가합동타악기 공연. 일본의 주관으로 아세안 국가 예술가가 함께 만든 타악기공연이다. 일본다운 의미 있는 프로젝트라고 할 수 있다.

그동안 이나미(Inami Kazumi)센터장과는 친분관계가 있고 공연에 대한 호기심도 있어서 참석하였다. 공연장소인 어우꺼(Au Co)극장에 도착하니 이나미 소장이 반갑게 맞이하면서 일본대사관 공사, 참사관, 서기관들과 인사를 시켰다. 대화 중에 한 참사관이 귓속말로 잠깐 다른 곳에 가서 대화를 하자고 제안해서 따라갔더니 첫 질문으로 한국문화원에는 한국직원이 몇 명인지를 물었다.

우리는 한국인 직원은 한 명이고 주로 베트남 직원이라고 대답하자 놀라는 표정으로 JF에는 4명의 일본인 직원이 있다고 답한다. 주례회의에서 대사가 한국의 문화홍보활동에 찬사를 보내면서 '한국문화원에 가서 상황을 파악하라.'고 지시했다는 것이었다. 한국과 베트남은 수교 20주년을 맞이하고 있었고, 일본은 수교 40주년이 넘어가는 시점인데, 일류日流는 잠잠하고 한류韓流가 타오르는 현장을 목격하면서 대사의 마음이 답답했을 것으로 추측되었다.

　일본은 베트남과 1973년도 외교관계를 시작하였고, 2020년에는 47년째를 맞이하고 있다. 28년째를 맞고 있는 우리나라보다는 거의 20년 이상 먼저 교류를 시작했다. 한국기업이나 한류가 상륙하기 전부터 그들은 막대한 규모의 직접투자와 유·무상지원으로 일본기업들의 주무대가 되어 있었고, 일본문화의 강력한 유입으로 한때는 일류를 일으킨 적도 있었다.

　일본은 베트남에서 주요 간선도로, 전력, 항구, 공항 등 베트남의 인프라 구축을 지원하였고 그 대신 일본기업의 대거 진출을 위한 기반도 마련했다. 지금은 국내전용공항으로 이용하고 있는 노이바이 공항과 시내로 진입하는 구도로뿐만 아니라, 2014년 2월 새롭게 개통된 국제공항과 하노이로 진입하는 고속도로 역시 일본 자본에 의하여 건설되었다.

　일본은 대베트남 ODA 1위 공여국으로서, 2011~2015년 기준 일본의 ODA지원금은 한국보다 10배 이상 많았다. 일본은 베트남의 제4위 교역대상국으로서 가장 중요한 무역파트너인 점 등을 고려하면 양국은 가장 실질적이며 포괄적인 교류관계를 지속적으로 유지하고 있다고 말할 수 있다.

이와 같은 막대한 경제적인 교류와 지원에 힘입어 베트남에서 일본 문화는 어렵지 않게 전파될 수 있었다. 그러나 주로 만화나 코스프레 축제를 중심으로 확산된 일본 문화는 문화원장으로 재직하는 4년여 동안 눈에 보이는 현상을 목격하지 못했다. 하지만, 일본 문화는 베트남 문화의 기층에서 고급문화로 조용하지만 분명하게 자리 잡고 있다는 것도 알 수 있었다. 최근 일본도 한국의 영향을 받은 것으로 추정되지만 연중 한두 차례 베트남 명절, 독립기념일 등 특정한 날을 기념하여 대규모 공연을 실시하고 있다. 작은 소공연, 사진전, 영화제, 코스프레축제 등 다양하고 의미있는 문화행사를 지속적으로 개최하고 있다.

한국 문화에 대해서는 10대, 20대를 중심으로 한류의 열기가 높게 나타나고 방송 등 전파미디어에 수시로 노출되는 반면에, 일본 문화는 눈에 띄게 미디어에 노출되지는 않지만 다양한 연령층에서 즐기고 있는 것을 목격할 수 있다.

베트남에서 일본의 영향력이 가장 높은 분야는 어학이다. 일본어는 제1 외국어의 반열에 올라와 있다. 제1외국어는 영어, 프랑스어, 일본어, 중국어 등 6개 외국어로 구성되어 있다. 그러나 고등과정에서는 일본어를 영어와 대등하게 가르치고 있고, 최근 뉴스에 의하면 2016-2017학년도부터 하노이 및 호찌민의 일부 초등학생을 대상으로 일본어를 제1외국어로 시범교육을 시작했다고 한다. 이는 동남아에서 최초라고 하는데, 한국어 보급에 박차를 가해야 하는 우리로서는 갈 길이 멀어 보인다.

학교에서 외국어 수업은 제1외국어와 제2외국어로 구분되어 편성되고, 제1외국어는 대학교 입학시험에서 선택과목으로 지정되는 자격이 주어지며, 제2외국어는 입학시험과는 무관하게 학습한다. 제2외국어가 제1외국어로 승급되기 위해서는 많은 기간이 소요되기 때문에 오랫동안 정성을 들여야 한다는 것이 현지 교육당국의 입장이다.

2013-2016년도 상반기까지 특임대사로 근무했던 전대주 대사는 부임과 함께 한국어를 베트남 고등과정에 정식으로 채택되게 하는 것을 주요 미션으로 삼고, 재임기간 중 많은 노력을 기울였다. 그 결과 베트남 정부가 2020년까지 추진 중인 외국어 교육체계 선진화 사업의 하나에 한국어가 제2외국어로 포함되도록 양해각서MOU를 체결하였으며, 2016년도 상반기부터는 하노이와 호찌민에서 일부 고등학생을 대상으로 방과 후 수업방식으로 한국어 교육을 시작하게 되었다.

사진촬영: Nguyen Thang

5장

풍부한 문화유산

베트남은 전통문화유산으로 인정받는 전통공연이나 민족음악이 유달리 많이 있고, 이들의 보존과 전승을 위해 정부가 적극적인 지원을 아끼지 않고 있다. 중국이나 프랑스와 같은 강대국의 침략과 잦은 자연재해로 인해 수많은 희생자들이 발생하고 한편으로는 영웅들이 탄생함에 따라 자연발생적으로 사찰 등에서 제례가 일어나고 주술행위의 하나로 다양한 무대 공연이 축제로 발전하고 있다.

01
신화와 전설

/

"베트남에서 거의 모든 가게에는 신주 단지가 모셔져 있고
가정에는 작은 사당이 갖추어져 있다."

1) 조상신을 섬기는 나라

문화원 정원 뒤쪽에 컴컴한 창고 한쪽에 오래된 나무가 지저분한 수염을 길게 내려뜨린 채 묵묵히 문화원을 지켜보고 있다. 베트남에서 흔히 볼 수 있는 까이 다Cay Da, 인도산 보리수라는 나무인데, 이 나무로 인해서 비좁은 창고를 확장하지도 못하고 있다. 공간 활용을 위해 이 나무를 제거하려고 하였지만 '좋지 않은 일이 발생할지도 모른다'는 현지 직원들의 우려에 결국 포기하고 말았다.

이 보리수나무는 베트남 전국의 어디에서나 흔히 볼 수 있다. 모든 사찰이나 마을 어귀에는 어김없이 수백 년도 넘을 듯한 보리수 나무가 산신령처럼 허옇고 긴 수염을 땅 바닥까지 늘어 뜨려 놓고 위엄을 과시한다. 호떠이Ho Tay, 서호에 있는 유명한 사찰인 쩐꾸억시鎭國寺에 들어가 보면 매우 신령스런 보리수나무가 위엄을 과시하고 있는데, 일부 나무는 자연유산으로 보호받고 있

다. 신도들이나 마을 사람들은 이 나무에 신상을 모셔놓고 바나나 등 음식을 준비하여 정성스레 예를 갖춘다. 베트남 사람들이 이 나무를 숭배하는 이유는 이 나무에는 죽은 사람의 영혼이 머물고 있어 마을을 보호한다고 여기기 때문이다. 새로운 도로를 개설할 때도 이 나무를 자르지 못하고 피해서 개설한다.

베트남은 조상이나 미신을 섬기는 정령신앙이 강하다. 대부분의 가게나 건물, 개인 주택에는 정령신을 모시는 신주단지들이 모셔져 있다.

조상이나 미신을 섬기는 현상은 가게와 가정에서도 쉽게 볼 수 있다. 베트남에서 거의 모든 가게의 입구에는 반드시 신주단지가 모셔져 있다. 신주단지에는 신들이 먹을 수 있도록 초코파이 같은 과자, 과일과 음료수 등이 차려져 있다. 신주는 대체로 정체불명의 조상신, 부처님, 지신, 심지어 백마, 호랑이, 용 등을 모신다. 베트남의 가옥구조는 주로 4~5층의 단독주택인데 1층은 부엌, 2층은 거실, 3층과 4층은 어른과 아이들의 침실, 그리고 옥상은 빨래 건조 공간이면서 조상에게 복을 비는 사당으로 활용된다.

베트남에는 아직도 정령숭배, 토템 신앙, 미신 등이 많이 남아있고 전국 지방의 마을마다 회관마다 거리마다 성황당이나 신주가 놓여 있다. 마을의 중심에는 사찰이나 사당이 들어서 있지만 불교와는 다른 토착신앙의 성격이 크다. 이런 시설들은 전란으로 고통스럽던 조상들을 위로하고 현재 살고 있는 주민들의 영혼의 안식처로서 기능하고 있다.

베트남에서 종교의 현상을 논하기가 어려운 점이 있다. 대부분의 베트남 사람들은 토속종교를 믿거나 불교신자라고 한다. 그러나 베트남에서 불교는 토속신앙과 접목되어 있어 불교신자와 토속신앙자를 엄격하게 구분하기는 어렵다. 정부가 발표한 2014년 통계자료에 의하면 토속종교나 무종교자가 73.2%, 불교 신자 12.2%, 기독교 신자는 8.3%, 가톨릭 신자는 6.8% 등이라고 한다. 카디에르 신부가 말한 것처럼, 베트남 사람들이 믿는 진짜 종교는 불교도, 천주교도 아니고 '혼령들을 신봉하는 것'이라고 보는 것이 옳을 수 있다.

2) 신화와 전설의 나라

〈건국설화〉

수천 년이 넘는 오랜 세월 동안 전승되어 온 옛날 이야기는 그 나라의 역사와 전통을 고스란히 간직한 민족의 문화유산이며, 현대소비사회에서 문화산업의 토대, 즉 문화콘텐츠의 원천이 되는 중요하고 잠재적인 문화자원이다. 베트남은 오랜 역사가 전란과 같은 고난의 역사라고 할 수 있기 때문에, 건국에 관련된 신화를 비롯해서 전쟁 영웅에 관련된 신화가 많다. 이렇게 다양한 신화와 전설은 앞으로 베트남 문화산업이 발달하게 되면 스토리텔링 과정을 거쳐 매력적인 문화콘텐츠로 발전할 가능성을 충분히 예측할 수 있다.

그 중에서 베트남 사람들이 가장 선호하는 신화는 어우꺼Au Co이다. 어우꺼는 문화예술의 소재, 지역명과 시설명으로 가장 많이 활용되고 있는 베트남 건국의 어머니이다. 우리나라의 건국신화에서 환웅과 결혼하여 단군을 낳은 웅녀에 해당한다고 할 수 있다. 베트남에서는 공연에 적합한 제대로 된 극장이 그리 많지 않다. 그러나 극장의 규모, 음향 설비 및 조명, 비교적 최근에 지어진 설비 연수 등을 고려해서 가장 적합한 극장은 어우꺼 극장이다.

베트남 최초의 건국의 왕으로 후손들에게 추앙받고 있는 훙 브엉은 어우꺼와 락 롱 꾸언 사이에서 태어났다. 전설에 따르면, 염제炎帝 신농神農씨의 후손이라고 하는 락 롱 꾸언은 자신의 나라를 침략한 북방의 데 라이가 총애하는 여인이었던 어우 꺼를 납치해 결혼하게 된다. 함께 산지 일 년이 지나 어우꺼는 삼(태반이 떨어지지 않은 붉은 막에 쌓인 덩어리)하나를 낳았다. 불길함을 느낀 어우 꺼는 그것을 들판에 내다버렸다. 칠 일이 지나자 붉은 덩어리에서 백 개의 알이 나왔고, 알 하나마다 한 명씩, 백명의 사내아이가 태어났다.

아이들이 태어나자 락롱 꾸언은 물에 사는 자신과 땅에 사는 어우 꺼가 물과 불처럼 상극이라 오래도록 함께 살 수 없다는 것을 이해시키고, 아이들 오십 명은 어우 꺼가 데리고 산으로 가고, 오십 명은 자신이 데리고 물로 돌아가기로 하였다. 어우 꺼는 오십 명의 아들들 중 장남을 훙 브엉Hung Vuong, 雄王으로 봉하고 나라 이름을 반 랑Van Lan, 문랑이라 했다. 이후 반 랑국의 왕들은 모두 훙 브엉이라 불렸다. 어우 꺼가 낳은 백 명의 아들이 곧 바익 비엣Bach Viet,

百越의 시조이다. 베트남의 건국신화는 주류 민족인 비엣족끼엣족의 건국신화로서 〈락 롱 꾸언과 어우꺼 신화〉는 산악 세력과 해양세력이 서로 만나 최초의 고대국가를 형성하게 된 배경을 보여준다.

〈전쟁 설화〉

비극적이지만 흥미로운 전쟁설화도 있다. 쫑 투이Trong Thuuy 왕자와 미 쩌우Mi Chaau 공주의 비극적인 이야기는 한국의 호동왕자와 낙랑공주의 이야기와 신기할 정도로 비슷하다. 이 이야기는 베트남 교과서에도 등장할 만큼 많은 사람들의 사랑을 받고 있다.

베트남의 초대왕국이라 할 수 있는 반랑국에는 흥브엉이라 불리는 18명의 왕이 다스렸는데 인접국가에 안 즈엉 브엉An Doong Voong, 安陽王이라는 왕이 다스리는 어우 락Au Laic 왕국이 있었다. 어느 날 금거북이 나타나 자신의 발톱을 빼 주면서 이 발톱으로 활을 만들어 쏘면 한 번에 수만 명을 죽일 수 있다고 왕에게 말하였다. 왕은 신하에게 명하여 신의 석궁인 신궁神弩을 만들었는데 활을 쏘자 전쟁에서 대항할 적이 없었다.

그러나 이 즈음 기원전 207년 중국의 진나라가 멸망하자 중국남쪽 지방에서 찌에우 다Trieu Da가 세력을 규합하여 독립왕국을 세우면서 기원전 179년 베트남 북부의 홍강델타에 있는 어우락에 쳐들어갔다. 그러나 신의 석궁 때문에 찌에우 다는 안 즈엉 브엉을 이길 수가 없었다. 찌에우 다는 안 즈엉 브엉을 이길 목적으로 결혼 정책을 썼다. 그의 아들 쫑 투이Troing Thuuy를 안 즈엉 브엉의 딸 미 쩌우Mi Chauu와 정략적으로 혼인시켜 비밀무기에 대한 정보를 알아오게 하였다.

결혼 이후 어느 날 쫑 투이는 아내인 미 쩌우에게 무슨 재주가 있어서 어우락은 적을 쉽게 물리칠 수 있느냐고 물었다. 쫑 투이에 대한 사랑으로 눈이 멀어버린 미 쩌우는 신비로운 비밀무기인 석궁을 보여주며 그에 얽힌 사연을 털어놓았다. 쫑 투이는 석궁과 동일한 형태의 가짜를 만들어 진짜와 바꿔치기를 했다. 그런 쫑 투이는 미 쩌우에게 잠시 부친이 있는 곳에 갔다 오겠다고 하면서 그동안에 만약 적이 쳐들어오면 자신이 와서 구해 줄 것이니 쉽게 찾을 수 있게 거위 털로 종적을 표시해 놓을 것을 당부하였다.

안 즈엉 브엉은 석궁만 믿고 방비를 소홀히 하고 있는 사이에 찌에 우다의 군대가 쳐들어왔으나 석궁의 효험이 없어서 결국 자신의 딸 미 쩌우를 말 등에 태우고 도망쳤다. 이때 미쩌우는 쫑 투이와의 약속대로 길 위에 거위 털을 떨어뜨렸다. 적들의 추격이 계속되자 안 즈엉 브엉은 금빛 거북에게 도움을 요청한다. 금빛 거북은 적은 바로 당신의 뒤에 있다고 알려주자 대노하여 자신의 딸을 베어 죽이고, 곧 바로 자신은 바다에 투신하였다.

쫑 투이는 약속대로 미 쩌우가 떨어트린 거위 털을 따라 바닷가에 도달해 차디찬 주검으로 변해 있는 아내를 발견했다. 서둘러 아내의 장례식을 치른 쫑 투이는 미 쩌우에 대한 그리움과 사무치는 슬픔을 견디지 못하고 로아ㅣLoa 성 우물속에 몸을 던졌다.

후세 사람들은 안 즈엉 브엉이 나중에 두견새가 되어 매일 밤 슬프게 운다고 믿기도 한다. 미 쩌우가 흘린 피가 바다로 흘러들어 갔는데 우연히 조개가 그 피를 마셔 얼마 후 조개 안에는 진주가 생기게 되었다는 이야기도 있다.

전쟁과 음모에서 비롯된 비극적인 전설이다. 믿었던 남편에게 배신당한 아내, 그녀가 죽은 후에야 진정한 사랑을 깨닫게 되면서 스스로 목숨을 끊는 한 남자의 숙명이 이 전설의 중심이라고 할 수 있다.

오늘날 하노이에서 20여킬로 떨어져 있는 꼬 로아성Coa Loa Citadel은 베트남 두 번째 고대국가 수도로 새로운 역사의 시작과 끝이 공존하는 장소라는 점에서 의미가 깊은 곳이다. 이 성에는 안 즈엉 브엉 사당이 있다. 이 사당 앞에는 쫑 투이가 자살한 우물이라 전해지는 우물이 하나 있는데 만약 누군가 미 쩌우의 피가 흘러들어간 바다에서 생산된 진주를 이 우물물에 씻으면 그 빛이 더욱 영롱해지고 아름다워진다고 한다.

〈쯩찌|Truong Chi의 노래〉

베트남의 옛날이야기는 언제나 해피엔딩으로 끝나는 것이 일반적이다. 하지만, 쯩찌의 노래만큼은 비극적인 사랑으로 마무리가 된다. 이 이야기는 베트남 역사의 기록인 'Su Nam chi di베트남역사에서 특이한 사건들'에서 언급되었고 베트남 애국가의 작사가인 반 까오Van Cao가 "쯩찌"라는 아름다운 노래를 작곡하였다. '쯩찌의 노래'의 요지는 다음과 같다.

"아주 먼 옛날 어느 재상에게 미느엉My Nuong이라는 아름다운 딸이 있었다. 그녀는 강가에 있는 크고 멋진 집에 살았고, 그녀가 살고 있는 강가 근처의 작은 마을에 쯩찌라는 가난한 어부가 살았다. 그 어부는 못생겼지만 목소리는 매우 아름다웠다. 매일같이 강가로 나와 물고기를 잡으면서 노래를 불렀는데, 그 노래 소리가 매우 구슬프고 아름다워서 미느엉은 한 번도 만난 적이 없는 그 어부를 마음속으로 그리워하게 된다. 그러던 어느 날, 쯩찌는 다른 강가로 떠나 오랫동안 돌아오지 않게 되었는데, 그 사이에 미느엉은 그의 노래를 들을 수 없게 되어 초조하고 우울해 졌다. 결국 그녀는 밥도 먹지 않고 시름시름 앓게 되었다.

그녀의 아버지는 의원을 불러서 약을 먹여도 차도가 없자, 딸의 시녀에게 알아보니 상사병이라는 것을 알게 되었다. 그래서 아버지는 어부인 쯩찌를 불러서 딸 앞에 데리고 왔다. 그런데 얼굴을 깊게 가린 모자를 쓴 쯩찌가 모자를 벗으려고 하지 않았다. 아버지가 강제로 쯩찌의 모자를 벗기는 순간 미느엉은 쯩찌의 못 생긴 얼굴을 보고 깜짝 놀랐다. 실망한 미느엉은 더 이상 쯩찌를 보려고 하지 않고 무시하였다. 하지만 미느엉의 아름다운 얼굴을 본 쯩찌는 사랑에 빠지고 만다. 쯩찌는 자신을 무시하는 미느엉에게 화가 나서 식음을 전폐하고 노래도 부르지 않게 된다.

결국 쯩찌는 미느엉을 그리워하다 강물에 몸을 던지게 된다. 쯩찌의 영혼은 그의 노래를 백단(자작나무 일종)나무 조각에 새기고 물위를 떠돌게 된다. 어느 날 한 노인이 이 나무를 보고 신기하여 간직하고 있다가 우연히 미느엉의 아버지에게 팔게 된다. 그 나무의 사연을 알게 된 아버지가 찻잔을 만들어서 그의 딸에게 준다. 어느 가을날 미느엉은 갈색차를 찻잔에 쏟아붓게 되었는데, 갑자기 찻잔 바닥에서 쯩찌의 모습이 보이면서 구슬픈 노래가 들리기 시작했다. 그때서야 미느엉은 그 시절을 떠 올리며 큰 감동을 받고 뜨거운 눈물을 흘린다. 그녀의 눈물이 찻잔 속에 떨어지면서 쯩찌의 얼굴과 노래가 사라졌다"고 한다.

　　그런데 마지막 쯩찌의 죽음과 결말이 다르게 나와 있는 버전도 있다. 즉, 쯩찌는 강물에 빠진 것이 아니라 상사병에 걸려 식음을 전폐하고 "이 생에 인연이 안되니 다음 생에 이어지기를 빌리라."고 노래만 부르다 이 세상을 떠났다는 것이다.

　　시간이 흐른 어느 날, 미느엉은 그의 노래가 그리워져서 사람들에게 그의 소식을 물어보니 그가 죽었다는 것을 알게 된다. 그녀는 너무 안타까운 마음에 쯩찌를 위해 아주 큰 무덤을 만들어 주기로 한다. 그런데 사람들이 쯩찌의 무덤을 옮기다가 이상한 것을 발견한다. 쯩찌의 몸 대부분은 썩었지만 그의 심장만 반짝이는 보석으로 남아 있었다는 전설이다.

02

전통공연과 민족음악

/

"핫보이는 동양의 오페라라고 할 수 있으며,
호찌민, 다낭, 후에시에 핫보이 전용극장을 갖고 있다."

〈전통공연〉—수상인형극, 핫보이(전통가극), 째오, 까이르엉

베트남은 전통문화유산으로 인정받는 전통공연이나 민족음악이 유달리 많이 있고, 이들의 보존과 전승을 위해 정부가 적극적인 지원을 아끼지 않고 있다. 중국이나 프랑스와 같은 강대국의 침략과 잦은 자연재해로 인해 수많은 희생자들이 발생하고 한편으로는 영웅들이 탄생함에 따라 자연발생적으로 사찰 등에서 제례가 일어나고 주술행위의 하나로 다양한 무대 공연이 축제로 발전해왔다.

핫보이Hat Boi, 까이르엉Cai Luong 등이 대표적이다. 핫보이는 14세기 쩐Tran 왕조 시대에 나타난 전통가극으로 핫보Hat bo 또는 북부에서는 뚜옹Tuong이라고 불린다. 핫보이는 베트남의 전통 가무와 중국의 가극이 결합된 무대 예술로 공연 내내 전통악단의 연주와 더불어 노래와 춤이 이어진다. 이것은 동양의 오페라라고 할 수 있으며, 현재 희극, 비극, 풍자극 등 약 600여 편이 전해지고 있다. 중부 베트남 지역에서 그 원형이 잘 보전되어 있으며, 호찌민, 다낭, 후에시에 핫보이또는 뚜옹 전용극장을 갖고 있다.

까이르엉은 20세기 초에 형성되었고 다른 부문에 비해 뒤늦게 등장한 양식이다. 까이르엉의 배우는 연극처럼 연기를 하지만 말을 많이 하지 않고 주로 노래를 부르는데 뮤지컬과 유사하다고 할 수 있다. 까이르엉은 처음에 남부 지방에서 유행하다가 나중에는 전국적으로 퍼져나갔다. 까이르엉은 노래, 음악, 대본이 결합된 형식이며, 까이르엉에 사용된 가사와 음악은 남부지역의 다양한 민요와 베트남화된 중국 음악 그리고 궁정음악인 냐냑Nhac cung Dinh에서 유래한 것이며, 주로 사용되는 악기는 현악기와 비파이다. 호찌민시 쩐흥다오 거리에 까이르엉 전용극장Tran Huu Trang Cailuong Theatre이 있다.

11세기경 북부 홍하 삼각주 지역에서 시작된 전통공연인 쩨오Cheo는 유네스코 무형문화유산에 등재되었으며, 고전과 노래, 춤, 음악이 결합된 종합공연예술이라고 할 수 있다. 핫보이나 까이르엉에 비해 서민적이어서 대사에 해학이 넘치고 주로 마을 사당의 마당에 멍석을 깔아놓고 주민들을 대상으로 야외공연을 한다.

반면 베트남에만 존재하는 독특한 공연형태로써 전 세계에 많이 알려져 있는 수중인형극Water Puppet Show은 농경사회의 전통과 매우 밀접한 관련이 있다. 수상인형극은 이Ly왕조 시대1009-1225에 북부지역의 홍하 유역에서 시작되었다. 이 지역은 홍하의 범람에 의해 많은 연못이 생겼으며, 주민들은 이 연못에서 인형극을 만들어 냈다. 최근 인기에 힘입어 크고 작은 수중인형극

베트남의 문화예술은 농경문화기반의 전통성이 강한 특징을 갖고 있다.(사진은 2009년 유네스코에 등재된 하노이지역 민족음악 '까주(Ca Tru))

장이 전국 주요 도시에 많이 들어서 있다. 가장 대표적인 탕롱 수상인형극장 Thang long Water Puppet Theatre은 호안끼엠 호수 근처에 자리 잡고 있다. 이 극장은 365일 하루도 빠지지 않고 공연하는 아시아에서 유일한 극장으로 알려져 있으며 2013년도 아시아 기네스북에도 등재되기도 했다.

수중인형극은 국제적인 명성도 갖고 있어 한국, 중국, 일본을 비롯하여 많은 나라에 공연단을 파견하고 있으며, 2008년도에는 한국의 국립중앙박물관에서 특별공연이 있었다.

후에의 궁중음악(Nha nhac Hue)은 왕의 대관식, 결혼식, 장례식 등 종교축제 등에서 공연된 의식, 노래, 악기와 춤이 어울러진 궁중공연에 해당하며, 2003년 유네스코에 무형문화유산으로 등재되었다.
사진촬영: Nguyen Van Thanh

〈민족음악〉–나냑, 콴호, 핫썸, 까쭈, 비잠

베트남은 수경문화의 전통에 따라 기우제, 추수감사제와 같은 축제, 씨름대회, 노래 경연대회와 같은 행사가 마을 단위에서 자연적으로 발생하게 되었고, 이 축제에서 표현된 춤과 노래가 시간이 흐르면서 일정한 형태를 갖추게 되어 오늘날 그 지역에 고유한 민족음악으로 정착하게 된다. 이러한 축제나 행사는 상호부조가 필요한 농경사회에서 서로를 위로하고 주민들을 공동체의 일원이라는 자부심을 갖게 만드는 중요한 기능을 하였다.

유네스코에 인류의 무형문화유산으로 등재된 베트남 민족 음악은 궁정음악인 냐냑Nha nhac, 박닌지역 민요 콴호Quan ho, 맹인의 노래인 쌈Hat xam, 하노이지역의 실내악 까쭈Ca tru, 가장 최근인 2015년에 등록된 응에안성과 하띵지역의 민요 비와 잠Vi & dam 등이 있다. 냐냑은 중국에서 도입되어 14세기인 쩐Tran 왕조시대부터 19세기 초 응우옌Nguyen 왕조 시대까지 여러 왕조를 거치면서 고유하고 장엄한 음악으로 발전되어온 베트남의 수준 높고 귀중한 문화유산이다.

후에Hue의 궁정음악인 냐냑은 2003년 유네스코에 의해 인류의 무형문화유산으로 등재되었으며, 역사적으로나 예술적으로 귀중한 가치를 지니고 있다.

콴호Quan ho는 남녀 두 사람이나 네 사람이 짝을 맞추어 노래를 부르는데, 주로 자연을 찬양하거나 아름다운 사랑을 노래한다. 마을행사에서 주로 공연되고 있으나 최근에는 박닌지역의 대표 브랜드로 발전하여 크고 작은 무대에서 선을 보이고 있다.

까쭈는 핫아다오Hat a dao 또는 핫너이Hat noi라고 불리기도 하는데, 우리나라로 말하면 시조창이나 민요에 해당하는 실내악이라고 할 수 있으며 시와 음악이 잘 융합된 음악으로 주로 기생들이 선비들에게 노래를 들려주는 형식으로 발달하였다. 까쭈는 16세기를 전후하여 오늘날의 하노이인 탕롱과 하떠이Ha Tay 등의 지역에서 발생한 것으로 알려져 있고, 2009년에 유네스코의 무형문화유산으로 등록되었다. 호안끼엠 구도심old quarter에 전용공연장을 갖고 있어 관광객들의 발길이 잦은 곳이다.

베트남 북부 박닌(Bac Ninh)성과 박장(Bac Giang)성의 많은 마을에서 남녀가 2명씩 짝을 이뤄 연인과의 사랑과 이별, 행복을 노래하는 전통민요가 문화관광자원으로 보존되고 있다.(사진은 박닌 꽌호의 가창 모습)

03
전통미술

/

"동호그림에는 베트남의 전통 가치와 철학을 바탕으로 한 인간의 기대감이
인간과 동물 그리고 다양한 사물을 통해서 해학적으로 표현된다."

한국에는 한지에 그림을 그리는 전통민화가 있듯이, 베트남에도 저이조Giay Do라는 베트남 전통종이에 그림을 그리는 동호Dong Ho가 있다. 동호그림은 목판화의 일종인데 최근 국내외 관광객에게 많이 알려지면서 하노이에서 30킬로 떨어져 있는 박닌성 동호마을이 다시 주목받기 시작했다.

동호 그림은 모든 재료가 자연에서 나온다. 종이는 물론이고 물감인 빨간색은 혼손Hon Son이라는 불그스레한 돌을 사용하고, 검정색은 태운 대나무 잎사귀에서 나오는 석탄을 사용한다. 노란색은 호아 훼Hoa hoe라는 꽃 봉우리로 만드는 등 모든 재료가 자연에서 나온다는 점이 매력적이다. 따라서 동호그림의 가장 큰 장점은 내구성이 높다는 것이다.

동호그림에는 베트남의 전통 가치와 철학을 바탕으로 한 인간의 기대감이 인간과 동물 그리고 다양한 사물을 통해서 해학적으로 표현된다. 동호그림의 전통적인 주제는 행운의 징조들, 역사적인 인물들, 민속우화들, 유명한 이야

동호그림(Dong Ho Folk Painting)은 일종의 판화로서 인간과 동물 그리고 다양한 사물을 통해 베트남의 전
통가치와 철학을 해학적으로 표현하고 있다. 현재는 베트남 북부 박닌성의 동호마을(Dong Ho Village, 또
는 마이(Mai)마을)에서만 그림을 생산하고 있다.

기와 사회적인 신앙 등이 표현되며, 그림을 통하여 사람들이 생각하고 희망하는 요소들이 집약되어 나타났다.

쥐, 닭, 거북이, 돼지 등 동물로 인간의 행운을 표현하고 악기연주, 씨름 등으로 민속화를 만들었다. 제사를 위한 주술적인 내용은 물론 유명한 문학작품인 끼에우Kieu전의 이야기, 여장부인 쯩짝Trung Trac이 전장에서 코끼리를 타고 싸우는 그림 등 역사적이 위인들의 모습이나 활약상이 동호그림으로 표현되었다.

그 이외에도 동호그림과 약간의 차별성이 있는 그림으로 하노이의 항쫑Hang Trong그림을 들 수 있다. 이 그림은 색채가 화려하고 목판 제작방식이 약간 다른데 주로 불교와 도교의 영향을 받아 탱화를 그렸다. 그 밖에 중국의 노란 종이인 따우방Tau Vang에 인쇄된 하떠이의 낌황Kim Hoang그림이 있고, 고대 신앙을 반영하여 조상 숭배를 위해 만든 후에의 향Huong강가에 위치한 신Sinh마을의 그림 등이 있다. 비교적 근세에 들어와서 베트남에서는 중국의 영향을 받아 한지와 같은 전통종이인 조Do를 활용하여 한문 서예도 많이 발전하였던 것으로 보이지만, 최근에는 한국의 추세나 마찬가지로 수채화, 유화, 옻칠그림 등에 밀려나면서 서예 분야가 많이 위축되었다.

04

고전문학의 보고

/

"민족의 영웅 호찌민도 유명한 시인이다.
그가 감옥에서 쓴 '옥중일기'로 유네스코에서는
'세계문화명인'이란 칭호를 선사했다."

베트남 사람들은 문학적 소질이나 예술적 재능이 많다는 것이 일반적인 평가
이다. 가까워진 친구들과 술한잔 하면서 대화를 나누다 보면 누구나 시인이
라는 느낌을 받는다. 베트남의 대역사학자이며 사전편집자로 유명하였던 다
오 주이 아잉Dao Duy Anh, 1904-1988은 베트남 사람들이 실학보다는 문학을 더
좋아한다고 말했고, 역사학자이며 교육자였던 응웬 반 후옌Nguyen Van Huyen,
1905-1975은 과학적 기질보다 예술적 기질이 많다고 하였다.

베트남인은 역사와 문학에 치우친 민족이며 과학 기술적 재능은 부족하다
는 자조어린 평가도 있다. 이와 같이 하늘의 별처럼 많은 사람들이 문학적 소
양을 갖고 시를 써 왔으며 지금도 쓰고 있다. 이들 중에서 국민들에게 가장 잘
알려진 세 사람의 시를 소개하고자 한다. 우선은 14세기 혁명지도자로 활동
하기도 했던 베트남의 위대한 시인이며 유네스코에서 세계문화 명인의 칭호
를 받은 응우옌 짜이Nguyen Trai의 대표적인 시를 소개한다.

"빗소리를 듣다.
호젓하고 그윽한 방에서
밤새 빗소리를 듣는다.

쓸쓸한 노래로 베개밑을 흔들어 대니.
똑똑 빗방울소리 새벽 시간을 세어본다.

대숲 저쪽에서 창문을 살며시 두드리고.
종소리와 함께 꿈속에 맑은 기운으로 들어온다.

시를 읊조리다 전혀 잠을 못 이루고 있는데,
비는 오락가락 날이 샐 때까지 내린다."

　　민족의 영웅 호찌민도 유명한 시인이다. 그가 감옥에서 쓴 '옥중일기'로 유네스코에서는 그에게 '세계문화명인'이란 칭호를 선사했다. 그의 옥중시를 보면 공산주의자이면서 혁명가인 호찌민이 얼마나 소탈하고 서민적인지를 알 수 있고, 신체보다 정신을 우선시하고 자연에 순응하는 도가정신이 깊이 배어 있는 것을 느낄 수 있다. 많은 옥중시 중에서 필자가 좋아하는 몇 개의 시를 여기에 소개한다.

- 한낮午

감옥안의 낮잠 정말 편안하여
한번 잠들면 깜깜
몇 시간이나 지났던가
꿈에서는 용을 타고 하늘로 오르더니
깨어보니 여전히 옥중이로구나

-제사題詞

몸은 옥중에 갇혀 있으나,
마음만은 갇힐 수 없도다.

큰 사업을 이루려 할진데,
마음도 더욱 키우리라.

-청명淸明

때는 청명인데 비는 부슬부슬
창살속에 갇힌 몸 혼마저 끊기겠네
묻노니 자유란 것 어디에 있소
간수는 멀리 사무실 문을 가리킨다.

─나병

온몸이 울긋불긋 비단옷을 걸친 듯
종일토록 긁어대니 거문고를 타는 듯
비단 옷을 입고 갇혔으니 다들 귀한 손님이네
거문고를 연주하니 동료들 모두 지음知音일세

─ 쌀 찧는 소리를 들으며

쌀이 찧어질 땐 아주 고통스럽겠지만
다 찧은 뒤에는 희기가 솜털 같아라
세상의 인생살이 이와 같은 것이려니
어려움이란 네 옥玉이 만들어지는 바탕이네

  18세기 베트남의 대문호 응웬 주Nguyen Du가 쓴 '쭈옌 끼에우Truyen Kieu의
이야기'에 나오는 시 중에서 '남편을 전쟁에 보낸 아내의 슬픔을 노래'한 시는
오랜 동안 일반 국민들의 사랑을 받아왔고, 어머니들은 자장가로 아기에게
들려주던 노래였지만, 전쟁기간 중에 학교에서는 학생들을 유약하게 만든다
는 이유로 금지시켰다고 한다. 하지만, 호찌민은 전쟁에서 지친 젊은 전사들
을 독려하기 위하여 이 노래를 다시 부르게 하였다.

"다리 아래에, 흐르는 물은 시원하고 깨끗하네

바람의 끝자락에서, 풀들은 부드럽고 초록이네

당신은 잘 있으라며 떠났지만, 내 마음은 부서져라

당신과 함께 갈 수 있게, 말이 되고 싶어라

아니면 배가 되어 당신과 먼 길을 함께하고 싶어라"

까우의 이야기인 '쭈옌 끼 우'는 주인공인 투이 키우가 아버지를 구하기 위해 자신의 몸을 팔면서 겪게 되는 불우한 운명을 서사시로 표현한 글이다. 이 중에서 응응 빅Ngung Bich이라는 기생집에 머물면서 자신의 운명을 한탄하는 한 소절을 소개한다.

유폐되어 있는 응벽루 앞에서 서니

멀리 뵈는 산, 갓 떠오른 달이 함께 어우러져 있네

환히 트인 사방 멀리 바라보니

모래톱 황금빛이 길가에 이는 붉은 먼지와 어우러지네

응웬 주는 영국의 셰익스피어에 비견되는 인물로서 베트남이 자랑하는 세계적인 대문호로 인정받고 있다. 응웬주는 쯔놈chu nom, 한자 요소를 결합하여 만든 베트남 문자으로 쓴 '쭈옌 끼에우Truyen Kieu, Tale of Kieu라는 문학작품을 만들었는데, 2003년 유네스코 세계문화인물로 선정되었으며, 최근에 그의 작품은 세계기록협회World Records Union에 의해 '세계에서 가장 많은 국가기록을 만든 문학작품'으로 선정되었다.

05

문화유산의 보존과 전승

/

"최근 들어 베트남 정부는 유네스코의 강력한 후원아래
지속적으로 문화유산을 발굴해 나가고 있으며,
이를 관광자원으로 활용하는 데 혼신의 노력을 기울이는 모습이다."

2015년도 상반기, 필자는 베트남의 주요 대학에서 '한국문화'를 주제로 순회 강연을 다닌 적이 있다. 베트남의 수재들이 다닌다는 외교대학The academy of diplomatic에서 강의를 마치고 질의응답 시간에 한 학생은 한국의 전통문화유산의 보존 및 활용 정책이 한류의 발전에 어떤 영향을 미쳤는지에 대해 질의하고 베트남에 조언을 해 달라는 부탁이었다.

필자는 한국의 문화유산 보존과 활용 정책이 현재처럼 균형을 갖추게 되기까지 시간이 많이 필요했다는 점을 설명하고 전통문화유산은 한류와 같은 문화콘텐츠의 원형이라는 점에서 베트남에서도 전통문화를 보존함과 동시에 이를 창의적으로 활용하는 정책이 병행되어야 한다고 답변했다. 베트남의 지식층들은 문화유산을 엄격하게 보존해야 한다는 강한 의지를 갖고 있지만, 이를 어떻게 활용할 지에 대한 논의는 아직 부족한 것으로 보인다.

어느 나라나 문화유산은 유형이든 무형이든 그 나라의 문화적 정체성과 자긍심을 상징하기 때문에 중요하게 여겨지고 있다. 나아가서 최근에는 이들이 중요한 관광자원으로 인식되면서 정책적 역량을 집중하고 있는데, 베트남도 예외는 아니다. 최근 들어 베트남 정부는 유네스코의 강력한 후원아래 지속적으로 문화유산을 발굴해 나가고 있으며, 이를 관광자원으로 활용하는 데 혼신의 노력을 기울이는 모습이다.

베트남은 유구한 역사에도 불구하고 현재 남아있는 유적들은 그리 많지 않은데, 수많은 외침이나 내전을 통해 많은 유적들이 훼손되었거나 관리가 되지 않아 자연상태로 소실된 사례도 많이 있다. 베트남 정부가 최근 유네스코 등 외국의 관심과 지원을 이끌어 내면서 지속적인 발굴과 복원작업을 계속하고 있어 다행으로 여겨진다. 지금까지 유네스코에서 유·무형 문화유산으로 등재했거나 베트남 정부에서 지정한 문화재는 다음과 같다.

특정 공간이나 지역 전체가 유산으로 지정된 경우는 후에 기념물 집중지대 complex of Hue monuments, 호이안 고대도시Hoi An ancient town, 하노이 탕롱 성채 Central sector of the imperial citadel of Thang Long-Hanoi, 호왕조 요새Citadel of Ho dynasty 등을 꼽을 수 있다.

베트남은 전쟁과 자연재해로 인한 인간으로서의 애환, 민족구성과정에서의 갈등과 회복, 자연과 인간의
교감 등을 위한 지혜가 문화예술로 표출됨에 따라 다양한 소수민족문화가 인류무형문화유산으로 등재되
고 있다.(사진 위는 푸동사원의 종축제, 아래는 쏘안 가창의 실현 모습)
사진촬영: (위) Tran Nhan Quy, (아래) Ngoc Thach

베트남은 자연경관유적지가 많은 편인데 하롱베이Ha Long Bay 국립공원, 퐁냐케방Phong Nha-ke Bang 국립공원, 짱안Trang An 문화경관복합지대 등이 있다. 반면에 무형문화유산으로는 냐냑 궁정음악Nha Nhac, Vietnamese court music, 꽁문화공간The space of Gong culture, 콴호와 박닌 민요Quan Ho and Bac Ninh, 까쭈 가창Ca Tru singing, 푸동 사원과 속사원의 종축제Giong festival of Phu Dong and Soc temples, 인류무형문화유산인 베트남 남부지방의 "던 까 따이 뜨" 음악Don ca tai music과 가창예술Art of song, 긴급보호 인류무형문화유산인 푸토성의 쏘안 가창Xoan singing of Phu Tho, 응에–띤성의 비와 잠 민요Vi and Giam folk songs of Nghe Tinh 등이 등록되었다.

유네스코에 의하면, 무형의 문화유산은 "가장 넓은 의미에서 시대가 흐르는 과정에서 집합적인 재창조과정을 통하여 전환되거나 수정되는 음악, 춤, 구전, 언어, 관습, 신화, 몸짓, 제례, 전통약품, 요리, 축제 및 수공예 기술 등 모든 상징적이고 무형적인 문화의 증거들"이라고 정의하고 있다. 위의 정의에 비추어 볼 때, 베트남의 유구한 역사에서 만들어진 수많은 이야기와 54개 토착 민족의 생활에서 나오는 무궁무진한 무형자산들이 아직 개발되지 않고 수면아래에 놓여 있다고 판단된다.

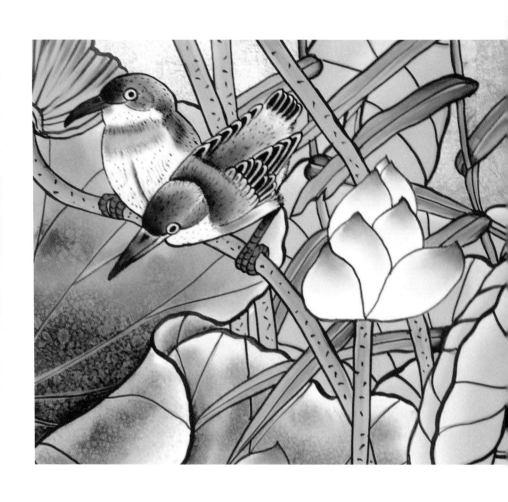

6장

베트남 문화산업

베트남의 자국산 영화 점유율은 35%다. 베트남인은 문화적 자긍심이 강해 한국 일본 중국처럼 자국산 점유율이 더 높아질 전망이다. 그러나 최근 많은 발전에도 불구하고 아직 미국, 한국 등 영화선진국에 비교해서 베트남의 영화제작 인프라는 낙후한 상태에서 크게 벗어나지 못하고 있다.

01
경제, 사회, 문화적 환경

/

"베트남 문화의 대표적인 특징은 조상에 대한 존경심,
공동체와 가족중심의식, 근면, 학구열이다."

1) 경제적 환경

아시아개발은행ADB에 의하면 2015년 베트남의 GDP 증가율은 6.5%로 4년 연속 상승하며 당초 목표치를 초과할 것으로 예측하고 있다. 인건비도 중국, 인도네시아, 태국, 필리핀 등에 비해 40~60% 수준으로 저렴하며 2015년 상반기 물가 상승률은 2014년말 대비 0.83%에 그치며 안정되어 있다.

베트남은 2015년 7월 1일부터 적용되고 있는 투자법, 기업법, 부동산법 등 새로운 3개 주요 법률에 대한 시행령을 2015년 12월 10일부터 시행하고 있다. 이에 따라 투자 허가서를 받는데 적게는 60일에서 최대 6개월까지 걸리던 기일이 15일밖에 소요되지 않으며 만일 투자자들이 모든 투자 조건들을 만족시킨다면 정부의 허가를 받을 필요가 없는 방향으로 개정되었다.

개정된 법령에 따라 외국인 누구나 부동산을 소유할 수 있으며 소유 기간은 50년이고 추가 50년의 갱신 권한을 부여해 준다. 주택의 매매, 임대, 증여,

위탁관리, 교환, 상속, 저당, 자본출자 등 한국에서 주택을 소유했을 때 갖게 되는 모든 권리가 그대로 적용되고 있다. 2015년 9월까지 외국인투자FDI 유입금액이 전년도 동기간 대비 53.4% 증가하고 있다.

2007년 1월 11일에 정식으로 WTO 회원국으로 등록된 이후 최근에 환태평양경제동반자협정TPP, 아세안경제공동체AEC, 포괄적경제동반자협정RCEP 등 다양한 다자간 협정에 적극적으로 참여하고 있다. 아세안경제공동체AEC로 동남아 국가 간 0% 관세의 자유무역 지대가 형성되고 미국의 트럼프 정권이 들어오면서 TPP가 새로운 국면을 맞게 되었지만 베트남이 유일하게 동남아 제조업 중심국가 중에서 회원국으로 가입될 예정이며 베트남-EU간, 베트남-유러시아 간 FTA가 체결되어 무관세 무역지대가 넓어지고 있다.

특히 다자간 협정의 발효와 함께 2015년 9월부터 외국인의 지분 보유 규모가 증권사와 자산운용사는 100%까지 허용되었고 일반 기업은 49%, 은행은 30%까지만 허용되고 있지만 앞으로는 국방, 정보통신, 은행을 제외한 나머지 분야의 국영기업에 대해서도 외국인 지분을 49%까지 허용할 계획을 갖고 있어 베트남 정부가 외국인 투자 유치를 통해 베트남 공기업의 경영 개선에 나서고 있는 것으로 보인다.

2) 사회문화적 환경

비엣Viet족이 전 국민의 대부분89%을 차지하고 있으며, 기타 53개 소수민족이 각 지역에 흩어져 살고 있고, 약 100만 명의 화교가 거주한다. 2015년 기준으로 베트남 인구는 9200만 명으로 30세 미만의 인구가 60%가 넘으며 노동력과 구매력을 갖춘 60세 미만의 인구가 90%가 넘고 매년 100만 명의 신생아가 태어나는 황금인구 구조를 가지고 있다.

2014년 베트남 도시계획개발위원회에 따르면 현재 전국의 도시화비율은 약 30%로 2025년에는 50%까지 확대될 것으로 예측하고 있으며, 약 1,000개 도시에서 5,200만 명이 살 것으로 예상되고 있다.

베트남은 54개 민족으로 이루어진 다민족 국가로 수천 년간 형성해 온 토종문화가 워낙 다양한데다 근대에 들어서는 프랑스 식민지배로 유럽 문화가 더해졌고 최근에는 일본, 한국 등 다양한 문화가 공존하고 있어 문화패턴이 독특하다. 즉 예로부터 내려온 생활풍습, 고전축제, 토속신앙과 현대문화가 서로 화합을 이루며 융합한 것이다.

지역마다 기후, 지형, 민족의 특징이 각각 달라서 농경문화가 두드러진 비엣족의 홍강 델타문화권, 북방소수민족의 정통문화가 뚜렷한 서북 및 동북 문화권, 참파문화와 북·중부 지방의 문화가 서로 어우러진 남중부 문화권, 화교와 크메르Khmer족이 많이 몰려있는 남부지방 문화권, 떼이응우옌 고원지대 문화 등 크게 5가지 문화권으로 나눌 수 있다.

베트남 문화의 대표적인 특징은 조상에 대한 존경심, 공동체와 가족중심의식, 근면, 학구열 등을 꼽을 수 있으며 서양 연구학자들이 베트남 문화의 대표적인 상징물로 용, 거북이, 연꽃, 대나무를 꼽고 있다.

문화콘텐츠 분야별 현황

/

"베트남 드라마의 경쟁력을 강화하기 위해
해외 기획사와 합작드라마를 제작하는 추세이다."

1) 방송

베트남에서 TV방송의 역사는 1966년 베트남 공화국에서 미국이 설립한 2개의 채널에서 시작되었다. 1975년 사회주의 정권이 수립되고부터 남부채널을 흡수하여 본격적으로 시작되었으니 꽤 오래된 편이다. 그동안 방송은 공산주의 사상을 전파하는 프로파간다propaganda로써 유용한 수단으로 활용되었다고 볼 수 있다. 컬러 방송은 1978년부터 도입됐고 1991년부터는 위성을 통해 전국방송으로 확대되었다.

2015년 기준으로 전국에 67개의 방송국국영 방송사인 베트남방송과 베트남라디오방송 2개, 베트남라디오방송 소속 VTC 디지털방송사 1개, 지방자치단체의 방송사 64개가 운영되고 있으며, 전국네트워크를 갖고 있는 국영방송 VTV가 지배적인 위치에 있다. VTV는 현재 뉴스, 과학, 스포츠, 청소년, 교육 등 9개의 채널을 운영하고 있다.

베트남의 방송시장은 빠르게 변하고 있다. 베트남 정부의 "2020년까지의 지상 디지털 TV방송을 포함한 방송디지털화계획"에 따라 2016년 8월 16일 오전 0시를 기해 하노이를 비롯한 호찌민, 하이퐁, 다낭, 껀터 등 중앙직할시의 5개 대도시에서 아날로그 전파의 송신이 종료되었다. 보도에 의하면, 아날로그 텔레비전을 이용하는 가구 비율은 하노이시가 4.1%, 하이퐁시가 2.4%, 호찌민시가 2.0%, 껀터시가 3.6%에 머물고 있어 아날로그 방송 종료에 따른 영향은 한정적일 것으로 내다봤다. 베트남 정부는 방송디지털화 계획의 실천과 함께 방송서비스산업 활성화정책의 적극적인 추진에 탄력을 받아, 베트남 국영방송VTV은 물론, 멀티미디어기업 VTCVietnam Multimedia Coporation, VNPTVietnam Post and Telecommunication Corporations, MobiFone, Viettel 등 일류의 통신사들이 기업의 인수와 합병으로 인터넷방송, 유료방송시장에 적극적으로 나서고 있다.

자국내 드라마 제작 활성화를 위해 2010년 5월 발표된 54/2010/ND-CP의정에 의하면 베트남 방송사들이 베트남 드라마의 TV 방영 시간을 전체 편성 시간에 비해 최소 30% 이상 유지할 것을 의무화했다. 베트남 드라마 방영시간대는 방송황금시간대인 저녁 8시부터 10시까지로 지정했으며 이외에 다른 시간대에 자유롭게 편성할 수 있다. 그런데 국내 최고 방송사인 VTV베트남방송와 HTV호찌민시 방송만 베트남 드라마 편성시간을 충분히 확보할 수 있는 실정이며 커버리지가 비교적 작은 지방 방송사들은 수익을 위해 황금시간대에 시청률이 높은 외국드라마나 예능프로그램 등을 방영하고 큰 방송사의 드라마

판권을 저렴하게 구입해 재방영하는 것으로 나타났다.

자국내 드라마 방영시간 의무화제도로 인해 국내 드라마 제작시장 활성화를 촉진하는 계기가 마련되었다는 것은 부정할 수 없으나, 아직은 기대만큼 활성화되지 못하고 있는 상황이다.

주요방송에 정기적으로 편성시간을 확보할 수 있으며 예산이 넉넉한 대표적인 기획사로 Song Vang회사와 M&T Pictures를 들 수 있으며 이외에 Lets Viet(VTC9)이라는 케이블방송에 독점적으로 방영하는 500편의 드라마를 제작한 Lasta기획사나 Sao The Gioi, Vietcom Film, Sena Film 등 다양한 기획사가 드라마제작에 나서고 주로 이들 기획사에서 제작한 드라마가 베트남 지방방송은 물론 VTV, HTV 등 전국 방송에 거의 배급되고 있다.

그런데 시청률 경쟁이 치열해지자 드라마 제작사업을 접거나 사업규모를 축소하는 민간기획사의 움직임이 보이고 있다. 베트남방송이 직접 운영하는 드라마 제작센터인 VFC와 TFS가 제작한 드라마가 베트남방송의 드라마편성시간의 35%밖에 분량을 채우지 못했으며 최근 2년간 50%씩 드라마 제작규모를 축소했다.

베트남 드라마의 경쟁력을 강화하기 위해 작품성이 높은 작품을 지속적으로 개발하는 한편 기술적으로 해외기획사와 협력하여 합작드라마를 제작하는 추세이다. 2014년 말에 베트남방송 VTV3채널에 방영된 '오늘도 청춘'이라는 드라마는 베트남 방송과 CJ E&M이 최초로 공동제작한 드라마로 대중의 기호를 잘 반영한 작품으로 큰 인기를 얻었다. 이 사업을 통하여 베트남은 한국의 드라마 제작 기술과 홍보 방법 전수를 받게 되었고 베트남 드라마 제작 능력을 향상시키면서 최초로 국내 드라마 수출까지 가능케 만든 사업으로 호평을 받았다.

한편 예능프로그램이 시청자들의 열렬한 사랑을 받고 있으므로 최근 몇 년간 베트남 방송계에서 세계적으로 유명한 예능프로그램의 포맷판권을 확보하기 위해 치열한 경쟁을 벌이고 있다. 이 외에 베트남의 상황에 맞게 외국 프로그램을 리메이크하는 작업에도 적극적이다. 베트남에서 인기가 많고 사회적 영향이 큰 예능프로그램은 Vietnam's Next Top Model도전슈퍼모델, Bolero Idol, VietnamIdolkids, Vietnam's Got Talent, The Voice 등 인재를 뽑는 오디션 프로그램이나 Your Face Sounds Familiar, Amazing race, VIP Dance, 아빠! 어디가? 등 연예인이 출연한 예능프로그램을 꼽을 수 있다. 2019년 4월 HTV7을 통해 방영을 시작한 베트남판 러닝맨은 주말 황금시간대에 방영되어 큰 인기를 끌고 있다.

2016년 베트남의 TV 광고시장은 전년대비 7.8% 성장한 4억 5,700만 달러로 나타났다. 베트남 텔레비전광고는 1990년 이후 엄격하게 규제되고 있는데, 광고비용의 10%가 세금이며 담배와 도수15도 이상의 주류 광고는 TV에서 금지되어 있다. 그럼에도 불구하고 광고시장에서 영향력이 큰 TV 광고시장은 2018년에도 8.0%의 성장률을 바탕으로 5억 달러가 넘을 것으로 추정된다. 그러나 TV 광고시장은 다양한 규제와 트랜드의 변화로 인하여 성장률이 둔화되는 추세에 있다. 반면에 디지털 광고시장은 크게 성장하고 있는데, 최근 statista.com에서 발표한 바에 의하면, 2018년도 디지털광고수익은 6억6,300만 달러로 추산하였고 이들 중 약 70%는 구글과 페이스북을 통해 발생한 광고수익이었다. 나머지 30%는 VCCorp, Admicro, VNexpress, Eclick, Zing, Adtima, 전자신문 등에 의해 발생하였다.

2) 영화

장기 불황에 허덕이던 베트남 영화산업은 90년대 말부터 제작 편수도 증가하고 소재도 천편일률적인 전쟁 영화 이외에도 새로운 시대에 맞는 현대적인 소재나 사회적 이슈를 다룬 영화도 선보이기 시작했다. 2000년도 하노이에서 개최된 아시아 태평양 영화제에서 베트남 영화 Doi Cat모래 언덕, Nguyen Thanh Van 감독이 최우수작으로 선정되면서 베트남 영화산업발전의 성과가 나타난 것으로 보였다. 그런데 안타깝게도 정부의 막대한 지원을 받아 제작한 영화나 국내외 영화제에서 수상한 작품들 대부분은 관객의 취향을 고려하지 못함으로써 관객을 모으는데 실패하고 만다.

그동안 베트남 영화는 사회주의 체제의 영향으로 소재 선정에 있어서 정부의 통제를 많이 받으면서 전쟁영화나 국가 홍보영화 제작에 치중하였지만 열악한 베트남 영화산업의 발전을 위해 정부는 2002년에 전격적으로 영화산업을 개방하게 된다.

불똥이 떨어진 베트남 국산영화제작사는 관객의 관심을 이끌어 내기 위해 유명연예인을 동원하여 막장 코미디 영화를 제작하기도 하였지만 기대만큼의 성공을 거두지는 못하게 되었고, 최근에는 제작기술의 발전과 함께 가족영화로 소재가 다원화 되면서 흥행작이 나타나기 시작하고 있다.

영화산업이 개방된 2002년 이후 베트남에는 해외자본이 지속적으로 유입되면서 정부 소유의 극장업도 최신 시설을 갖춘 멀티플렉스 극장으로 바뀌기 시작했다. 2018년 8월 기준, CJ CGV의 자료에 의하면 전국적으로 864개의 스크린이 있는 것으로 파악된다. CJ CGV는 63개 멀티플렉스극장에 365개의 스크린 수를 확보하여 42%를 차지하고 있다CGV 365개, Lotte Cinema 171개, BHD 49개, Galaxy 89개, 베타 48개, 기타 141개. 한국 기업들은 공격적으로 영화관을 확보하고 있는 것으로 보인다.

베트남에서 가장 많은 멀티플렉스 영화관을 확보한 CJ CGV는 2011년 베트남 극장 1위 사업자인 메가스타를 인수하여 동남아시아 시장에 첫발을 들여 놓았으며, 현재 베트남에 투자하고 있는 해외기업 중에서 CJ CGV와 롯데시네마 등 한국 업체들이 베트남 영화산업을 이끌고 있다고 해도 과언이 아니다. 이들 한국 기업은 베트남 영화시장의 60% 이상을 차지하는 등 막강한 영향력을 발휘하고 있다. 다만, 한국 기업들의 영향력이 높아질수록 해외 경쟁사나 현지 시장의 도전이나 비판 수위도 함께 높아지고 있어 상생의 대책이 요구된다.

베트남 내 극장 40%를 점유한 CGV는 박스오피스 총 수입의 40%를 차지한 것으로 보인다. 미국 영화협회MPA의 회원인 6개 영화사 중 5개 영화사와 단독으로 영화배급계약을 맺은 CGV는 베트남에 상영할 할리우드 영화의 90%를 독점 배급할 수 있는 권한을 갖게 되었기 때문에 베트남에서 가장 많은 영향력 있는 기업이라고 할 수 있다.

최근 4~5년 간 베트남의 영화시장의 성장률이 35~40%로 나타났으며 베트남 내 박스오피스 수입이 2014년 83백만 달러, 2015년 105백만 달러로 증가세를 보였으며 2016년에도 25% 이상의 성장세가 이어졌다.

2006년도 베트남 정보통신부 (MOCI) 산하 영화국의 국영 영화사에 대한 지원중단이 결정되면서 영화제작 할당제가 없어지고 민영화가 전면적으로 시작되었다. 그 결과 2011년 29개였던 국영영화사가 2015년에는 4개로 급감한 반면, 민간 영화사는 121개에서 450개로 급증한 것으로 나타났다.

CJ CGV자료에 따르면 베트남의 연간 1인당 소득구매력 기준은 한국의 4분의 1 수준인 7천 달러인 데 비해 대도시 영화 관람권 가격은 한국의 절반 수준인 4,500원이다. 그리고 상업 영화 한 편의 평균 제작비가 200억 동한화 약 10억원에 불과한데 영화사들은 극장업체와 합의해 영화 상영 수익의 40%~50%를 받을 수 있기 때문에 상업영화 제작은 곧 고수익 사업이 보장되는 것으로 인식되고 있다.

한국에서 흥행에 성공한 '수상한 그녀'는 현지에서 '내가 니 할매다(Em la Ba noi cua anh)'로 리메이크되어 상영되어 큰 성공을 거두었다.(출처: Daum, 영화)

베트남 정부자료에 의하면, 2017년도 자국산 영화점유율은 25%다 베트남인은 문화적 자긍심이 강해 한국 일본 중국처럼 자국산 점유율이 더 높아질 전망이다. 그러나 최근 많은 발전에도 불구하고 아직 미국, 한국 등 영화 선진국에 비교해서 베트남의 영화제작 인프라는 낙후한 상태에서 크게 벗어나지 못하고 있다. 즉, 실내 촬영, 야외 촬영 등을 위한 기반시설, 기획, 대본, 촬영인력, 후반작업 인력, 마케팅 인력 등 전문 인력의 부족과 후반 작업post production시설도 부족하여 완성도 높은 영화제작에 어려움을 겪고 있다. 또한 적정한 수준의 영화제작비가 투입되지 않고는 수준 높은 영화 작품을 제작하기 어려운 현실을 감안하면 베트남의 영세한 영화 투자시장은 베트남 영화의 시장 점유율을 낮게 만드는 원인으로 작용하고 있다.

이에 따라, 한국의 영화제작 전문기업인 CJ E&M 등과 합작영화를 제작하거나 한국에서 성공한 영화의 리메이크를 통해 성공 사례를 만들기도 한다. 2016년도 초에는 CJ E&M의 영화 '수상한 그녀'를 현지어로 리메이크한 '내가니 할매다'가 2015년 말에 개봉되었는데 베트남 영화(외화 제외)사상 최고의 매출기록인 480만 달러를 기록했다. 최근에는 '써니', '고고 시스터즈', '과속 스캔들'과 '엽기적인 그녀'의 베트남판도 줄줄이 개봉되어 흥행에 성공하고 있다.(출처: 중앙일보, 왜 베트남인가? 속도 내는 한국영화 리메이크).

베트남 영화 시장은 2013년 550억 원 규모에서 2017년 1,380억 원으로 5년 새 두 배 이상 확장했다. 연간 관객 수도 1천700만 명에서 4천100만 명으로 급성장했다. 현지 영화의 연간 제작 편수도 이 기간 18편에서 40편으로 늘었고, 로컬영화 상영 비중도 25%에 육박한다. CJ E&M과 CGV, 롯데시네마 등 국내 투자배급사와 극장들도 베트남 공략에 공을 들이고 있는 이유이다.

3) 대중음악

2013년까지 만해도 베트남의 음반사는 약 30여 개로 그 중 Phuong Nam, VAFACO 필름 프로덕션, Ho Guom 오디오, Tan Binh 컬처 합작회사, Kim

Loi 스튜디오 등 5개가 대표적인 음반 배급사로 그 당시 베트남 음반배급시장의 50%를 차지하고 있었다.

그러나 2015년에 들어서면서 온라인 음악 시장의 규모가 확대되면서 베트남의 음반배급시장의 침체를 가속화시켰다. 베트남의 인터넷 사용자가 전체 인구 60% 이상을 차지하고 있으며 2012년 11월부터 베트남 음반산업협회와 베트남의 가장 큰 5개의 온라인 음악 사이트인 mp3.zing.vn, nhaccuatui.com, nhac.vui.vn, mp3.socbay.com, nghenhac.info가 서로 협의해서 음원의 유료 다운제를 적용한 후 MP3의 사용 및 인터넷 부가서비스 이용이 빠르게 성장하고 있다.

특히 신인가수를 비롯하여 유명세를 타고 있는 가수들이 음반이 아닌 유튜브나 온라인 음악 사이트를 통해 새 곡을 발표하는 추세이기 때문에 수익을 낼 수 있는 음반사는 손가락을 꼽을 수 있을 정도이며, 많은 음반사가 사업을 접거나 살아남은 경우라도 대부분 심각한 경영난을 겪고 있는 것으로 알려져 있다.

베트남 음악 공연시장은 여전히 불황의 늪에서 벗어나지 못하고 있어 보인다. 경제가 발전하면서 음악 공연시장도 함께 성장하고 있어 앞으로의 전망이 아주 나쁜 것은 아니지만, 유명한 가수가 출연한 공연인데도 공연 관람권 판매 실적이 저조하여 손실을 보고 있는 사례가 많아지고 있다.

경제가 발전하고 문화가
개방되면서 베트남 대중음악은
눈에 띄게 발전하고 있다.
하지만 아직 대중문화의 기반이
약하여 자국산 노래보다는
외국 대중음악의 영향을
크게 받고 있는 형국이다.

위좌: 중견가수 미링(My Linh)
위우: 중견가수 뚜안 훙(Tuan Hung)
아래: 최고의 디바 미땀(My Tam)

4) 게임

베트남 전체 게임 시장 규모는 2017년 기준 약 3억 6,500만 달러로 추정되며 3,280만 유저를 보유한 세계 28위 시장이다(글로벌 게임시장 조사기관 NEWZOO). 이는 동남아시아 10개국 중 4번째로 베트남 경제규모 및 소비력 대비 게임시장 규모가 매우 크다. 특히 베트남은 높은 인터넷 보급률과 스마트폰 이용자가 많아 온라인·모바일 게임시장 확대에 긍정적으로 작용하고 있다. 베트남 정보통신부 ICT 백서 2017에 따르면, 베트남 온라인 게임서비스 제공업체 수가 2015년 59개에서 2016년 109개로 크게 증가하였다.(출처: 2019-01-28 베트남 호찌민무역관)

베트남의 게임시장에는 PC게임, 아케이드게임 등 다양한 종류의 게임이 있었으나 현재 베트남 게임시장은 비록 2003년 비교적 늦게 소개되었지만 온라인 게임 시장만이 급속도로 성장하였으며 PC게임, 비디오 게임, 아케이드 게임 시장은 대체적으로 부진한 상황이다.

온라인게임 시장의 성공 요인으로는 연 5% 이상 경제가 꾸준히 성장하고 있고, 인터넷·스마트폰 사용인구가 급증하기 때문으로 보이며 스타트업 기업 대부분은 IT 분야에 쏠려 있다. 2018년 베트남 인구 9,650만 명 중 67%에 해당하는 약 6,400만 명이 인터넷을 사용한다. 스마트폰 소유자가 43%, 그 중 스마트폰을 가장 많이 소유하고 있는 계층은 16세에서 24세 사이인 것으로 나타났다. 최근 3~4년 사이에 모바일 게임시장이 폭발적으로 성장하는 이유는 젊은 층들의 스마트폰 이용율이 높아지고 있기 때문이다.

베트남 게임 업체들은 개발 부문의 시장은 저조하며 주로 수입 유통 중심의 영업에 치중하고 있는 실정이어서 유통, 서비스 운영 부문의 시장 경쟁 환경이 치열한 편이다. 현재 MMORPG 게임 분야에서는 비나게임, FPT 사가 캐주얼, FTP 분야에서는 Asiasoft, VTC 인테콤, 모바일게임 분야에서는 SohaGame, VTC Mobile, Gamota, VNG Games, MCCorp 등의 시장 지배력이 매우 높은 것으로 나타나고 있다. 베트남에서 인기가 많은 게임종류는 MMORPG 2D 및 카드게임, ARPG 등으로 보인다.

온라인 게임의 급속한 성장에 따라 베트남 정부는 청소년들의 게임 중독을 방지하기 위해 2006년 온라인 게임 관리에 관한 정책을 발표하였는데 게임 시장에 대한 규제 법안들과는 달리 게임 산업 진흥을 위한 정책은 미비한 것이 현실이다.

5) 애니메이션

1958년도 최초의 애니메이션이 베트남 애니메이션 스튜디오에서 제작되었다. 1976년부터 1985년까지 남베트남정부의 기존 시설과 구소련의 지원을 활용할 수 있어서 베트남 애니메이션 산업이 보다 활성화되었으며 그 당시 애니메이션 작품은 어린이의 눈높이에 맞춰 윤리적 교훈을 전달하는 것이 특징이었다. 1985년부터 2000년까지 경제개혁정책을 실시하면서 베트남 애니메이션 회사가 자발적으로 구조조정을 하며 정부의 지원 없이 애니메이션 제작과 유통 역할을 독립적으로 수행하게 되었다.

그 당시 베트남 애니메이션 제작회사 중 베트남 애니메이션 회사 이외에 호찌민 시 종합영화사도 있었는데 애니메이션 20편을 제작하였으나 수익을 내지 못해 폐업하고 만다. 이 시기의 베트남 애니메이션은 분량은 물론 애니메이션 소재나 제작기법이 비교적 다양하였으나 그래픽 기술이나 캐릭터의 생동감이 여전히 영세성을 면치 못하고 내용도 무거워서 상업 애니메이션과 거리가 멀었다. 베트남 애니메이션 센터에서 영화제에 출품하거나 특정한 목적으로 상영하기 위해서만 애니메이션을 제작했기 때문에 일반 관객에게 널리 알려지지 못하였다.

2001년부터 2010년까지는 아날로그 애니메이션 제작 기법을 쓰지 않고 컴퓨터 그래픽 기술을 도입하며 적극적으로 활용한 시기였는데 애니메이션 제작 기술이 아직 발달하지 못해서 여전히 작품성이 떨어지는 편이다. 2011년부터 현재까지 베트남 내수시장을 점유하고자 하는 민간 애니메이션 업체가 많이 등장해 애니메이션 상업화를 본격화했다.

현재로서 베트남 국내 애니메이션 회사가 14여개로 그 중 민간 애니메이션 회사가 10개다. 베트남 애니메이션 산업의 가장 큰 문제는 사회의 무관심과 기술력 부족, 그리고 애니메이션 관련 극본, 일반 영화산업에 비하면 턱없이 부족한 애니메이션 산업의 투자액 등이다.

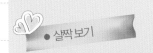

한—베 합작드라마
〈오늘도 청춘〉 이야기

　　양국이 공동으로 제작한 한—베 합작드라마 '오늘도 청춘Forever Young, Tuoi Thanh Xuan의 일부장면은 문화원에서 촬영되었다. '오늘도 청춘'은 유복한 집안의 딸 '링'이 한국으로 유학을 가서 같은 또래의 베트남 학생들과 홈스테이를 하면서 벌어지는 젊은이들의 꿈과 삶, 우정과 사랑사이에서 갈등하는 모습을 그리고 있다.

　　특히, 여자 주인공 '링'의 절친한 친구 '마이'가 베트남에 돌아와 한국문화원 직원으로 채용되는데, 멀리 떨어져 있는 '마이'의 한국 남자친구와 겪는 사랑과 갈등을 문화원에서 촬영하였으며, 필자가 문화원장으로 카메오로 출연하기도 하였다.

　　2014년도 12월 말부터 2015년도 4월까지

베트남 국영방송(VIV)을 통해 인기리에 방영되었던 최초의 한국과 베트남 합작 드라마 '오늘도 청춘(Forever Young)'의 성공에 힘입어 후속작이 제작·방영되어 꾸준한 인기를 이어갔다. (사진: 홍보포스터)

베트남의 국영방송 VTV에서 프라임타임 대인 8시에 인기리에 방영되어 그해 TV드라마 시상식에서 여자주인공과 남자 주인공은 각 각 남녀 배  우상을 수상하였고, 인기드라마상을 수상하였다.

   이 드라마는 2014년도 10월 30일 서울에서 CJ E&M과 VTV가 문화콘텐츠 제작을 위한 합작사Joint Venture를 설립하여 시작된 최초로 이루어진 프로젝트라고 할 수 있다. 양측은 오랫동안의 준비 끝에 2014년도 12월 5일 하노이에서 양국의 배우와 감독들이 참석한 가운데 현지 주요 언론 100여개 매체의 관심속에 제작발표회를 개최하였다.

   이 드라마의 성공을 바탕으로 CJ E&M은 오늘도 청춘 후속작인 제2편이 만들어져 인기리에 방영되고 있다. 동 기업의 완성도 높은 기획력과 기술력, 그리고 제작역량을 바탕으로 현지화된 콘텐츠를 고려하여 제작하고 성공한 사례라고 할 수 있다.

7장

문화예술

프랑스 식민지배 기간에 프랑스의 오페라하우스를 그대로 옮겨다 놓은 오페라하우스가 베트남의 3대 도시인 하노이, 호찌민, 하이퐁에 하나씩 건설되었다. 이 극장들은 아름다운 아치형 디자인과 프랑스식 콜로니얼 건물로써 도시의 랜드마크의 역할을 하고 있으며, 당시에 상류층의 문화생활 향유공간으로 기여했지만, 오늘날은 품격 있는 공연장으로써 다양한 형태의 공연을 펼침으로써 시민들의 문화생활의 질을 높이는데 기여하고 있다.

01
공연예술

/

"공연예술시설 대부분은 건립기간이 오래되었고 부대시설이 매우 열악하며
정부에 대한 의존도가 매우 높다."

1) 공연시설

베트남은 국립극단, 국립극장, 지방 정부 소속의 약 130여개의 극단이 존
재한다. 그 밖에 정부의 지원을 일부 받거나, 전혀 받지 않는 민간 극단 및 민
간단체도 약 500여개 존재하는 것으로 알려지고 있다. 이들은 대개 하노이와
호찌민에 위치하고 있고, 일부는 다낭, 후에 등 중부 지방에 위치한다.

베트남의 공연예술시설 대부분은 건립기간이 오래되었고 부대시설이 매
우 열악하다. 과거 프랑스, 소련과 같은 강대국이 직접 건설했거나 사회주의
정부의 지원으로 설립된 극장들이어서 정부에 대한 의존도가 매우 높다. 그
러나 최근 정부의 정책전환에 따라 지원이 점차 줄어들면서 낡고 고장 난 시
설이나 장비를 새롭게 보수하거나 교체하지 못하는 시설이 늘고 있다. 하노
이나 호찌민과 같은 대도시는 물론 지방 중소 도시는 말할 것도 없다.

문화원은 수도인 하노이에서 주로 공연을 하지만 호찌민에서도 종종 공연

을 한다. 연간 몇 차례는 하이퐁, 다낭, 달랏 등 중소도시를 순회공연 한다. 수준 높은 공연을 위해 대도시에서도 음향장비 등 일부는 외부에서 임차해서 쓰는 경우도 있지만, 지방 중소도시에서는 대부분의 장비를 대도시에서 임차해 가지고 가야한다. 그러나 극장에서는 노후화된 장비라도 자신의 장비를 사용할 것을 강력히 요청해서 임차한 장비를 쓰지 못하고 다시 가져가는 경우도 있다. 이런 문제점을 미리 꼼꼼하게 체크하지 못하면 예상치 못한 상황이 발생할 수 있으니 세심한 주의가 필요하다.

하노이에서 이용 가능한 주요 공연장은 국립컨벤션센터3,500석, 베소우호궁전1,100석, 어우꺼예술센터800석, 오페라하우스598석 등을 꼽을 수 있다. 국립컨벤션센터는 2006년 개관하여 비교적 최근에 현대식으로 지어진 건물이며 관객의 수용공간이 넓어 활용도가 높다. 사회주의 국가의 주요 정치행사인 당대회가 이 장소에서 열리며, 2009년 이명박 대통령의 국빈 방문기간 중 이 장소에서 '한국과 베트남 주간행사가 열렸다. 2005년에는 케니 지의 섹스폰 공연, 2006년 5월에는 오바마 대통령의 연설이 있었던 장소이다.

1985년 개관한 베소우호궁전은 (구)소련의 노조중앙회의가 베트남 노조에게 선물로 지어준 건물이다. 이 건물은 1천석이 넘는 좌석을 갖고 있고, 세미나실 등 다양한 공간을 보유하고 있어 활용도가 높지만 30여 년이 넘는 기간 동안 시설보수나 음향 장비 등의 교체 등이 원활하게 이루어지지 않아 사전점검이 필요하다. 어우꺼 예술센터는 비교적 최근에 지어진 건물로써 음향이나 조명시설이 상대적으로 양호하여 추가비용이 들지 않고 800석이 넘는 적당한 규모의 좌석을 갖고 있어 활용도가 가장 높다. 문화원에서 가장 선호하는 극장이라고 할 수 있다. 최근에는 교민사회에도 많이 알려지면서 이용도가 높아지고 있다.

프랑스 식민지배 기간에 프랑스의 오페라하우스를 그대로 옮겨다 놓은 오페라하우스가 베트남의 3대 도시인 하노이, 호찌민, 하이퐁에 하나씩 건설되었다. 이 극장들은 아름다운 아치형 디자인과 프랑스식 콜로니얼 건물로서 도시의 랜드마크의 역할을 하고 있으며, 당시에 상류층의 문화생활 향유공간으로 기여했지만, 오늘날은 품격 있는 공연장으로써 다양한 형태의 공연을 펼침으로써 시민들의 문화생활의 질을 높이는 데 기여하고 있다.

호찌민에는 주로 벤타인 극장Ben Thanh Theater과 화빙극장Hoa Binh Theater 등이 있으며, 다낭은 쭝 브엉Trung Vuong극장이 대표적인 문화예술시설이다.

2) 수상 전통뮤지컬—통킹의 정수 The Quintessence of Tonkin

호수 위의 대자연을 무대로 삼은 베트남 전통공연이다. 요즘 하노이에서 외래 관광객들에게 많이 알려지고 있는 공연이다. 한국말로 하면 '통킹의 정수'라고 풀이할 수 있는데, 통킹은 베트남 주류민족의 문화가 지배하는 북부 홍강 유역을 가리키는데, 이 공연은 홍강 델타의 독특한 문화와 예술혼을 담고 있다. 이 공연은 시각과 청각을 입체적으로 느낄 수 있도록 현대적이고 창의적인 도구와 방식을 도입하여 관중들에게 장엄하면서도 신선함과 역동성을 안겨주고 있다. 호수 위에서 야간의 조명효과가 더해지면서 더욱 환상적인 장면을 연출한다. 무대가 크기 때문에 많은 전문무용수가 필요하지만 지역주민이나 학생들도 공연에 참여하기도 한다.

공연 장소는 하노이 중심에서 20킬로 정도 떨어져 있는 꾸옥 와이현이다.

(주소: Baara Land, Làng Đa Phúc, Quốc Oai, Hà Nội)

공연의 대략적인 내용은 통킹지방의 자장가와 민요를 모티브로한 오프닝을 시작으로 베트남 불교의 전파과정, 과거시험을 보는 응시자 이야기, 전통악기를 연주하는 4명의 요정 이야기 등이 나오고 마지막으로 평화와 축제를 표현함으로써 공연이 끝난다. 공연은 상시로 이루어지면 저녁 7시 30분에 시작하기 때문에 공연에 앞서 저녁식사도 제공한다.

베트남 전통의 장엄한 대서사시 통킹의 정수: 호수 위의 대자연을 무대로 삼은 베트남 전통공연이다.

3) 넌버벌 서커스쇼–랑또이쇼 Lang Toi show

한국에 난타가 있다면, 하노이에는 랑또이쇼라고 할 수 있을까! 랑또이는 '나의 마을'이라는 베트남어이다. 대나무와 아이들이 많은 농촌마을의 일상적인 삶을 주로 대나무를 사용하여 곡예를 하고 이국적인 악기로 연주를 한다. 아크로바틱과 저글링 등을 통해 박진감 넘치는 공연을 통해 관객들의 시선을 집중시킨다. 관객들 대부분은 서양인들이었지만 한국 관광객들도 더러 눈에 띄었다. 이제 한국관광객들에게도 점점 알려지고 있는 공연으로 보인다.

1992년 베트남인 최초로 태양의 서커스단원으로 공연한 뚜안레(Tuan Le) 감독이 총연출하였다. 투안레 감독은 또한 아오쇼(A O Show)를 만들어 지금은 호치민 오페라하우스에서 정기공연하고 있다. 랑또이쇼는 유럽을 순회한 최초의 베트남 대나무 서커스 공연으로 프랑스 스페인 등 여러 국가에서 300

Lang Toi쇼는 유럽을 순회한 최초의 베트남 대나무 전통서커스 공연으로 정감이 있고 박진감과 스릴이 넘친다.

여 이상 공연된 작품이다. 랑또이 공연은 거의 매일 6시부터 7시까지 1시간 동안 실시되며 장소는 하노이 오페라하우스와 베트남 뚜엉극장에서 번갈아 개최되기 때문에 예약이 된 경우 미리 장소를 정확하게 알아야 한다.

하노이 오페라하우스 - 01 Trang Tien St, Hoan Kiem District, Hanoi
(호암끼엠에서 차로 6~8분거리)

베트남 뚜엉 극장 - 51A Duong Thanh Street, Hoan Kiem Dist., Hanoi
(호암끼엠에서 도보로 10~11분)

이 공연에 대해 관심이 있는 사람은 미리 예약하면 좋다. 예약하는 방법은 다양하다. 공식 홈페이지에 들어가서 미리 예약해도 되고, 호텔에 도착해서 예약해도 된다. 아니면 오페라하우스 현장에서 당일 예약도 가능하다.

공식 홈페이지 : https://www.luneproduction.com/my-village

4) 대형 뮤직콘서트

최근 베트남에서 현대음악 콘서트가 빠르게 증가하고 있다. 2013년도 12월에는 오페라하우스 인근 유명 카페에서 일주일간 야외 클래식콘서트가 개최되었다. 그 당시 베트남에서는 야외행사를 금지하는 분위기여서 나 역시 흥미롭게 관람했다. 현대음악 축제나 대규모의 야외 콘서트를 찾아보기도 어려운 시기였다. 그러나 베트남에서도 문화소비욕구가 커지면서 문화시장을 대외에 개방하기 시작하였고 문화예술공연계에도 새 바람이 불어오고 있었다.

2014년 10월에는 하노이 중심, 넓은 왕궁터에서 한국, 덴마크, 프랑스, 벨기에, 일본 등의 DJ, 밴드 등 100여 명이 참가한 최초의 국제음악콘서트Monsoon Music Festival를 개최하였다. 이 축제는 3일간 계속되었고 3만여 명의 관객을 동원한 대규모 행사였다. 이 콘서트는 베트남 현대음악 분야 최고의 프로듀서로 유명한 응웬 꾸옥 쭝Nguyen Quoc Trung이 총감독을 맡았으며, 베트남 정부의 공식 후원을 받았다는 점에서 의미가 컸다.

정부가 지원하는 뮤직콘서트 이외에도 민간차원에서 의미 있고 실험적인 현대음악을 선보이는 사례도 증가하고 있다. 작곡자 쩐 킴 응옥Tran Kim Ngoc이 2012년에 세운 실험예술공간인 Dom Dom반딧불에서는 실험음악을 주축으로 다양한 실험예술을 선보이는 최초의 독립음악공간으로 자리매김 하고 있으며, 음악 및 예술 전문가들과 젊은 작곡가, 음악인들의 강연과 교육프로그램 등 다양한 활동을 펼치고 있다. 또한 2013년도부터 2년에 한 번 하노이 신 뮤직페스티벌Hanoi new Music Festival이라는 실험음악공연을 개최하고 있다. 첫 페스티벌에는 하노이의 공공장소와 극장들에게 다양한 실험음악 공연이 진행되었으며, 실험적인 음악이 생소한 베트남에서 1회 축제로는 성공적인 3천여 명의 관객 동원과 베트남을 비롯하여 스웨덴, 덴마크, 영국, 독일, 이탈리아, 프랑스, 노르웨이 등 8개국 50여 명의 작곡가와 아티스트가 참가했다.

하노이 신 뮤직 페스티벌은 베트남의 신진실험예술을 증진하고 해외 아티스트들과 베트남 국내의 작곡가 및 아티스트들과 협업을 지향하는 실험음악축제로 주목받고 있다. 운영자금의 경우 대부분 돔돔이 부담하고 있으며 기타 해외문화원 및 비영리 단체의 후원으로 진행되었다.

베트남에서 공연시장이 발달하면서 경험있는 공연기획자가 나타나고 장비와 기술의 전문성이 높아지고
있다. 몇 해 전만해도 대규모 야외집회가 허용되지 않았던 분위기가 반전되면서 정부가 후원하는 대형콘
서트가 정례적으로 개최되고 있다.(사진: Petro times newspaper, Vietnam)

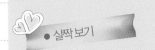

베트남 공연예술 지형도

정부등록 문화예술기관 분포

베트남의 지형은 남북으로 길게 뻗은 알파벳 'S'자를 닮았다. 해안선 길이만 3,444㎞에 이르고, 폭도 좁고 길다. 크게 보자면 북에는 문화 · 역사 · 정치의 중심지인 수도 하노이가 남에는 경제중심지인 호찌민시가 있다.

두 도시는 베트남의 N극과 S극처럼 서로 한 몸이지만 다른 발음을 하고 다른 경제상황 아래, 다른 문화적 베이스를 만들어 왔다. 인구의 상당수가 사는 이곳에는 베트남의 주요 기관들이 몰려있고 문화예술기관, 극장, 갤러리도 크게 북부하노이, 중부후에, 다낭, 나짱, 남부호찌민를 기점으로 집중되어 있다.

베트남 문화예술기관은 국가에서 관리 · 감독하는 정부 등록기관과 일부 민간에서 운영하는 영리 · 비영리 기관 그리고 해외공관이 운영하는 문화원 또는 문화재단 등으로 구성된다. 그 중 사회주의국가이기 때문에 정부에 등록되어 있거나 일부 민간으로 넘어갔어도 여전히 정부의 관리 하에 있는 기관 및 협회는 예술계의 중축이라고 할 수 있다.

베트남에서 예술활동을 하려면 반드시 이들 기관을 거치지 않고는 불가능한데, 이는 모든 공연이나 전시가 사전검열을 거쳐 라이센스를 등록하고 허가를 받아야 하기 때문이다. 이를 관장하는 상위 기관으로 베트남 문화체육관광부Ministry of Culture, Sports and Tourism of Vietnam가 있는데, 크게는 공연예술국, 사진미술전시국, 문화유산국 등으로 구성되어 있다. 대부분의 극장과 박물관 등이 포함된 60여 곳 이상이 이곳 산하기관이며, 그 외에 상업갤러리와 비영리 독립공간으로써의 문화예술기관 및 단체들로 나눌 수 있다.

하노이 VS 호찌민시ㅣ베트남 시각예술지형도

하노이와 호찌민시는 지형적으로 멀고 역사적 배경도 다르기 때문에 두 도시간의 차이는 지극히 당연하다. 신기한 건 경제적 여유가 있는 호찌민시의 문화예술이 더 활성화되었을 것 같지만 그렇지 않다는 점이다. 국가가 운영하는 기관들 이외 상업갤러리는 하노이와 비교할 때 거의 전무하다 싶을 정도이다. 그런 연유에는 경제적 부를 아직은 고가의 차량 등에 소비하는 편이 문화적 소비보다 더 익숙한 탓일 것이다.

어찌됐든, 두 도시의 문화예술적 토양은 질적으로 다르기에 존재하는 기관들의 성격을 파악하면 보다 더 쉽게 이해될 수 있다. 하노이에는 박물관, 미술관, 상업갤러리 등이 상대적으로 많지만 자율적 활동을 하는 현대예술독립공간이나 아트그룹들은 매우 적다. 이와 반대로 호찌민시의 경우 문화예술기관과 상업갤러리는 현저히 적지만 자율적으로 운영되는 비영리 독립공간은 많다. 하노이의 경우, 냐산스튜디오, 만지 아트 스페이스Manzi Art space 등 한 두 곳에 그치지만, 이 역시도 경제적 이유로 카페나 바와 갤러리를 병행할 수 밖에 없는 상황이다.

그렇지만 호찌민시에는 디아 프로젝트Dia Projects, 사오 라Sao La, 산 아트 Sàn Art, 제로스테이션Zero station/Ga 0등의 공간들이 있고 이들은 기금조성fund-raising을 통한 재원확보로 상업적 면을 가능한 배제하며 예술활동을 하고 있다. 남의 떡이 커 보인다고 했던가, 호찌민시의 예술가들은 상업이든 아니든 전시공간이 많은 하노이를, 하노이의 예술가들은 보다 자율적인 호찌민시의 예술적 분위기를 서로 부러워한다.

전통과 현대, 공연예술의 과도기 | 베트남 공연예술 지형도

"주로 여가시간에 무엇을 합니까?", "글쎄요……. 차 마시고 수다 떨고요."

베트남에는 여가를 즐길만한 문화콘텐츠가 굉장히 적다. 영화관, 극장, 박물관, 미술관 등이 있지만 차분히 문화를 즐기기에는 비용 부담도 크고 먹고 사는 것만으로도 버거운 실정이다.

대졸자 임금수준이 약300~400$ 수준에 불과하지만, 이에 비해 영화비는 10$, 공연관람비는 30$ 수준이다. 조금씩 베트남의 경제가 나아지고 인터넷 보급의 확산으로 문화적 다양성에 접근하는 사람들이 많아지면서 더 나은 예술에 대한 수요도 늘어나고 있다.

공연예술단체의 분포 역시 하노이와 호찌민시에 주로 위치하지만 역사가 깊은 중부지역에서 운영되는 공간들도 제법 있다. 대표적인 공연예술단체로는 베트남전쟁중 예술로써 화합하고자 전선지역에서 시작된 중부지역의 응웬 히엔 딩 뚜엉 극장Nguyen Hien Dinh "Tuong" Theater, 이하 뚜엉 극장이 있고, 농경문화와 베트남의 기후적 특성이 결합되어 탄생한 하노이의 탕롱수상인형극장냐 핫 무아 로이 탕롱: Nhà hát múa rối Thăng Long이 있다.

뚜엉극장의 경우 전통공연예술인 뚜엉의 전문공연장인데, 이러한 전통공연장은 최근 노후하고도 열악한 환경과 고루한 프로그램으로 젊은층의 외면을 받고 있다. TV나 라디오 등에서 그들의 관심을 모으고자 전통공연예술이나 연극 등을 매일 방영하고 있으나 이 역시도 반응이 시원찮다. 그래서 최근 공연예술기관과 단체는 전통적 프로그램을 현대적으로 재구성하고, 프로그램 다양화에 대한 고민에 빠져 있다.

글쓴이: 편형미(2015, 문화예술전문가)

02

미술분야

/

"2천년대에 들어오면서 베트남의 현대미술은 젊은이들을 중심으로 세계 조류에 따라
창의적인 종합예술에 도전하려는 사례가 많아지고 있다."

1) 베트남 회화의 역사

베트남에서 현대회화의 발전과정은 크게 세 단계로 구분해 볼 수 있다.

첫 번째 단계는 1925년 프랑스인 타르디Tardieu의 후원에 의해 현대 회화의
선구자였던 남썬Nam Son: 1890-1973이 설립한 인도차이나 미술학교로부터 시
작된다. 이 학교는 1945년까지 20년간 존속하면서 128명의 졸업생을 배출하
게 된다. 이 중에서 터 응옥 번To Ngoc Van, 응우엔 지아 찌(Nguyen Gia Tri, 부이
수언 파이Bui Xuan Phai, 응우엔 쌍Nguyen Sang, 응우엔 판 까인Nguyen Phan Canh,
응우엔 뜨 응이엠Nguyen Tu Nghiem 등이 베트남 현대회화를 대표하는 거장들
이다. 특히, 이 미술대학에는 초대학장이던 프랑스 화가 빅토르 타디앙Victor
Tardien의 호의적인 지원에 의해 베트남 전통 옻칠을 연구하는 특별 과정이 만
들어지고 쩐 반 깐Tran Van Can, 응우엔 지아 찌Nguyen Gia Tri 등의 노력에 의해

전통공예품에 사용되던 옻칠기법을 서구적인 요소와 발전적으로 융합하면서 베트남의 래커인 오늘날의 썬마이Son mai라는 새로운 장르를 확립시키게 된다. 이 시기를 베트남 현대회화의 발아기 또는 형성기라고 부른다. 이 대학은 1945년 8월 베트남 현대회화의 산실인 하노이 미술대학으로 개칭되었다.

두 번째 단계로는 1945년 해방 이후 1975년까지는 현대회화의 발전기로 보고 있다. 사실상 1930년 이후 베트남 독립운동과정에서 사회주의 이론가들이 대두하여 "예술을 위한 예술"이란 순수예술관을 "예술은 혁명을 위한 것"이라는 사회주의 예술관으로 바꾸어 나갔다. 이러한 사회주의 미술시대는 해방이후 1970년대 중반까지 지속되었다고 보는데 이 시기에는 사상과 선전이 핵심을 이루었고, 미술은 민중에 가깝고 민중이 이해할 수 있도록 하라는 당의 지침에 따라 공업, 농업, 군대, 호찌민 주석 등 공동생활이 작품의 주제가 됨에 따라, 개인의 창의적인 개성이나 작품성은 크게 발전하지 못하게 되었다. 이 시기에는 두 차례의 식민지 전쟁, 사회주의 체제의 확립 등 역사적 격동과 정치체제의 혼란으로 인해 미술계도 사회주의 성향을 보여주면서도 각 지방의 고유한 성향들이 심화되는 기간이 되었다.

이 시기에 특기할 만한 사항은 순수예술을 지향하는 미적 휴머니즘 운동이 발생하여 베트남 문화계에 충격을 안겨준 것이었다. 1955년부터 1957년간 시인 쩐 단Tran Dan과 홍지암Hong Giam, 화가겸 작곡가인 반 까오Van Cao, 화가 부이 수언 파이, 즈엉 빅 리엔Duong Bich Lien, 응우엔 쌍 등이 미적 휴머니즘을 일으켰다. 이에 대해 공산당과 정부는 예술과 정치를 분리시키고자 한 이들의 요구를 묵살하고 이들 중 몇 명은 감옥과 탄광에 보냈고 일부는 사상교육을 받게 했다. 오늘날 많은 내외국인 비평가들로부터 절대적인 찬사를 받고 있는 부이 수언 파이1920-1988도 당시 하노이 미술대학 교수직에서 해임되었고, 1984년까지 가택연금 처분을 받게 되었다. 그는 세상을 떠나기 4년 전에야 가택연금에서 풀려나 하노이에서 감격어린 전시회를 개최할 수 있었다.

마지막 단계로는 1975년도 이후 개혁개방 시기를 거쳐 현재에 이르는 기간은 흔히 현대회화의 난숙기라고 일컬어지는 시기이다. 이 시기는 정치적 통일을 달성한 이후 남북간의 문화적 이질성을 극복하려는 노력이 활발하게 펼쳐졌다. 국가의 재통일을 이룩하고 정치적 안정기에 접어든 1984년도까지 사회주의적 사실주의가 대세를 이루어 나가면서도 점차적으로 다른 세계의 미술사관을 수용하려는 움직임도 나타나고 있었다.

1986년 개혁 · 개방정책인 도이머이Doi Moi의 추진으로 문화적 통제가 완화되어 작가들의 자유로운 전시가 허용되었고 그림 소재의 선택도 화가들에게 맡겨졌던 시기라고 할 수 있다. 작가들은 금지되었던 추상화를 다시 그릴 수 있게 되었고 보다 광범위한 소재를 다룸으로써 창의력을 최대한 발휘할 수 있었다. 다수의 화가들은 외국에서 초대전을 갖기도 하고 베트남 회화만 전문적으로 전시하는 외국의 화랑도 생겼다.

봇물처럼 터져 나온 창의성이 높은 회화작품을 통해 외국의 미술평론가들은 동양과 서양, 전통과 현대, 살아온 역사적 과정을 예술적으로 승화시킨 베트남 현대미술을 높이 평가하였다. 이 시기에는 응우엔 쌍, 응우엔 뜨 응이엠, 부이 수안 파이 등 1930~40년대부터 활동해 온 작가들이 실험적인 주제를 가지고 개인전을 개최하면서 명성을 얻게 되었다. 특히, 도이머이 미술시대에서 활약을 펼친 화가들을 좀 더 구체적으로 열거해 보면 다음과 같다.

도이머이 시대의 성향에 따른 작가 구분

작가 성향 구분	대표 작가 이름
사회주의 사실화를 그렸던 60대 작가들이지만 1980~90년대 들어와서 벗어난 작가	Dang Thi Khue, Thanh Chuong, Luong Xuan Doan, Le Huy Tiep, Kim Thai, Nguyen Trung
40~50대로 사회주의 사실화에 대한 교육을 받았지만 졸업후 자기만의 독특한 개성을 표현한 작가	Dang Xuan Hoa, Hong Viet Dung, Le Thiet Cuong, Dao Hai Phong, Le Quang Ha, Nguyen Thanh Binh
1990년대 이후 해외에서 공부했거나 해외 미술조류를 쉽게 접한 화가	Nguyen Van Cuong, Tran Hoang Co, Pham An Hai, Dinh Cong Dat, Nguyen Minh Thanh 등

2000년대에 들어오면서 베트남의 현대미술은 젊은이들을 중심으로 세계조류에 따라 창의적인 종합예술에 도전하려는 사례가 많아지고 있다. 하노이 출신이면서 호찌민에서 활동하는 응웬 마이 훙Nguyen Mai Hung은 그림, 조각, 큐레이팅, 실험적 현대음악공연 등 복합적인 예술활동을 성공적으로 펼치고

있는 젊은 작가이다. 팜 응옥 하 링Pham Ngoc Ha Linh은 설치, 회화, 영상 작업 등 여러 형식의 작품 활동을 하고 있고, 설치조형작가 쩐 둑 쿠이Tran Duc Quy 등도 창의적인 실험예술을 시도하는 젊은이로서 눈여겨 볼만한 작가들이다.

베트남 화가들이 역사적 격변기를 겪으면서 예술적 성취를 위해 험난한 행로를 걸어 왔음에도 불구하고 그들이 그림에 등장하는 하노이의 거리는 고전적이면서도 평화롭게 묘사되어 있다. 여기에는 조용히 옛 추억을 회상하며 조국의 자유와 평화를 기원하는 작가의 애절한 소망이 담겨 있다. 베트남 화가들은 외부세계와 자연을 거울에 비추려는 시도보다는 그림의 자주성에 중점을 두어왔다. 베트남 현대회화에서는 단순화된 형태, 감정적인 힘을 담고 있는 색상, 서정적이면서도 표현적인 예술세계를 접할 수 있다. 결국 예술은 재현이 아니라 표현이라는 명제를 충실히 추구하고 있다고 말할 수 있다.

2) 베트남의 옻칠회화, 썬마이(Son mai)

2015년도 11월 30일 오후 베트남 국립미술관 마당 정원에서 개최되는 한-베 옻칠회화전의 개막식에 베트남미술계에서 가장 영향력이 있다는 쩐 카인 쯔엉Tran Khanh Chuong 베트남 미술가협회 회장, 르엉 쑤안 도안Luong Xuan Doan 부회장, 문화체육관광부 비 끼엔 타인Vi Kien Thanh 미술사진전시국장, 레 반 쓰우Le Van Suu 베트남 국립미술대학총장, 현대 최고의 권위자 리 즉 썬Ly Truc Son과 같은 화가들을 포함하여 주요인사 60여 명이 모여들었다. 한국에서는

베트남 현대회화의 특징은 썬마이(Son mai)라는 래커(Laquer, 옻칠회화)가 회화장르의 중심으로 발전한 것이다. 썬마이는 1920년대부터 일부 화가들이 전통옻칠기법을 서구적인 요소를 발전적으로 융합하면서 탄생하였다.(현존하는 중견화가 레 반 틴Le Van Thin의 '여인')

통영옻칠미술관 김성수 관장이하 13명의 화가들이 참석하였다.

사실 이분들은 베트남에서 가장 유명세를 타고 있는 예술가들이며 가장 바쁜 기관장들인데도 불구하고 개막식에 모두 참석하여 한국옻칠에 대한 호기심과 양국 간 옻칠교류에 대한 기대감을 표명하였다. 그러면 이분들의 관심과 기대감을 갖게 한 것은 무엇인가?

한국의 옻칠Ottchil은 영어로는 라커Lacquer, 베트남에서는 썬마이Son mai라고 부르는데, 한국에서는 옻칠회화가 독립된 장르로써 발전하지 못하고 있는

현존하는 최고의 작가 타인 쯔엉Thanh Chuong의 소년과 물소

반면에 썬마이는 1920년대 인도차이나 미술대학에서 처음 시작되어 그동안 90년의 역사를 통해 베트남 미술분야에서 독립적인 장르이면서 주류의 위치를 확고히 하고 있다. 썬마이는 현지 문화와 자연적 환경에 맞는 다채로운 색감과 독창적인 표현으로 인해서 일반인은 물론 외국 수집가들에게 인기 있는 장르가 되었다.

베트남에서 썬마이가 발달한 요인들을 좀 더 살펴보면, 습기가 많은 아열대성 날씨로 인한 방수나 방부작용과 같은 내구성을 고려해야 하고, 산지가 많은 농경국가로써 재료구입이 어렵지 않았다는 점과 농경문화의 관습이 건조를 위해 인내와 끈기가 필요한 작업의 특성에 적절했다고 볼 수 있다. 최근에는 썬마이에 많은 변화를 보여준다. 주제도 전통과 현대를 넘나들면서 사실화와 추상화로 발전하고 있으며, 장르에 있어서도 회화와 공예의 영역을 넘나드는 창의적 실험을 지속하고 있고, 해외전시, 국제교류전 등 다양한 홍보활동도 활발히 진행되고 있다. 이러한 점에 착안하여 문화원에서는 한국예술경영지원센터에 신규프로젝트 공모안을 제안하였고 이 공모사업에 통영

옻칠미술관이 선정되면서 2015년도 11월 최초로 한-베 옻칠문화교류전을 개최하게 되었다. 이 프로젝트는 단순히 공동 전시만 하는 것이 아니라 양국 화가들이 직접 참여하는 워크숍도 개최하였는데, 참가자들의 뜨거운 열기로 마무리 되었다. 이를 바탕으로 통영미술관은 한 단계 발전된 프로젝트를 추진했는데, 2016년 8월 30일 한국, 중국, 일본 그리고 베트남의 작가들을 초청하여 국제현대옻칠아트전을 성공리에 마무리하였다.

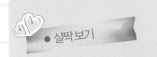
베트남 문화체육관광부
조직과 기능

베트남에서 문화예술업무를 담당하는 부처는 한국과 똑같은 이름을 가진 '문화체육관광부Ministry of Culture, Sports and Tourism'이다. 문화체육관광부는 총리령에 의해서 문화Culture, 가족family) 신체훈련physical training 및 스포츠sports, 관광tourism에 관련한 공공서비스업무를 총괄·수행하는 중앙정부기관이다.

문화분야 관련 담당 부서는 공연예술국Department of Performing Arts, 미술사진전시국Department of Fine Arts, Photography and Exhibition, 영화국Department of Cinema, 저작권국Department of Copyrights, 문화유산국Department of Cultural Heritages, 도서국Department of Library, 전통문화국Department of Traditional Culture 등이다.

베트남은 소수민족을 우대하는 국가이며 소수민족의 문화를 존중한다. 오늘날 소수민족의 문화가 관광자원으로 중요한 역할을 하기 때문에 베트남 토착문화관광민속촌Vietnam Village for Ethnic Culture and Tourism)라는 특별부서를 부처내에 설치·운영한다. 이 외에도 한국문화원의 사업파트너라고 할 수 있는 준독립부서로는 관광총국Administration of Sports과 체육총국Administration of Sports이 있다. 베트남 정부조직에서는 한국정부와 다른 대외협력국International Cooperation Department이라는 매우 중요한 부서가 있다.

대외협력국은 사실상 장관의 직속기관으로서 다른 부서의 대외협력에 관한 업무를 총괄 및 조정한다고 보면 된다. 문화원은 문화체육관광부의 대외협력국과 가장 가까운 업무관계를 갖고 있으며, 유관 부처의 대외협력국과 교류관계를 유지하고 있다. 구체적인 조직과 기능에 대한 설명은 별도로 첨부하였다.

8장

관광산업

베트남에서 지역축제의 대부분은 전통축제라고 할 수 있지만, 최근 베트남에 자본주의 기반의 산업화가 진행되면서 현대적인 의미의 산업형 축제도 많이 생성되고 있는 것으로 보인다. 전통축제는 자연환경과의 대응관계에서 발생한 축제, 둘째는 정치사회환경을 극복하는 과정에서 발생한 축제 마지막으로는 공동체의 통합을 위해 개발된 축제 등으로 구분해 볼 수 있다.

01
관광산업개황

/

"베트남 관광산업은 2020년까지 1천만 명을 유치하고,
체류형 국내관광객은 4천8백만 명을 목표로 잡고 있으며,
관광수입은 180억달러에서 190억달러 달성을 목표로 삼았다."

최근 외국 관광객들이 베트남으로 몰려오고 있다. 대도시인 하노이, 호찌민은 물론 청정 바다와 부드러운 모래 해변으로 유명한 관광도시 다낭Da Nang과 역사도시 후에Hue, 프랑스가 개발한 휴양도시 나짱Nah Trang, 연중 선선한 날씨를 보여주는 산악도시 달랏Dal lat, 남부 호찌민에서 멀지 않은 휴양지 붕따우Vung Tau, 최남단 청정지역인 푸꾸억Phu Quoc, 탐험과 휴양을 겸할 수 있는 무이네Mui Ne사막까지 가는 곳마다 관광객들이 넘쳐난다.

그 밖에도 아시아 최대의 돌산 아래 강이 흐르고 있어 세계적으로 유명해진 동굴 퐁냐케방Phong Nha Ke bang, 민족의 영웅 호찌민의 생가가 있는 응에안성, 해발 1,500미터의 산악지대에서 계단식 논을 일구면서 살아가는 소수민족의 산악도시 사파Sa Pa, 최근 케이블카를 설치하여 정상까지 쉽게 접근할 수 있는 인도차이나의 지붕으로 불리는 판시판Fansipan, 3,143m 등 북부지방에 이르기까지 관광객들의 발길이 닿지 않는 곳이 없다.

최근 통계자료에 의하면 미국, 유럽 등 서양인들이 아시아의 관광대국인 태국에서 베트남으로 발길을 돌리고 있는 것으로 보인다. 미국인들은 과거 전쟁을 치렀던 나라의 전후 상황에 대한 호기심이 있어 찾아오고, 프랑스, 독일 등 유럽인들은 아직 프랑스 통치 시절 건축양식 등이 전국에 남겨져 있어 아시아와 유럽의 문화가 공존하는 독특한 분위기에 매료되어 찾아온다고 한다. 현실적으로는 태국 등 인근 국가에 비해 여행 경비가 저렴한 것도 매력적인 요소라고 할 수 있다.

프랑스는 식민지 통치시절에 전국에서 가장 선선한 지역이나 아름다운 해안지역을 선택하여 자신들의 휴양지로 개발하였다. 최북단의 사파, 하노이에서 가까운 산악마을 탐다오Tam Dao, 다낭의 바나힐Banna Hill 정상에도 프랑스가 마을을 세웠다. 특히, 바나힐은 베트남 기업인 썬SUN그룹이 인수하여 오래된 시설을 교체하고 새롭게 단장하여 관광지로 운영하고 있다. 남부지방 나짱La Trang이나 붕타우Vung Tau 등도 프랑스가 통치기간에 조성한 휴양지를 다시 단장하여 오픈한 관광지라고 할 수 있다. 관광산업 육성에 혼신의 힘을 기울이고 있는 베트남 정부는 오래된 휴양지를 다시 개발하기 위해 국내외 기업들의 투자를 독려하고 있다.

베트남에는 가 볼 만한 축제가 많이 있다. 베트남 관광청은 연간 전국에서 펼쳐지는 축제가 500개가 넘는 것으로 추산하고 있다. 그러나 2000년 하노이

문화예술지가 발간한 〈베트남 전통축제 총람〉은 전국적으로 209개의 축제를 선정해서 소개하고 있다. 여기에서 소개된 축제는 베트남의 역사와 풍습을 반영한 전통축제이며 오늘날까지 원형을 유지하면서 전승되는 사료적 가치가 충분한 축제라고 할 수 있어 매우 흥미롭다.

축제의 대부분은 흥부엉왕, 쩐흥다오장군, 하이바쯩 자매 등 민족의 영웅을 수호신으로 모시고 공덕을 기리는 추모제 성격이 강하고, 농경문화를 바탕으로 자연에 대한 경외심과 마을사람들의 단합을 위한 축제로 구성되어 있다. 이는 베트남이 역사적으로 전쟁이나 재난 등 국가적 위기가 많아서 이를 극복하기 위해 전통 축제가 생성된 것으로 보인다. 최근에는 지역특산물을 기반으로 개발한 꽃 축제달랏, 커피축제부온마투옷, 차축제타이 응우옌, 불꽃축제다낭, 바다축제냐짱 등 관광산업형 지역특산물축제가 개발되고 있다.

베트남 정부는 최근 관광산업육성을 위한 정책적 지원을 아끼지 않고 있다. 2014년도 발표된 베트남 관광청의 보고서에 의하면, 베트남 관광산업은 2020년까지 1천만 명을 유치하고, 체류형 국내관광객은 4천8백만 명을 목표로 잡고 있으며, 관광수입은 180억달러에서 190억달러 달성을 목표로 삼았다. 그리고 관광분야의 고용인력은 직접 고용인력 87만 명을 포함하여, 3백만 명을 고용한다는 목표를 내세우고 있다. 베트남 관광청에 의하면, 베트남의 관광수입은 지난 2013년부터 2017년까지 26.4% 성장하여 2017년에는 220억 달러를 기록했다. 외국인 관광객은 2013년부터 2017년까지 연평균 14.1%

증가하였으며 2017년에는 1,290만 명을 기록하였고, 내국인 관광객은 2013년부터 2017년까지 연평균 18.9% 증가하였으며 2017년에는 7,000만 명을 기록함으로써 당초 베트남 정부의 목표치를 훨씬 뛰어넘는 성과를 달성하였다. 더 나아가서, 2018년도 베트남을 찾은 외래 관광객은 15,497,791명을 기록하면서 한국의 외래 관광객 수를 뛰어넘었다. 지난 2014년도 7천8백만 명이던 외래 관광객 수가 4년만에 100% 가까이 증가한 셈이다. 한국은 2013년도에 외래 관광객이 12,175,550명, 관광수입은 약 145억 달러였으나, 5년이 지난 2018년도에 외래 관광객 15,346,879명을 기록하였고 관광수입은 152억 달러에 머물면서 정체상태를 면치 못하고 개발도상국 베트남에 추월을 당했다. 그동안 우리나라가 관광 선진국을 지향하며 쏟아부은 노력과 예산이 허사가 되지 않을까 우려된다. 그 원인의 철저한 분석과 앞으로의 대책이 요구된다.

베트남에서 2018년도 외래 방문객 중에서 한국 방문객3,485,406명은 일본 방문객826,674명, 미국 방문객687,226명을 크게 앞서고, 중국 방문객4,966,468명 다음으로 많아서 정부에서는 한국 관광객의 유치를 위해 노력하는 편이다. 그러나 놀랍게도 2019년도 초반인 4월까지 기록을 보면, 한국인 관광객1,445,879명과 중국인 관광객1,707,819명이 근소한 차이를 두고 경쟁을 벌이고 있어 연말 귀추가 주목된다. 그만큼 베트남은 한국인들에게 관광매력지로 널리 알려지고 있으며, 그 대상지역은 하노이와 호찌민 등 대도시 중심에서 다낭, 나짱 등 중부지역으로 확산되고 있다.

베트남 정부는 외래 관광객 유치를 위해 관광국가 이미지를 브랜드화하기 위해 관광슬로건을 개발하여 전략적으로 홍보하고 있다. 이를 위해 한국 등 아세안 국가들이 선도적으로 추진하고 있는 선례들을 연구해서 이를 적절하게 활용하고 있는 것으로 보인다. 현재 베트남의 관광슬로건은 '신명나는 베트남Exciting Vietnam'이다. 부대 슬로건으로서는 '안전하고 친절하면서도 매력적인 목적지A safe, friendly and attractive destination'이다.

최근 신뢰성 있는 국제 관광시장 조사단체에 의해 베트남 관광에 대한 투표결과를 살펴보면 베트남의 관광시장의 위상을 알 수 있다.

- 미국 포브스Forbes 잡지: 베트남이 2015년 세계에서 가장 가 볼 만한 10대 목적지 중 3위를 차지.
- 세계 여행 및 관광산업 시상식World Travel Awards: InterContinental Danang Sun Peninsula 리조트를 세계 최고 호화스러운 리조트로, Viettravel 여행사를 세계 최고 여행사로 선정.
- 미국 관광잡지 Travel and Leisure: 하노이는 아시아 10대 도시 중 7위를 차지했음.
- 영국 Telegraph 신문: 베트남을 2014년 세계에서 가장 관광할 만한 20대 목적지 중 하나로 선정.
- 유명 국제여행 웹사이트 Trip Advisor: 하노이Ha Noi가 2014년도 전 세계 10대 관광도시와 가장 인기가 많은 아시아 25대 관광목적지 중 하나로 선정되었으며 Asia Destination Awards 2014상 수상했음. 그리고 다낭Da

Nang은 2015년 가장 가 볼 만한 관광지 중 자리매김했음.

- 미국 웹사이트 Mymodernmet.com: 하롱베이Ha Long Bay가 세계에서 가장 아름다운 경치 7개 중에서 4번째 차지. 미국의 BuzzFeed: 세계에서 가장 아름다운 목적지 25개의 하나로 선정. Agoda.com: 하롱베이가 아시아의 8대 국립녹색공원 중의 4위로 선정.

- 뉴욕타임즈: 꽝빙Quang Binh - 2014년도 여행객들에게 추천할 만한 52개 목적지중 8위, 네셔널 지오그래픽잡지 - 손 둥Son Doong 동굴은 세계에서 가장 믿기지 않는 동굴 중 12위.

- TripAdvisor: 베트남 3개 호텔 (Serene Ha Noi, Holiday Diamond Hue and Essence Ha Noi)은 2014년도 가장 뛰어난 서비스를 제공하는 호텔 25개 중 하나로 선정.

- nternational Property Awards: 메리어트 하노이 호텔을 아태지역에서 최근에 지은 호텔중 가장 아름다운 건축디자인호텔로 선정.

- 동남아국가연합ASEAN은 2014-2015년도 기간중 후에Hue를 3개의 아시아 문화도시의 하나로 선정.

- 영국의 Rough Guides는 호이안Hoi An 고도 마을을 세계에서 가장 경이로운 목적지 20개의 하나로 선정.

- 여행 웹사이트 여행가격Price of Travel은 나짱Nha Trang을 여행객들이 가볼 만한 여름 휴양지의 하나로 선정 등.

베트남은 이러한 지속적인 관광수요를 고려하여, 관광기반시설, 즉 국제 수준의 리조트, 관광지, 호텔 등에 투자를 확대하고 있다. 관광 숙박시설은 332,000개의 객실(5성급 74개 호텔 18,300객실, 4성급 194개 호텔 24,400객실, 3성급 387개 호텔과 28,400객실)을 확보하고 있으며, 1,428개의 국제여행사와 8,728명의 국제관광가이드가 있고 관광분야 종사자 1.6백만 명^{직접고용자} ^{55만 명}으로 전국 노동자의 3.03%를 차지할 정도로 베트남에서 관광분야의 일자리는 점점 중요성이 커지면서 확대되고 있다.

베트남은 관광분야에서 우호적 환경을 조성하고 안정성과 안전을 보장하기 위하여 여러 가지 노력을 하고 있다. 관광환경의 안전성, 친절과 매력적인 관광지를 보장하기 위해, 2013년 9월 4일에는 총리형 no.18/CT-TTg를 발표하였고, 문화체육관광부, 당 위원회, 유관 부처, 지방정부와 긴밀하게 협력하고 있다.

"Exciting Vietnam"은 14개의 콘텐츠로 구성되어 있으며 문화체육관광부, 당 위원회, 각 부처, 지방 정부, 여행조직 및 여행사에 의해 실천되고 있다. 이 활동들은 베트남 항공, 사이공 투어리스트의 후원을 받고 있다.

베트남에서 추진하는 관광증진 활동들을 보면, 국내외 기자들에게 베트남 관광에 대한 명확한 정보 제공 및 소개, 베트남 관광의 잠재적 수요 국가(일본, 한국, 러시아, 인도, 인도네시아, 말레이시아, 싱가폴, 타이완, 프랑스, 미국 등)에 대한 팸투어 실시 및 이들 시장과의 관광 개발 프로그램의 연계추진, 국제관광박람회 개최 등이다.

참고로 베트남과 한국의 관광업무 담당 부처와 기관을 비교해 보면 다음과 같다. 베트남의 관광업무의 주무부처는 문화체육관광부의 준 독립부서인 관광총국Administration of Tourism이 담당하고 있고, 직속 산하단체로 베트남 관광협회the Vietnam Tourism Association가 집행부서라고 할 수 있다. 한국은 문화체육관광부 직속부서인 관광정책실이 있고, 산하단체로 공공기관인 한국관광공사와 특수법인인 한국관광협회중앙회가 있다. 베트남 관광협회는 관광총국의 산하단체로서 전국적인 규모의 관광전문조직이며, 내무부의 승인을 받아 설립된 조직이다.

이 협회의 회원조직은 베트남 호텔협회와 베트남여행협회가 있고 42개의 지방여행협회도 가입되어 있다. 동 협회는 도쿄 해외사무소도 개설했는데 유럽에서 추가 개설을 준비하고 있다. 동 협회의 주요 활동을 살펴보면, 우선 회원업체들의 관광홍보활동을 지원하고, 관광관련 기업과 단체 그리고 다양한 조직간의 상호 연계 사업의 활성화 지원, 회원의 인력 양성, 해외 관광조직과의 협력활동 지원, 베트남 관광업계를 대표하여 관광포럼의 지원 및 개발, 정부 정책이나 법령의 전파 및 실행 업무라고 할 수 있다. 또한 동 협회는 독립채산제로 운영하고 있으며, 대표적인 사업으로 매년 개최되는 베트남 국제관광마트the Vietnam International Tourism Mart(VITM)가 있다.

한국과 베트남의 관광정책 조직체계가 유사한 측면도 있지만, 다른 점도

있다. 특히, 중앙부처의 관광주무국이 베트남은 준 독립적 성격을 갖고 있는
관광총국이지만, 한국은 독립성이 없는 관광정책실이라는 것이다. 그나마 한
국은 최근 관광업무 최고책임부서장이 관광정책관에서 관광정책실장으로
직급이 상향 조정되면서 관광업무의 비중이 높아지게 되었다.

문화와 관광의 긴밀한 관계를 고려하면 한국식 조직체계가 타당한 측면이
있을 것으로 인식되는 반면, 최근 전 세계적으로 관광정책의 중요성이 부각
되고 있는 추세에서 베트남과 같이 준 독립기관으로써 위상을 강화할 필요성
에 대해 신중한 검토가 요청된다.

한국과 베트남의 관광조직체계 비교표

구분	한국	베트남
중앙정부	문화체육관광부	문화체육관광부
집행부서	관광정책실(직속기관)	관광총국(준독립기관)
실행기관	한국관광공사, 한국관광협회중앙회	베트남관광협회
연구기관	한국문화관광연구원	베트남관광연구소

02
문화관광축제

1) 베트남 축제 개관

2014년도 1월말 베트남 어느 잡지사 기자가 인터뷰를 요청했다. 질문 요지는 한국과 베트남의 설날베트남, 뗏 Tet 풍습을 비교해서 설명해 달라는 것이었다. 이어서 특별한 질문을 했다. "한국과 비교해서 베트남 사람들은 명절을 너무 오랫동안 쉬는 풍습 때문에 산업 발전에 걸림돌이 된다고 생각하지 않느냐"는 것이었다. 말하자면 기자의 유도질문이었다.

베트남의 설은 매우 길어서 음력 12월 23일부터 음력 1월 7일까지 약 보름간 지속된다. 사실상 양력으로 1월말부터 2월 달까지는 전국적으로 축제분위기 속에서 지낸다. 도시에 나가 있던 대학생과 직장인 등 자녀들은 대부분 고향으로 돌아가서 부모님, 형제들과 설날을 보낸다. 설날이 돌아오기 전에는 친척과 이웃 그리고 지인간에 금귤나무, 복숭아꽃나무 등을 선물하고 한 해동안의 건강과 부자가 되기를 기원한다. 설 명절은 공공기관이나 기업체의 고민이 깊어지는 기간이다. 근로자들의 생산성은 급격히 떨어지고 3월이 시작되기 전까지는 축제 분위기에서 벗어나지 못하기 때문이다.

설날만이 아니다. 추석Tet Trung Thu, 청명절Tet Thanh Minh, 단오 등 전국적인 명절에도 축제 분위기는 이어진다. 베트남 건국시조 제삿날, 독립기념일 등 국가적인 축제에도 국민들의 호응도가 매우 높으며, 부족이나 마을단위, 그리고 사찰에서 개최하는 종교축제에도 사람들은 모여들고, 생일이나 결혼식은 물론 꽃을 바치고 가족과 외식하는 여성의 날이 일 년에 두 번이나 된다. 크리스마스에는 연말 분위기와 겹치면서 축제 분위기가 고조된다. 축제를 즐기려는 젊은이들과 가족들이 밤늦도록 거리를 방황한다. 베트남인들에게 축제는 특정한 목적을 위해 치러지는 전통 문화의 한 양식으로 존재해 왔지만 낙천적인 성격으로 인해 오늘날 일상생활에까지 이어지면서 현시대와 미래를 살아가는 방식으로 정착한 것으로 보인다.

베트남은 역사적으로 오랜 전란과 외세의 침략으로 인한 핍박으로부터 그리고 자연재해로부터 큰 난관을 겪었음에도 불구하고 사람들의 품성은 낙관적이고 현실적이다. 외국인의 눈으로는 의아한 마음도 들겠지만 달리 생각해 보면, 개인이나 공동체가 자신들의 힘으로 극복할 수 없는 고통이나 난관을 겪는 과정에서 조상이나 자연에 의존하고, 나라를 지키다 순화한 영웅들의 영혼을 기리는 제사가 축제로 발전했다는 것을 충분히 짐작할 수 있다. 사람들은 이 축제들을 통하여 심리적인 상처를 치유하고 상실된 자신감을 극복하는 기회가 되었을 것이고, 강력한 공동체의식과 유대감을 강화하는 기재로 활용되었을 것이다.

설날 나들이에 나선 가족
사진: 위키디피아

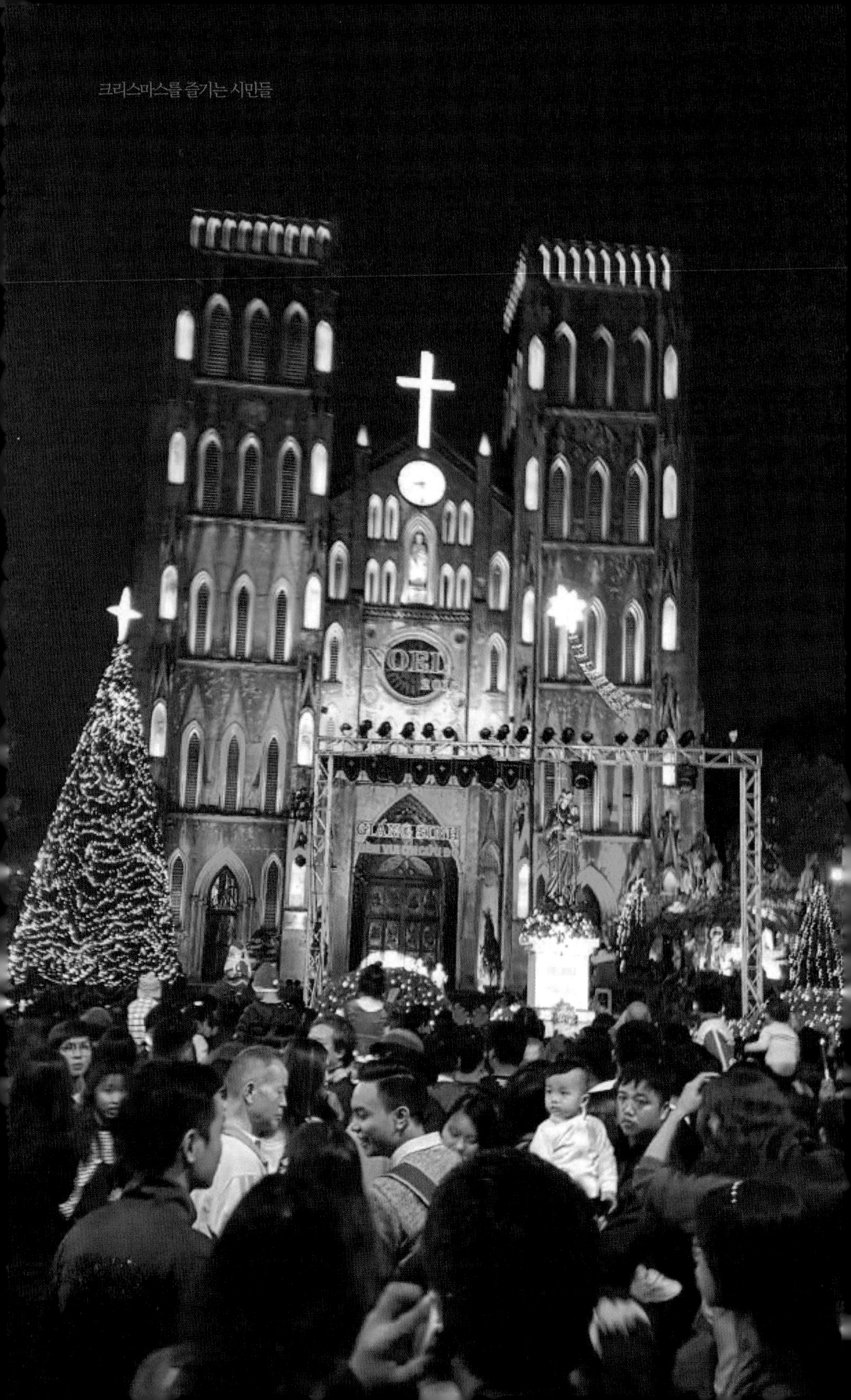

크리스마스를 즐기는 시민들

베트남 사람에게 축제란 성스러우면서도 유희적 속성을 갖고 있기 때문에 강력한 사회통합력을 지닌다. 베트남어로 축제를 레 호이Le hoi라고 하는데, 이 중 '레Le'는 조상과 신에 대한 감사와 기복祈福의 의미를 가지고, '호이hoi'는 다양한 놀이문화를 뜻한다. 즉, 베트남의 전통 축제는 제례와 놀이라는 고유적 의미의 축제 형태를 전형적으로 갖추고 있다는 차원에서 문화사적으로 의미가 크다고 할 수 있다.

다음은 베트남의 축제에 대한 총괄서이고, 학계의 권위자가 비교적 최근에 저술한 〈베트남 전통축제 총람〉(2000, 응우옌 찌 벤 Nguyen Chi Ben 공저, 하노이 민족문화 출판사)에서 기술한 내용을 기반으로 베트남 축제의 발전단계, 축제를 구성하는 중요한 요소, 개별 축제의 특징에 대해 서술하고자 한다.

2) 베트남 축제의 발달과 역사적 배경

현대에 와서 축제는 축하한다는 의미가 강하게 작용하면서 산업형 축제가 탄생하는 등 여러 가지 형태로 확대 발전하게 되었다. 이로 인해 제사를 지낸다는 고전적 개념의 축제는 많이 변질되거나 사라져 가고 있다고 할 수 있다. 그러나 아직도 베트남에는 고전적 개념의 전통축제가 살아있는 나라라고 할 수 있다. 근대화 과정에서 기독교 등 서양문화가 들어오면서 한국의 전통축제는 미신이나 주술행위로 간주되어 일반 국민들로부터 외면을 받아왔고 대부분 사라져 버렸다.

그러나 불교의 영향을 강하게 받은 베트남에서는 사찰에서 일반적으로 수호신을 모시는 제례가 행해지면서 주술행위가 수반되었고, 이것이 자연스럽게 대중들의 참여가 높아지면서 잘 알려진 축제로 발전하게 되었다고 보여진다. 최근 들어 핫보이Hot Boy, 까쭈Ca chu, 트엉Thuong 등 사찰이나 사당의 제례의식에서 유래한 전통공연은 국가의 관심을 받아 무형문화유산으로 보호받고 있으며, 하노이, 호찌민 등 전국 주요도시의 전용극장에서 일반 대중을 상대로 공연활동을 하고 있다.

베트남의 축제는 역사적으로 종교의례적인 성격이 강했지만, 세속적인 다양한 정치 경제적 제도들이 정교하게 작용하고 사회가 분화함에 따라 이들의 모습 점차 변하게 되었다. 그 변화 과정은 크게 3가지의 시기로 나눌 수 있다.

제1차: 초기 역사 및 중국 지배 시기
제2차: 군주(君主)시기 및 프랑스 식민지 시기
제3차: 1945년부터~현재

제1차 변화 시기는 민속학과 전통축제에 대한 자료와 연구가 풍부하지 않아서 그 당시 축제의 모습과 내용을 제대로 이해하기 어렵다. 그 시기의 축제 모습을 엿볼 수 있는 유일한 단서는 베트남의 정체성을 판단하는 고고학적 증거로 활용하고 있는 동썬Dong son시대의 청동북Bronz drum과 항아리 등에 새겨진 문양이다. 이를 통해 알 수 있는 것은 동썬 문화시대의 축제는 태양숭배, 번식과 생식의 예찬이었다. 특히 생식에 대한 예찬사상은 생산력 확보를 위한 필요성에 따라 동남아시아 지역의 토속문화를 지배하던 정신이었으며, 주로 농경문화에 기반한 모내기축제, 설날, 봄 축제 등 그 당시의 축제의 형태라고 보여진다. 그 당시의 사회구조를 보면 특정인을 수호신으로 모시거나 성스러운 존재를 향한 제례를 체계적으로 행하기에는 어려웠을 것으로 보인다. 그 이후 인도문화가 일부 들어오고 중국의 식민지배가 시작되면서 중국문화도 유입되고 점차적으로 토속문화와 접목되어 일부 축제에서는 불교와 관련된 제례의 흔적을 발견할 수 있다.

제2차 변화 시기는 리Ly 쩐Tran시대에 확산된 불교문화의 발달에 의한 영향과 레서Le so시대에 발달한 유교문화의 영향으로 전통축제의 면모가 한층 다양하게 변화되었는데, 이 시기에는 사찰이 전통축제의 주된 장소로 자리를 잡게 되었다. 1572년에 왕조는 각 마을에 지시를 내려 보내서 각 마을을 대표하는 수호신을 만들어 내서 신에 대한 이야기를 만들어 보고하라는 것이었다. 이에 따라 각 마을에서 수호신을 창조하기 시작했으며 불교, 유교, 도교사상을 총 동원해서 신화를 창조하고 이를 왕조에 제출했다.

궁중학사들은 각 마을에서 제출받은 자료를 바탕으로 책자로 편찬하고 왕조에서 정한 의식절차도 포함해서 다시 마을로 내려 보냈는데, 한자어로 되어 있어서 마을의 일부 학자만 읽을 수 있었기 때문에 자기 마을의 수호신에 대한 전설이나 설화는 일반 서민들 사이에서 주로 구전으로 내려오게 되었고 이념적인 존재로 오늘날까지 남게 되었다. 이 시기에 제사를 모시는 대상이 나타나고 제례의식이 모양을 갖춰지기 시작했으며 이에 수반하여 수호신을 위로하는 연희나 공연이 만들어지기 시작했다. 이 시기는 오늘날 축제의 구조와 내용을 구성하는데 커다란 기여를 했다고 할 수 있다. 프랑스 식민지 시대였던 1858년부터 1945년까지 축제는 큰 변화가 없었던 것으로 보이고 전통 형식이 거의 보존된 것으로 나타났다.

제3차 변화 시기는 프랑스와 미국과의 전쟁으로 인해 맥이 거의 끊기는 시기를 겪다가 1945년 통일 이후 공산당과 정부의 전통축제의 보존과 진흥정책에 힘입어 다시 부활하고 있다고 할 수 있다. 다만, 시장경제로 전환하는 시기에는 축제의 세속화가 가속화되고, 정부나 국민들의 관심을 받는 축제와 그렇지 못한 축제간에 양극화 문제가 벌어지고 있고 일부 전통축제는 사라질 위기에 처하고 있다. 어떤 나라에서 축제는 역사와 전통 그리고 정신이 살아있는 문화박물관이라고 볼 수 있고 그 나라의 문화와 정체성을 이해하는데 매우 중요하여 보존하고 계승할 가치가 충분히 있다고 할 수 있다.

3) 베트남 축제의 구성요소

앞에서도 언급한 바와 같이, 베트남의 전통축제는 조상과 신에 대한 존경과 음덕을 기리고 찬양하는 숭모제 형식의 제례와 민간의 고유한 놀이문화가 공연 형태로 발전해 오고 있다. 숭모제는 조상과 신에 대한 제례의식으로서 의식, 동작, 제문 등의 절차로 구성되며 조상에게 향이나 술, 차 및 음식을 바치는 절차이다. '제례'에서 제사상에 오르는 음식이나 제례절차는 전국적으로 매우 유사한 측면이 있지만, '공연'부분은 각 지방마다 많은 차이를 보여주고 있다. '공연 또는 놀이'는 놀이, 공연, 제물 등으로 구성되며, 남녀 간 노래자랑, 악기연주, 연날리기, 씨름, 닭싸움, 논갈이, 그네타기, 직물짜기 시합, 밥짓기 시합 등과 같이 다양한 형태가 있다. 그러나 제례와 공연이 한 공간에서 연속적이며 통합적으로 이루어지기 때문에 사실 제례와 축전을 명확하게 구분할 수 있는 것은 아니다. 그리고 닭싸움이나 씨름 등과 같이 제례의식에서 유래되었지만 오랜 세월이 흐르면서 의례적인 요소가 퇴색하고 단순한 놀이로만 남게 된 사례도 많이 있다.

가. 제사대상

축제의 대상인 성스러운 존재나 추모하는 신들은 각 사찰이나 마을마다 제각각이라는 특징이 있다. 추모신으로 모시는 대상은 자연신과 인간신으로 분류할 수 있고, 추모의 대상은 마을을 지켜주는 수호신이나 개인과 가족에게 복을 주는 가호신, 나라와 민족의 기틀을 제공한 성모, 어민들에게 숭상의 대상이 되는 돌고래일 수도 있다. 베트남의 어촌마을에서는 의외로 돌고래를 수호신으로 모시는 사당이나 마을이 많이 있다. 전쟁이 많았던 베트남의 특수한 환경으로 인해서 베트남에 대한 침략전쟁을 벌이다 신화한 중국 장병들을 위로하는 제사도 이뤄지고 있는 것은 매우 흥미롭다.

 마을에서 주관하는 축제의 대상인 그 마을의 수호신은 주로 과거 봉건왕조에 의해 책봉을 받은 인물이었다. 마을의 수호신은 역사 · 신화적 인물이거나 어머니 숭배신앙에서 유래된 인물, 자수나 금속, 자개 등 특정 공예나 직업을 처음으로 창업한 시조 등으로 분류한다. 유교학자나 옛날 왕조에서는 신을 상등, 중등, 하등으로 나누기도 하였는데, 구분방법이 다양하지만 분명한 사실은 축제의 대상으로서 신은 역사속에서 서민들의 창의력과 공감대를 바탕으로 형성될 수 있었다는 것이다.

나. 놀이문화(공연)

 추모 대상자의 생애와 업적을 스토리텔링을 통하여 공연형식으로 재현해서 무대에 올리기 때문에 추모 대상자와 직접적인 관계를 가지고 있다. 즉, 지아 Gia 마을의 축제에서 장군이 병력을 이끄는 공연, 외세의 침략을 물리친 타잉 쫑Thanh Giong 왕의 모습을 재현하는 공연, 병사훈련을 재현하기 위해 풍꽁Phung Cong마을에서 개최하는 문자모으기 공연, 많은 축제에서 마을 수호장군의 활약을 재현하기 위해 실시하는 용선경기, 활던지기, 씨름대회 등이 대표적인 사례라고 할 수 있다.

 마을 사당에서 개최하는 공연의 장소나 공연 일자도 추모 대상과 밀접한 관계를 갖게 되지만, 일부 공연은 출생이나 훌륭한 공적을 남긴 지역 등을 감안하여 여러 지역에서 개최하기도 한다.

다. 제물

축제에서 제사에 올리는 제물을 살펴보면, 공통적인 일반 제물과 함께 추모 대상이 평상시 즐겨 먹은 음식이거나 추모대상이 특정한 음식과 관련이 있다고 생각하는 음식과 같이 추모대상에 따라 특정한 제물을 올리는 경우도 있다. 과거의 봉건왕조는 제사를 나라를 다스리는 통치의 수단으로 여기면서 제문, 제사순서와 동작 등을 엄격하게 규정하여 내려보냈고 마을의 지도자나 사찰의 주지 등은 이런 규정을 대부분 규범으로 받아들였기 때문에 각 마을에서 행해지는 축제의 형식은 별로 차이가 나지 않았던 것으로 보여진다.

4) 축제의 종류

현대 산업사회에서 어느 국가나 축제의 형태는 다양하게 발전하고 있다. 엄격하게 축제의 개념이나 축제의 범위를 확정할 수 없게 되었다. 축제의 구성요소에서 보았듯이 의례적인 요소가 거의 사라진 명절과 같은 놀이문화도 축제로 포함할 수 있다는 전제를 가지고 베트남의 축제를 본다면, 전국적인 축제와 지역축제로 구분해 볼 수 있을 것이다.

전국적인 축제는 명절을 포함하여 국가적인 의미를 갖고 있는 축제라고 할 수 있으며, 설날—뗏Tet, 추석—쭝투Trung Thu, 개천절—홍브엉Hung Vuong축제,

불교행사—부란Le Vu Lan 등이다.

베트남에서 지역축제의 대부분은 전통축제라고 할 수 있지만, 최근 베트남에 자본주의 기반의 산업화가 진행되면서 현대적인 의미의 산업형 축제도 많이 생성되고 있는 것으로 보인다. 전통축제는 자연환경과의 대응관계에서 발생한 축제, 둘째는 정치사회환경을 극복하는 과정에서 발생한 축제 마지막으로는 공동체의 통합을 위해 개발된 축제 등으로 구분해 볼 수 있다.

최근에 베트남 정부에서 관광산업의 중요성을 인식하고 전국에서 지역마다 개발하고 있는 현대 산업형 축제는 지역의 특산물이나 고유문화를 홍보하기 위한 축제라고 할 수 있는데, 특산물을 홍보하는 지역산업형 축제, 하노이 인근에 소수민족마을을 조성하고 새로운 축제를 상품화시키는 전략은 문화산업형 축제로 분류할 수 있을 것이다.

이 책에서는 현대산업형 축제를 제외하고 2000년에 하노이 문화예술지가 편찬한 〈베트남 전통축제 총람〉에서 소개하고 있는 총 209개의 축제를 바탕으로 베트남 전통축제의 성격을 분류해 보면 아래와 같이 분석해 볼 수 있다.

베트남 전통 축제 분류

합계	자연숭배	인물 숭배	마을 단합	불교 의례
210	61	103	27	8

위의 분석표를 보면, 베트남 전통축제의 과반수는 민족의 영웅들을 수호신

으로 모시고 공덕을 찬양하는 제례의식을 기본으로 발전한 축제라고 할 수 있다. 그것은 베트남이 역사적으로 많은 외세의 침략으로 수많은 영웅이나 장군들이 탄생했지만 열악한 환경가운데 많은 희생자가 발생하면서 이들의 영혼을 위로하고 현세와 후세의 정신적 단합을 이끌어 내기 위해 만들어진 위령제에 가까운 축제라고 해석할 수 있다. 다음으로 중요한 축제는 전통적으로 수경농업에 기반한 농업국가의 특성을 반영하여 자연신에 대한 기복적 성격의 축제가 발생했으며, 마을단위로 이루어지는 축제도 농업과 같은 생업을 위한 축제에 가깝기 때문에 이러한 측면들을 고려한다면, 베트남의 전통 축제는 인물신과 자연신에 대한 위령제적 성격과 기복적 성격의 축제로 나누어 고찰해 볼 수 있을 것이다.

위의 분석표는 지표 상호간에 축제의 내용이 일부 중복되거나 명확하게 구분되지 않는 부분들이 있다. 베트남은 역사적으로 전란을 많이 겪은 나라라는 특징과 함께 농업국가라는 중요한 특징이 있는데, 이러한 국가와 민족의 특성을 반영하여 국가의 기틀을 만든 왕이나 외침을 물리치고 나라를 구한 장군이나 영웅들을 수호신으로 모시는 축제가 가장 많았으며, 기우제와 풍농을 기원하고 자연현상을 숭배하는 축제도 적지 않았다. 그러나 영웅을 기리는 수호신 축제와 자연을 기리는 수호신 축제가 일부 중복되는 측면이 있으며, 마을의 단합을 이끌려는 마을축제와 자연숭배축제도 서로간에 엄격하게 구분하기는 쉽지 않다. 그럼에도 불구하고 위와 같이 분류해 본 것은 축제의 목적이나 구성 내용을 들여다보고 논리 전개의 편의를 위해 작가 개인의 눈

베트남의 건국시조 훙왕(Hung Vung) 유적지인 푸터(Phu Tho)성에서 매년 음력 3월 10일에 시작하여 일주일간 개최되는 흥부엉 축제는 국가차원에서 치러지는 가장 큰 규모의 축제이다.

높이에 따라 산정한 것이라는 것을 밝히고자 한다.

다음으로는 대표적인 전통축제 몇 개를 먼저 소개하고, 이어서 최근에 전국적으로 발전하고 있는 현대 산업축제의 사례를 소개하고자 한다.

가. 흥부엉Hung Vuong 축제

음력 3월 10일은 베트남 건국시조인 흥왕Hung Vuong의 제례일이며 국경일이다. 이 축제는 BC 3세기 특판Thuc Phan왕 시대부터 전래되었다고 전해지고 있으며 흥왕의 유적지인 푸터Phu Tho성에서 3월 10일에 시작하여 16일까지 축제를 열며 민족의 대축제로 여겨진다. 흥왕 역사문화유적지인 푸터성의 응이아 링Nghia Linh산에는 사당이 상중하로 나뉘어 있고 징 Gieng사당, 사찰, 박물관, 능묘 등이 위치하고 있다. 상사당에서 흥왕과 왕비, 자녀를 위한 제사를 지낸 후에야 인근 마을에서 제사를 지낼 수 있으며, 본 행사인 전야제에는 국가의 최고지도자를 비롯하여 전국에서 수십만의 인파가 몰려들어 일반인은 참석하기에 엄두를 내지 못한다.

이 축제의 대표 프로그램은 마차 순례행렬이다. 인근 40여개의 마을에서 화려하게 장식한 가마를 모시고 사당앞으로 순례하는데 우승한 가마가 다음해 상사당에 오를 수 있는 자격이 주어지기 때문에 마을의 자부심이 크다. 그 외에도 청동북 공연, 쌀을 찧는 것처럼 절구와 공이를 활용한 모방공연 등이 있다. 제례를 마친 다음에는 장기, 씨름, 째오 공연, 핫 쏘안hat xoan공연, 용선

경기대회 등이 이어진다.

홍왕축제는 유네스코에 의해서 독특한 전통문화를 엿볼 수 있을 뿐만 아니라 조상의 공덕을 기리는 국민의 정신이 반영된 것으로 평가받아 2012년에 세계무형문화유산으로 지정되었다.

나. 바 장Ba Giang 마을의 연날리기 축제

매년 음력 3월에는 하떠이Ha Tay성, 단풍현Dan Phuong현, 홍하Hong Ha동에 위치하는 바장마을에서는 연날리기 대회, 밥짓기 대회 등 마을 축제를 개최한다. 이 축제는 옛날 디인 띠엔 황Dinh Tien Hoang왕 시대의 훌륭한 장군인 응엔 까Nguyen Ca가 은퇴 후 마을사람들과 농사를 지으면서 연날리기를 즐겨했다는 설이 전해지면서 축제가 만들어졌다.

축제의 대표 프로그램인 연날리기 대회는 보통 음력 3월15일에 열리는데 경연에 참여하기 위해서 전년도 8월부터 연을 만들고 준비를 한다. 대회장소는 마을 수호신을 모신 사당 앞마당이며 본 대회를 시작하기 전에 마을 어른들이 참석한 가운데 개막식을 개최하는데 참가자의 연을 관객에게 일일이 소개하고, 마을 어르신이 북과 징을 치면 각자 경연장으로 이동한다. 대회 시작 전에 지난 해 우승자가 길이 5m, 넓이 1.5m인 분홍색 연을 제작하여 축제의 상징물로 지정하고 사당 지붕에 매달아 장식한다. 매년 참가자는 30~60명으로 대부분 바장마을 주민이지만 인근마을에서도 참여할 수 있다.

축제 프로그램은 간단하여 마을 원로들이 참여하는 엄격한 식전행사에 이어 선수들의 '연날리기'로 시작하고 우승자에 대한 포상으로 종료되지만, 축제의 오랜 역사나 의식의 체계성, 주민의 참여도 등을 고려하면 전통축제로써 충분한 가치를 갖고 있다. (사진은 2015년 하노이인근 바장(Ba Giang)마을에서 개최된 연날리기 축제의 모습)

연의 크기는 제한을 두지 않는다. 연은 사당 앞, 논, 언덕 등에서 날려 보내며 바람의 강도에 따라 시간을 조절하는데 보통 1~2시간 동안 진행하는데, 마지막 생존하는 연이 10개 미만일 때 사당 앞에서 심사를 받는다. 연날리기 대회가 성황리에 개최하게 되면 한 해 농사나 마을이나 가정에 좋은 일만 생긴다는 믿음을 갖고 있기 때문에 연날리기 대회는 마을 주민들에게 매우 중요한 행사로 인식되고 있다.

다. 티 깜Thi Cam 밥짓기 축제

티 깜 축제는 매년 음력 1월 8일에 하노이시 인근의 투 리엠Tu Liem현 쑤안 푸옹Xuan Phuong면에서 열린다. 이 축제는 18대 흥 왕Hung King시대의 장군인 판 떠이 낙Phan Tay Nhac 장군의 군사들이 전쟁에 집중할 수 있도록 주민들이 끼니를 챙겨주기 위해 밥짓기를 하면서 발생한 축제이다.

이 대회의 경기는 물 받기, 불 만들기, 밥 짓기의 3단계로 나눠져 있으며 밥 짓기는 탈곡하기, 쭉정이 골라내기, 밥 짓기 등의 세부 3단계가 있다. 참여하는 팀은 4개 정도의 팀으로 구성이 되며, 보통 각 팀당 남녀혼성으로 10명을 이룬다고 한다. 이 중 4명은 탈곡을 하고 쭉정이를 골라내며, 나머지 2명은 물을 길어오고, 또 다른 2명은 불을 지피고 그 외 2명은 밥 짓는 역할을 담당한다. 제한시간은 2시간이며, 밥을 가장 빨리 짓고, 가장 부드럽고 맛있는 밥을 완성한 팀이 우승한다. 심사위원은 존경받는 마을의 어르신들이 담당하는데 농경사회의 전통이 남아있어 마을 주민 모두가 참여하는 축제이다.

이러한 밥 짓기 대회는 하노이 지역 이외에도 전역의 다양한 지역에서 민속 행사로 많이 치러지는데, 베트남이 오랜 전란을 겪는 과정에서 자연스럽게 발생한 축제라고 할 수 있다.

전쟁에 참여한 군인들의 허기진 배를 채워주기 위해 주민들을 독려할 목적으로 만들어진 '밥짓기 축제'는 전국의 여러 지역에서 개최되고 있다. (하노이 인근 쑤안 푸옹(Xuan Phuong)에서 개최된 밥짓기 축제)

라. Dong Ky 마을 폭죽축제

– 신년, 마을의 평안과 풍년을 기원

매년 설 연휴인 음력 1월 4일 ~ 6일(2월 11일 ~ 14일)에 박 닌Bac Ninh 성 뚜

선Tu Son 면의 동끼Dong Ky 마을 사람들은 전통적인 "루옥 파오Ruoc Phao"라는

축제를 개최한다. 본 축제의 기원은 브아 훙 투Vua Hung thu 왕 시대부터 폭죽

을 만드는 기술을 가르쳐서 마을을 부유하게 만들어 준 티엔 끄엉Thien Cuong

장군의 은공을 기리기 위해 비롯되었으며, 매년 이 지역의 평안과 풍년도 함

께 기원한다. 축제의 하이라이트는 마을 사람들이 거대한 나무로 만든 루옥

초대형 폭죽을 만들어 마을로 진입하면서 지역의 평안과 풍년을 기원하는 대규모 축제로써 중국문화의
영향을 받은 것으로 보인다.(동기(Dong Ky)마을의 폭죽축제)

파오Ruoc Phao라는 커다란 폭죽을 메고 마을로 진입하는 광경이다.

이 과정에서 전통 민속놀이와 더불어 춤과 노래가 어우러져 축제의 절정을 이루게 된다. 초대형 폭죽은 상상의 영수인 용龍처럼 상서롭고 초자연적 능력을 지닌 금빛 장식물로 치장 됐다. 이를 운반하는 행렬은 원색의 붉은 제복과, 때로 맨몸으로 이동하며 축제가 지닌 원초적 속성에 이르는 강렬한 인상을 준다. 사진 · Tran The Phong, 글 · 이산 기자 (한인소식)

마. 크메르족의 달맞이 축제

메콩강 지류인 속 짱Soc Trang시 허우Hau 강에서 보름달을 바라보면서 한해의 풍년과 건강을 기원하는 옥옴복Ok Om Bok축제가 음력 10월 보름에 열린다. 이 축제는 메콩 델타에 거주하는 크메르사람들의 전통축제 중에서 가장 큰 3대 축제 중의 하나이다.

이날은 크메르사람들에게 달이 공전을 마치는 날이라고 믿고 있고, 추수가 끝나는 날이기도 하다. 이 축제의 하이라이트는 박진감 넘치는 보트 경주대회'Ngo" race이다. 나가르라는 뱀의 모양을 한 보트의 이름인 Ngo는 길이가 25–30미터이고 폭은 1–14미터이고, 40–60명 정도가 탈 수 있다. 경기 중에 드럼, 트럼펫이 울리고 마을사람과 관객들의 고성과 응원하는 박수소리가 현장을 흥분의 도가니로 만든다.

관광객을 포함해서 약 30만 명이 운집한 관객들 대부분도 강물에 잠긴 채

메콩델타 지류인 허우(Hau)강에서 펼쳐지는 '옥음복(Ok Om Bok)축제'는 3대 크메르인들의 축제 중에서 가장 대표적인 축제이다.(사진은 축제의 하이라이트인 보트 경주대회의 모습)

축제에 열광적으로 참여하는 모습을 볼 수 있다. 이 축제는 크메르족에게 열망의 상징이며, 아름다운 영혼과 정서적인 삶을 풍요롭게 만들어 주는 중요하고 독특한 전통문화축제라고 할 수 있다.

바. 참족 최대의 축제 "Ka Te Festival"
- 1,800년 전통을 문화 · 예술로 승화, 계승

약6만 명 가량의 참족이 거주하는 니임 투안Ninh Thuan 성에서는 매년 음력 9월 말부터 10월 초까지 참Cham 민족의 전통 축제인 〈까떼 축제 Ka Te Festival〉가 개최된다.

이 축제는 Po Klong Garai 와 Po Rome와 같은 영웅들과 자신들의 조상을 추모하는 목적으로 개최되지만 참족들에게 휴식과 단합의 기회가 된다. 이 축제의 장소는 중부지역 Phan Rang시에 있는 Po Inu Nugar 절, Po Rome 탑, Po Klong Girai 탑을 중심 무대로 열린다. 축제는 제례가 끝나고 나서 본격적으로 시작되는데, 성지순례를 비롯해 민속 패션쇼와 음식축제, 까 니 나팔과 바라능 북 등 참파의 다양한 전통문화행사로 구성된다.

참파는 말레이계 인종을 중심으로 인도의 영향을 매우 강하게 받은 민족이다. 과거 강성했던 시절엔 멀리 몽고에 까지 그 위세를 떨쳤다고 한다. 1471년 베트남의 남진정책에 의해 멸망한 참파는 약 1,800년 동안 단일 운명체로 존속하며 독자적인 문화를 꽃피워 왔다. 그들의 성지인 미 썬My Son은 유네스코 세계유산으로 지정되기도 했다.

베트남 남부지방에는 한 때 참파국의 번성을 이끌었던 참족이 자신들의 단합과 전통문화를 지켜나가기 위해 고유한 전통축제를 연례적으로 개최한다. (사진은 니밍 투안(Ninh Thuan)성, 참족 최대의 축제 까 떼 축제(Ka Te Festival)의 모습)

사. 안장An Giang 지역의 카우 레이싱Cow Racing 축제

　안장An Giang지역은 베트남 남부의 젖줄 메콩강 줄기를 끼고 있는 풍요로운 곡창지대로써 이곳에 정주해 온 크메르족은 해마다 음력으로 늦은 8월 또는 이른 9월에 특별한 농경문화축제를 갖는다. 이 중 카우 레이싱 경기가 대표적이다. 진창 위로 질주하는 카우 레이싱Cow Racing은 경기장이 논밭 느낌 그대로 진창이며 길이 200m, 너비 100m로 구성되어 있다. 기수는 소와 연결된 써레 위에 올라타서 밭 가는 모양으로 달려 나간다.

소들은 대나무 스틱에 묶여 두 마리가 기수와 함께 보조를 맞춰 나가며 기수는 대나무 막대로 쉬지 않고 소들의 등을 패댄다. 게임룰은 단순하다. 진흙으로 미끄러운 논에 설치된 레이스 트랙을 달려 가장 먼저 결승점에 도달하면 된다. 두 마리로 한 팀을 구성하는데 팀별로 출발한다. 먼저 출발한 소들이 결승점에 먼저 닿거나 뒤에 출발한 소들이 앞의 소들을 추월하면 승리자

가 결정된다. 승리자는 그 지역의 용감한 자로 추앙을 받게 되고, 소들은 귀한 대접을 받는다. 최근 70팀 정도가 경주에 참가하고 있는데 인근 캄보디아에서도 참가하는 등 매년 참가자들이 늘어나고 있다. 크메르사람들은 승리한 소들이 마을에 행운을 가져다 준다고 믿기 때문에 승리한 소들의 주인과 마을사람들은 그 소들을 팔지 않고 귀중한 자산으로 보호한다. 사진 Tran The Phong

아. 2016 병신년丙申年 사이공의 꽃 거리 축제

- 도심 속에 들어선 화사한 봄의 정원

2016년 병신년丙申年을 맞아 호찌민시는 평화, 번영, 발전이라는 주제의 구정맞이 꽃 거리를 2016년 2월5일 개막하였다. 올해 꽃 거리의 총 길이는 약 720M로 레탄똔 거리에서 돈득탕 거리까지 이어지며 화사한 꽃 길을 이루었다. 여기에 레러이 - 응웬 훼 교차로는 "연대-평화와 능동-혁신, 통합-번영" 등 세 가지의 상징적 주제로 테마를 이루고 있다. 또 연못 사진과 논 모형을 비롯해 정원 사진, 나무 의자, 울타리 등의 전원적인 구성과 샛노란 화마이를 곳곳에 매달아 도심 속에 생기 있는 봄의 정원을 꾸며 국내외 관광객들의 관심을 불러일으켰다. 사진: Tran The Phong, 글: 이산 기자(한인 소식)

자. 달랏 꽃 축제

2005년부터 시작된 베트남 중부 고원도시 달랏시의 "꽃 축제"는 격년제로 개최되고 있으며 가장 아름다운 계절인 12월이나 1월에 개최된다. 달랏은 해발 1,500미터에 자리잡은 고원도시로서 시원한 날씨를 갖고 있어 휴양도시로 알려져 있다.

이 축제 기간 중에는 베트남 전역에서 생산되는 다양한 꽃과 다른 나라의 꽃 등도 소개한다. 이 축제는 꽃을 관광자원으로 육성하고 외국의 투자를 이끌어 내기 위한 목적으로 시작되었으며, 이 기간 중에 국제관광컨퍼런스도 개최하여 달랏 꽃제를 세계에 알리려는 노력도 하고 있다. 축제를 통해 관람

중부고원도시 람동Lam Dong성 달랏 Dalat시에서 개최하는 "국제 꽃축제"는 달랏을 세계관광도시로 알리는데 기여하고 있다.

객들은 꽃 자체를 즐기기도 하지만 나아가 꽃을 생산하고 경영, 연구하는 전문분야에 이르기까지 다양하게 꽃에 관하여 접할 수 있다.

아름다운 인공호수인 쑤안 후엉 호수 근처가 축제의 무대가 되며 호수와 연결된 도로와 공원에서 제반행사가 열린다. 대규모의 꽃정원, 국제꽃전람회, 꽃수레 거리행진, 개막식, 음식축제, 꽃으로 장식한 거리와 조형물, 학술포럼, 와인축제, 단체결혼식인 '사랑축제', 꽃꽂이 대회, 랑비앙산 축제, 그림축제 등 다양한 부대행사가 있다.

03
추천 관광지

/

"베트남의 관광지는 하노이와 호찌민을 필두로
최근에 새로운 관광지로 부상하고 있는 베트남 중부도시 다낭,
마지막 봉건왕조의 수도였던 후에, 지중해의 나폴리로 비유되는 해안도시 나짱,
연중 시원하고 쾌적한 산악도시 달랏 등이 유명하다."

필자가 재임 기간 중 가급적 많은 곳을 방문해 보려고 노력하였다. 실제로도 다른 사람보다는 좀 더 많이 다녀봤다고 생각하고 있지만, 바쁜 일정 등으로 부임 시 계획했던 만큼 가보지 못한 아쉬움이 남는다. 이하에서는 필자의 체험과 알고 있는 지식을 동원하여 개인적인 소견임을 전제로 볼 만한 베트남 관광지를 추천해 보고자 한다.

일반적으로 베트남에 가려는 관광객들은 정치수도인 하노이와 경제수도인 호찌민을 먼저 떠올리고, 최근에 새로운 관광지로 부상하고 있는 베트남 중부도시 다낭을 생각한다. 좀 더 나아간다면 마지막 봉건왕조의 수도였던 후에Hue시, 지중해의 나폴리로 비유되는 해안도시 나짱Nha Trang, 연중 시원하고 쾌적한 산악도시 달랏Da lat 등일 것이다. 따라서 위에 언급된 순서에 따라, 하노이 시내를 먼저 언급하고 하노이를 기점으로 펼쳐지는 관광지역, 호

하노이 호안끼엠 호수 인근 구시가지(Old Quater)의 주말에는 다양한 국적의 외국관광객들과 현지인들이
모여들어 북새통을 이루면서 경이로운 광경을 연출한다.

찌민을 기점으로 떠날 수 있는 관광지역을 소개하고자 한다. 마지막으로는 다낭 등 중부지역의 관광지를 추천해 보고자 한다.

1) 하노이 시내 관광

한국관광객들은 베트남만 선별해서 오기보다는 주로 캄보디아, 라오스 등과 연계해서 패키지 관광을 한다. 하노이를 방문하게 되면 대부분은 하롱베이를 먼저 유람하고 다음 날 시내를 관광한다. 하노이 시내는 주로 쭝화, 경남, 미딩 등 한국교민이 많이 거주하는 신주거지역에서 여장을 풀고 한식으로 끼니를 때우고 마사지 등으로 하루를 보낸다. 그러나 이렇게 되면 체험을 즐기는 관광객이라면 별로 감흥을 받지 못하고 떠나게 된다.

최근에는 역사문화예술의 집적지라고 할 수 있는 호안끼엠Hoan Kiem호수 주변의 호텔에 여장을 푸는 관광객들이 증가하고 있다. 호안끼엠 호수 주변은 갤러리 등 문화예술공간, 실크거리, 수공예품 등 진기하고 고유한 상품들이 즐비한 상권이 함께 발달하여 즐기고 볼거리가 많다는 소문이 나고 있기 때문이다. 음식도 저렴한 토속음식부터 고가의 퓨전음식에 이르기까지 다양하게 즐길 수 있고, 카페도 천차만별이다.

특히, 호안끼엠 서쪽의 이면 도로에 위치한 구시가지Old Quarter거리에 가

하롱베이(Ha Long Bay). 베트남 북부에 있는 만(灣), 1,969개의 크고 작은 섬 및 석회암 기둥 등을 포함하고 있는 만으로 세계자연유산으로 등록된 베트남 제1의 명승지이다. '하(Ha)'는 '내려온다', '롱(Long)'은 '용'이라는 뜻으로, '하롱'이란 하늘에서 내려온 용이라는 의미이다.

보면, 역동적인 베트남의 문화를 체험할 수 있다. 프랑스식 창틀 아래 비추는 황갈색 불빛 사이로 맥주잔을 기울이면서 재잘대는 젊은이들의 열기가 용광로처럼 펄펄 끓어 오른다. 구수하고 역동적인 베트남의 문화에 흠뻑 젖을 수 있다. 특히, 주말에 가 보면 이태원지역을 능가할 정도로 많은 외국인들로 불야성을 이룬다. 이 지역은 하노이의 원도심이며 중심지역이다. 인근에는 국립역사박물관, 혁명박물관, 전쟁박물관, 국립미술관, 문묘, 오페라하우스, 한국문화원, 프랑스문화원 등 볼만한 문화시설이 산재해 있는 문화예술의 집적지라고 할 수 있다.

2) 하노이를 기점으로 출발하는 관광

하노이를 기점으로 출발하는 관광코스는 세 가지 정도의 코스를 예상할 수 있다. 첫째, 하롱베이Halong Bay 코스이다. 하노이에 오는 여행객들은 보통 하노이 중심에서 왕복 8시간 정도가 소요되는 하롱베이를 관광하는 것이 필수 코스라고 할 수 있다. 하롱베이로 가기 위해서는 보통 하노이에서 하루를 숙박하고 새벽에 출발하는 경우도 있지만, 하노이 노이바이 공항에 도착하는 대로 바로 하롱베이로 직행해서 호텔이나 크루즈에서 숙박할 수 있다. 크루즈에서 숙박하면 선상에서 해돋이를 구경할 수 있어 좋은 추억을 갖게 될 것이다.

가끔 하노이 체류기간이 짧아 하롱베이 관광에 부담을 갖는 경우에는 하노이에서 왕복 4시간 정도가 소요되는 하노이 남쪽지방 닌빈Ninh Binh성의 짱안Trang Anh을 추천하고 싶다. 짱안은 육지의 하롱베이로 알려져 있으며 2015년도 문화자연유산으로 유네스코에 등록된 천혜의 관광지라고 할 수 있다. 짱안과 유사한 매력을 간직하고 있는 관광지로 닌빈성에서 남서쪽으로 8킬로 정도 떨어진 땀꼭(Tham Coc)도 추천 할 만하다.

하노이에서 멀지 않은 곳에 '육지의 하롱베이'라고 불리우는 명승지가 있다. 괴암괴석의 석회암 카르스트로 구성된 자연경관지대로써 작은 배를 타고 호수를 가로지르는 기분은 청량한 공기와 함께 상쾌하다. 추천할 만한 명승지로서 손색이 없다. (위는 땀꼭(Tam Coc), 아래는 짱안(Trang An)

두 번째로는 북쪽지방인 사파Sa Pa투어이다. 하노이에서 출발할 수 있는 관광지로 북쪽 국경지대에 가까운 소수민족의 거주지역인 라오까이Lao Cai성의 사파 마을을 추천하고 싶다. 사파는 인도차이나 반도의 최고봉인 3,143미터에 이르는 판시판Fansipan 산 아래에 흐몽Hmong족 등 8개의 소수민족이 계단식 논을 일구며 살아가는 마을이다. 여행객들은 소수민족이 살아가는 마을을 직접 방문할 수 있으며, 주변의 크고 작은 산을 트래킹할 수 있다. 최근에는 판시판 정상에 케이블카가 설치되면서 실망하는 산꾼들이 많아지고 있지만 일반인 누구나 최고 정상까지 오를 수 있어 관광객들이 인산인해를 이루고 있다. 얼마전만해도 사파에 가려면 하노이역에서 9시간 정도를 기차를 타고 올라가야 했지만, 최근에 고속도로가 개통되면서 5시간 정도면 사파에 도착할 수 있게 되었다. 사파에는 일요일마다 소수민족의 장이 서는데, 진기한 수공예품이 많은 박하시장을 꼭 들러보는 것이 좋다.

세 번째로 시간이 여유로운 사람이라면, 아직 잘 알려져 있지는 않지만 서북쪽으로 하노이에서 편도로 10시간 정도 걸리는 군사·교통 요충지인 디엔비엔푸를 추천한다. 이곳은 1953년 프랑스군이 베트남군에게 포위되어 크게 패배한 지역으로 잘 알려져 있다. 도로는 생각보다 훨씬 잘 정비되어 있지만 산악지대에는 안개가 짙게 끼고 가파른 길이 많아 조심해야 한다. 이 도로를 따라 가다보면 화빙을 지나 몽족Dan Toc Mong 등 소수민족이 살고 있는 고원지대인 목쩌우Moc Chau를 거치게 되어 있다. 목쩌우는 하노이로부터 200킬

중국과의 국경을 접하고 있는 라오까이(Lao Cai)성의 산악마을인 사파(Sa Pa)마을은 연중 시원한 날씨와
여전히 전통방식으로 살고 있는 소수민족들의 삶의 터전이며, 계단식 논과 실제로 거주하는 마을 풍경, 주
말마다 열리는 재래시장 등이 대표적인 볼거리이다.

로 정도 떨어져 있고 아름다운 초원과 드넓은 차밭으로도 유명하다. 목쩌우를 지나 100킬로미터 정도 가면 썬라Son La지역이 나오는데 지역적 특색이 많지는 않지만, 종착지를 디엔비엔푸로 생각한다면 이 도시에서 여장을 풀고 하루를 숙박하는 것이 좋다. 디엔비엔푸까지는 썬라시에서 다시 서북쪽으로 100킬로 정도 더 올라가야 한다. 역사에 대한 관심이 많지만 시간이 없는 사람인 경우는 디엔비엔푸에 비행기로 가 보는 것도 좋을 것 같다.

3) 호찌민을 기점으로 출발하는 관광

두 번째로 호찌민을 중심으로 관광지를 추천한다면 세 곳 정도를 추천하고 싶다. 우선, 호찌민에서 70킬로 정도 떨어진 구찌Cu chi 터널이다. 구찌터널은 프랑스 식민지 시대에 만들어진 터널이다. 베트남 군인들이 산발적인 게릴라전을 위해 만들었지만, 그 길이나 규모가 상상 이상이다. 구찌터널의 길이는 250킬로에 이르고 깊이는 지하 3미터에서 8미터까지 만들어져 있다고 한다.

좁은 입구와는 달리 내부를 들어가 보면 여러 층의 동굴이 있고 다양한 용도의 방들이 있으며 4층 구조로 만들어진 공간도 있다. 둘째로 호찌민에서 비행기로 한

구찌 터널

시간 정도 떨어져 있는 '진주의 섬'인 푸꾸옥^{Phu Quoc}을 추천한다. 푸꾸옥은 베트남의 최남단에 위치하고 있고 하노이에서도 많은 관광객들이 휴양을 위해 찾아가는 곳이며 비행기로 2시간 반정도 걸린다. 복잡한 도시를 떠나 청정한 바다를 바라보면서 무조건 쉬고 싶은 사람에게는 추천할 만한 관광지이다.

섬 주변을 전용 배로 이동하며 즐기는 호핑투어, 청정바다 속을 누비는 스노클링 등 다양한 놀거리들이 준비되어 있지만, 신선한 해산물이 가득한 야시장은 잊지 못할 최고의 먹거리가 될 것이다. 호텔, 방갈로 등이 비싸지 않으면서 깨끗하고 쾌적해서 느긋한 휴가에는 최적이다.

세 번째로 메콩강 투어를 추천한다. 호찌민의 호텔에 숙박하는 사람들은 호텔마다 제공하는 메콩강 패키지 투어를 활용할 수 있다.

네 번째로 호찌민에서 2시간 정도 소요되는 무이네 사막을 추천한다. 무이네는 비치도 있지만 비치가 다른 지역에 비해 길거나 사람들이 발을 담그기에 적당한 깊이를 갖고 있지 않은 곳이다.

메콩강델타 투어

요즘 젊은이들이 즐겨 찾는 이곳은 흥미롭게도 사막이 있다. 사막은 옐로

베트남 남부에도 나름대로 특색을 갖춘 다양한 휴양지가 있다. 그 중에서 호찌민을 중심으로 출발이 가능한 대표적인 관광지로 베트남 전의 지하요새 구찌(Cu Chi)터널, 남부의 곡창지대 메콩 델타(Me Kong Delta)투어, 베트남의 숨은 보석 푸꾸옥(Phu Quoc)섬, 휴식과 놀이를 즐길 수 있는 무이네(Mui Ne)사막 등이 있다.

우 샌드 듄과 화이트 샌드 듄으로 구분되는데 바다 근처에서 산처럼 높은 사구를 보는 것은 흔치 않는 일이라 감탄사가 절로 나온다. 모래도 곱고 부드러워 매력적이다. 특히, 바로 사구앞에 오아시스처럼 자리하고 있는 호수는 보는이로 하여금 신비로운 감상에 젖게 만든다.

4) 중부지방의 추천할 만한 관광지

중부지방은 한국인에게 가장 핫한 관광지로 떠오르고 있는 다낭을 추천할 수 있다. 최근 한국에서 다낭까지 직항로가 개설되면서 한국 관광객이 가장 선호하는 지역이 되었다. 다낭은 해변이 길고 부드러운 모래와 깨끗하고 아름다운 비치를 갖고 있는 휴양도시로 볼 수 있다. 저녁에는 싸고 풍성한 해산물을 즐기는 재미도 있고, 야간에는 실내나 야외를 불문하고 북적대는 관광객들의 활기찬 모습에 여행기분을 만끽할 수 있다. 다낭 시내를 관통하는 강은 한국의 '한강'과 같은 이름이어서 더욱 정이 가는 도시이다.

다낭 시내에서 1시간 이내에는 크게 두 가지 관광지를 추천할 수 있다. 하나는 바나 힐Ba Na Hills인데, 해발 4,487미터 고산지대에 테마파크가 들어서 있고 최근 리모델링을 통해 재 탄생한 프랑스 마을이 있다. 산 정상까지는 케이블카로 20여분 올라가면 된다. 바나 힐은 프랑스 군인의 피서지로 처음 개발되었는데 연중 기온이 낮고 시원하다.

다음으로는 다낭 시내에서 1시간 거리에는 15~19세기에는 동남아 최대 무

역항으로 이름을 날렸던 호이안Hoi An인데, 전통이 살아 있는 조용한 도시이다. 토사 퇴적 문제로 큰 배가 들어올 수 없게 되면서 쇠퇴의 길을 걷게 되었지만 한때 성시를 이뤘던 고대 도시의 모습은 그대로 남아 있어 1999년 유네스코에 의해 세계문화유산으로 지정되었다.

일정에 여유가 있는 관광객은 다낭에서 북쪽으로 2시간

위: 다낭시내, 아래: 호이안 시내

여 거리에 있는 마지막 봉건왕조의 수도인 후에Hue시를 방문해 보기를 권장하고 싶다.

후에시는 여전히 웅장한 궁궐을 이룬 성벽과 아름다운 건축물이 모퉁이가

후에시는 베트남 마지막 왕조인 응우옌 왕조의 수도였으며, 140년간 베트남의 정치 · 문화의 중심지이자 파란만장한 베트남 근현대사의 주무대였다. (사진은 베트남 마지막 왕조인 후에시 왕궁의 궁궐 입구)

깨지고 이끼가 드리워진 채 주인 없는 궁궐의 모습을 하고 있지만, 수많은 건축물들로 인해 야외 박물관으로서 충분한 역할을 하고 있다.

이외에도 달랏Dalat과 나짱Nha Trang을 추천하고자 한다. 달랏은 해발 1,500미터 고산지대에 위치하고 있어 연평균 18~23도 사이를 오가는 시원하고 쾌적한 산악도시이다. 북쪽으로는 랑비앙 산이 우뚝 솟아 있고 랑비앙 전설이 유명하다. 산 정상에는 소수민족인 랏족이 살고 있다. 달랏은 연중 시원한 공기와 토양이 기름져 채소와 과일은 물론 커피, 차, 꽃 등의 작물도 자란다. 달랏산 포도주는 유명하다. 달랏의 중심에는 인공호수인 쑤언흐엉Xuan Huong 호수가 평화롭게 자리잡고 있다. 달랏의 볼거리는 달랏꽃 정원, 랑비안 산, 다딸라 폭포, 자수전시관XQ 등을 둘러 볼 것을 제안한다. 특히 자수전시관은 단순한 자수 작품의 전시 판매 공간이 아닌 베트남 문화예술의 진수가 녹아 있는 경이로운 현장으로서 방문객들에게 커다란 감동을 안겨 준다.

마지막으로 나짱Nha Trang은 베트남에서 가장 깨끗하고 아름다운 해안도시라고 할 수 있다. 6킬로미터에 이르는 길고 넓은 비치를 따라 산책로와 공원, 해변도로가 잘 꾸며져 있고 러시아인을 비롯하여 서양 휴양객들이 대부분이어서 어느 유럽의 유명한 비치처럼 신비롭고 아름답다. 나짱은 일찍부터 동양의 나폴리, 베트남의 지중해라고 불리었는데 그만큼 휴양을 취하려는 여행자들에게 인기가 높은 해안지역이다. 나짱은 긴 비치뿐만 아니라 비치 건너편에 조성된 6만평의 빈펄 랜드가 있어 더욱 매력을 더한다. 전용 페리나 케이블카를 타고 건너야 하는 빈털 랜드에는 워터 파크, 수족관, 놀이기구, 쇼핑몰, 리조트와 함께 골프장도 갖추어져 있어 운동과 휴식을 동시에 즐길 수 있는 장점이 있다.

9장

베트남의 한류

한류는 여전히 베트남 생활 속에서 깊고 넓게 영향력을 유지하고 있으며, 국민들의 소비문화를 변화시키거나 선도하고 있다는 것을 연구를 통해 확인할 수 있다. 즉, 베트남에서 초기 시작한 한류 열풍은 주로 TV 드라마와 영화를 통해 불어왔음에도 불구하고 오늘날 그 열풍의 범위는 한글, 음악, 패션, 화장품, 스포츠, 음식, 게임 등과 같은 기타 콘텐츠까지도 확산되고 있다.

01
한류의 영향력

/
"최근에는 한국어 배우기 열풍이 일어나면서 인기있는 드라마는 유튜브 등
SNS, 공유 웹사이트를 통해 자막없이 실시간으로 시청하는
젊은이들이 늘어나고 있다."

베트남에서 90년대 말에 상륙한 한류가 20년 가까이 지속되고 있다. 한류가 베트남 사람들의 일상에 어떤 영향을 주었는지 그리고 베트남 사회에 어떤 파급력을 가지게 되었는지, 다시 말해 베트남에서 '한류의 영향력'은 어느 정도 사실인지를 우선 자료를 통해 알아보고자 한다.

문화원의 지원으로 2014년 9월부터 12월까지 3개월간 하노이 국립외대 교수 쩐티흐엉과 가오티 하이박에 의해서 232명10-30대의 베트남 젊은이들을 대상으로 진행한 온라인 설문조사한 자료에 의하면, 베트남인이 선호하는 아시아권의 관광지로 한국75%, 일본20%, 중국1%, 태국4%이 꼽혔다. 2015년도에 한국을 방문한 베트남 관광객은 185,000명을 기록하였고 이는 전년 대비 49.5% 증가한 숫자이며 경제수준의 향상에 따라 매년 급속하게 증가하는 추세에 있다. 2016년에도 한국을 찾는 베트남 관광객은 전년대비 54.46%가 증가한 251,402명으로 집계되었다.

베트남에서 방영되고 있는 각 국가의 TV드라마와 영화에 대한 선호도를 살펴보면 한국71%, 일본20%, 중국6%, 태국2%, 미국1%으로써 한국의 드라마나 영화에 대한 선호도가 일본 등 다른 나라에 비해 월등히 높게 나타났다. 최근에는 한국어 배우기 열풍이 일어나면서 인기있는 드라마는 유튜브 등 SNS, 공유 웹사이트를 통해 자막없이 실시간으로 시청하는 젊은이들이 늘어나고 있다. 베트남에서 인기가 많은 각 아시아권의 패션과 화장품에 대한 선호도를 보면 한국73%, 일본12%, 중국10%, 태국5%으로써 한국의 영향력은 월등하게 나타난다. 이런 설문결과를 반영하듯, 베트남 젊은이들에게 한국 화장품이나 패션에 대한 선호도는 매우 높은 수준에 이르고 있다.

베트남에서 화장품에 대한 관심을 갖게 된 것으로 오래되지 않았다. 아직도 대부분의 여성들이 결혼식이나 특별한 날에만 화장한다. 상시적으로 화장하는 직장인들은 20% 정도이다. 그러나 최근에는 한류의 영향으로 인해서 직장 여성과 대학생을 비롯한 청소년에 이르기까지 빠르게 확산되는 추세이다. 특히, 강한 햇살을 차단하는 자외선 차단제, 화이트닝 크림, 마스크 팩 등을 선호하는 것으로 알려져 있다. 이러한 이유들로 인해서 베트남 시장에 진출하지 못한 한국 화장품회사가 없을 정도로 성황을 이루고 있다. 다만, 한국 화장품은 고급제품으로 인식되는 프랑스 등 서양제품에 비해 우수한 제품이라는 신뢰감을 얻고 있지만 현실적으로는 중저가 제품이라는 인식이 강하게 작용하고 있다.

또한 베트남 웹사이트에서 한국에 관한 글의 수량과 빈도를 살펴보면, 구글Google에서 "Hallyu"라는 검색어를 입력해 보면 베트남 웹사이트에 올라온 한국에 관한 글이 377,000개로 나오며 "Hallu"를 베트남어인 "Han Luu"라는 용어로 교체하면 1,090,000개에 이르는 것으로 조사되었다. 이와 함께 베트남에서 가장 인기가 많은 5곳의 웹사이트에서 한국에 관한 글을 올리는 빈도에 대해 알아본 결과 다음과 같은 결과가 나타났다.

한국에 관한 글들을 올리는 대표적인 웹사이트 주소 및 빈도

웹사이트	한국에 관한 글을 올리는 빈도 (글 수량/주)
Kenh14.vn	120
Ngoisao.net	41
Kites.vn	245
360kpop.com	80
Kst.vn	150

※ 구글 사회망 조사, 2014년 11월 8일 기준

위의 글들은 주로 한국의 영화배우, 음악, 드라마, 패션, 운동, 생활 등과 같은 여러 다양한 분야를 다루고 있다. 주목할 만한 것은 한국에 관한 소식들을 올리는 빈도가 베트남 쇼비즈showbiz에 관한 소식들을 올리는 빈도 바로 다음이고 미국이나 영국에 관한 소식들을 올리는 빈도보다 더 많으며, 특히 일본이나 중국에 관한 소식들을 올리는 빈도보다 매우 큰 비중을 차지하고 있다는 것이다.

요약하자면 한류는 여전히 베트남 생활 속에서 깊고 넓게 영향력을 유지하고 있으며, 국민들의 소비문화를 변화시키거나 선도하고 있다는 것을 연구를 통해 확인할 수 있다. 즉, 베트남에서 초기에 시작한 한류 열풍은 주로 TV드라마와 영화를 통해 불어왔음에도 불구하고 오늘날 그 열풍의 범위는 한글, 음악, 패션, 화장품, 스포츠, 음식, 게임 등과 같은 기타 콘텐츠까지도 확산되고 있다.

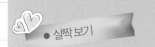
주베트남 한국문화원의
역사와 홍보활동

    주베트남 한국문화원은 2006년 11월, 하노이에서 가장 번화가이고 문화예술의 집적지인 호안끼엠 근처, 응웬주Nguyen Du 49번지, 사통팔달의 오거리에 개설되었다. 문화원에는 전시실, 자료실, 독서실을 갖추고 있고, 전시행사, 사물놀이, 태권도, 요리교실과 세종학당을 운영하고 있다. 특히, 문화원 정원은 공연, 행사, 태권도 강습 등 다목적 공간으로 활용되고 있다. 주요 야외활동으로는 K팝 축제, 애니메이션축제, 영화제 등이 정기적으로 개최되고 있다. 문화원은 한 · 베 정부간 가교역할과 국정 및 언론 홍보 등을 통해 베트남에서 문화원의 위상을 확고히 하고 홍보활동을 효과적으로 펼치고 있다. 특히, K컬처 서포터즈를 중심으로 젊은층과 각계 전문가의 적극적인 참여와 자발적인 활동으로 한류는 여전히 뜨겁게 지속되고 있다. 그동안 한국문화원은 초대 김상욱 원장, 2대 금기형 원장, 3대 박낙종 원장, 4대 이대중 원장을 거쳐 현재는 박혜진 원장이 재임 중이다.

위 왼쪽: 문화원 전경, 위 오른쪽: K-컬처 서포터즈 임명식
아래 왼쪽: 문화원 요리교실, 아래 오른쪽: 문화원 정원예술제

장르별 한류

1) K-pop문화

2016년 4월 10일 저녁시간, 1천여 명의 젊은이들이 하노이 골든랜드빌딩 광장이 떠나가도록 소리 높여 환호하는 가운데, K-pop 노래 및 댄스 경연대회가 열리고 있었다. 이 경연대회는 2011년부터 KBS가 전 세계 K팝 팬들을 대상으로 외교부와 문화체육관광부의 후원으로 매년 개최하는 K팝 월드페스티벌의 지역예선이라고 할 수 있다. 이 지역예선에서 우승한 팀은 한국의 KBS에 공연영상을 보내고 심사위원회의 심의를 통과한 경우에만 한국 창원에서 개최되는 본선무대에 초청받게 된다.

베트남은 2011년부터 K-pop월드페스티벌 지역예선에 참여하여 2011년 최우수상틱시도와 아오자이, 2015년도 베스트 퍼포먼스상논라스, 2016년도 우정상로터스을 받았다. 전 세계에서 출전하는 만큼 10여개국만이 최종 본선에 진출하는 상황에서 세 번에 걸쳐 우수한 성적을 거둔 것은 베트남 한류의 힘과 저력에서 나온 것으로 평가할 수 있다.

한류의 열기가 식지 않는 베트남에서 베트남의 젊은이가 K팝 가수로 활동하고 한국연예기획사가 K-pop 스타로 만들기 위해 정열을 불태우고 있지만 현실은 그렇게 녹록치 않아 보인다.(위: 2015년도 K-pop월드 페스티벌에서 베스트 퍼포먼스상을 수상한 논라스(NONLAS)팀, 아래: 한국공연기획자가 양성하고 있는 K팝 걸그룹 라임(LIME))

수상팀은 귀국 후 베트남에서 개최하는 다양한 행사에 초청받아 무대 공연을 펼치면서 수입도 벌어들이고 바쁜 스케줄을 소화하게 된다.

이 경연대회는 K팝을 사랑하는 열성팬들이 일 년 동안 기다려온 행사이고, 그동안 갈고 닦은 기량을 선보이는 가장 중요한 이벤트라고 할 수 있다. 이와 함께 베트남 문화원에서는 2013년도부터 K팝 팬클럽 축제를 별도로 진행해 왔는데, 2016년도에는 두 축제를 통합하여 진행하게 되었다.

이 무대에는 예선을 통과한 15개팀이 본선무대에서 경쟁하게 되었다. 개인 간의 실력 경쟁은 물론 팬클럽간의 자존심 경쟁으로 촉발되어 그 열기는 더욱 거세지고 있었다. 열기가 무르익어 갈 무렵, 무대위의 사회자는 아주 특별한 팀을 소개하였다. 팬들의 눈에 익은 중년 신사와 4명의 젊은이들로 구성된 '원장과 친구들'이라는 팀이 경연무대에 나선 것이다. 순간 어색하지만 당당하게 무대에서 부른 곡은 '결국에는'이라는 뜻을 갖고 있는 '사우 떳 까Sau Tat Ca'를 한국어 버전으로 불렀다.

호기심으로 잔뜩 긴장하며 숨을 죽이고 바라보던 관중들은 이 노래의 첫 소절이 확성기를 통해 잔잔하게 흘러나오자 흥분을 감추지 못했다. 굉장한 박수소리와 함께 양손을 모두 하늘 높이 쳐들고 좌우로 흔들면서 한 목소리로 이 노래를 합창하고 있었다.

(사우 떳 까)
우리 다시 만나
운명처럼
처음 만난 날 처럼

(사우 떳 까)
내 마음 그대로
멀어짐은 오직 우릴 더
강하게 만들어

지겹도록 싸우고
서롤 탓하고 또 원망했지

시간은 천천히 내게도 흘러서
네가 필요하단 걸 알았어

하루가 너로만 가득해서
사랑 말곤 할 수가 없어
그대 내 진심을 알아줘요
서툴지만 다가갈께요
Because you are the one I love

어찌됐건 우리는 많은 관중들의 환호를 받으면서 무사히 공연을 마치고 무대를 내려왔다. 그러나 아름다운 이 노래를 만족스럽게 부르지 못했다. 마음은 흥분되고 뿌듯하기도 하였지만 한편으로는 좋은 목소리로 부르지 못해서 열렬히 성원해 준 관중들에게 미안하기도 했다.

그것은 일주일 전부터 갑자기 목감기가 심해서 무대에 오를 수 없어 보였지만, 이번 축제가 4년 임기의 마지막을 장식하는 고별 무대였기 때문에 강행하기로 마음을 먹었다. 그러나 사실 그보다 더 중요한 이유는 회원들의 적극적인 요청과 응원이 있었기 때문이다. 문화원의 K-컬쳐서포터즈 회원 중에서 한 친구는 필자에게 한국어로도 번안되어 인기를 얻고 있는 사오 떳 까Sao Tat Ca라는 베트남 노래가수 Erik를 불러줄 것을 요청하였다. 위에서 한국어 가사가 나와 있듯이 이 노래는 한국가수 폴김Paul Kim이 불러 베트남 젊은이들에게 더욱 인기를 얻고 있는 곡이 되었고, 양국의 문화교류의 상징이었다.

이 노래를 유튜브를 통해 들어보니, 감미로운 멜로디는 물론 서정적인 가사에 금방 마음이 따뜻해지고 감동을 받았다.

이 노래의 가사는 기본적으로 좋아하다가 싸우고 헤어졌다가 다시 서로 사랑하게 되었다는 애절한 사랑노래이지만, 한국과 베트남의 근대역사에서 피치 못하게 겪었던 애증관계를 이제는 뉘우치고 서로가 필요한 관계를 만들어 가자는 고백이 들어 있었다. 이 노래는 2016년 3월 당시 유튜브에서 1천만 이상의 뷰를 기록할 정도로 인기가 폭발했다.

베트남에서 K팝은 여전히 한류의 흐름을 주도하고 있다. 문화원은 매년 K팝 팬클럽 축제, K팝월드페스티벌 등 축제를 호찌민과 하노이에서 개최하면서 젊은이들의 열기를 한류라는 큰 흐름속으로 이끌어 내고 있다.

이와 같이 베트남에서 K팝 문화가 한류를 이끌고 있다고 할 수 있다. 한국 기업이나 한국교민들이 개최하는 한국음식축제와 같은 식품홍보이벤트, 기관별 연말 송년행사에도 세계 무대에서 우승한 팀이나 문화원에서 양성한 K팝 팬클럽을 파견하여 무대에 올림으로써 행사비용절감은 물론 관객들로부터 좋은 반응을 얻기도 하였다.

K팝은 방송이나 SNS에서도 인기가 높다. 청취자의 신청을 받아서 진행하는 베트남 방송 음악채널에는 반 이상이 K팝 노래이다. 베트남 현지 문화콘텐츠 포털 사이트중에서 가장 가입자가 많은 "Zingme"의 음악코너에서 MP3나 뮤직 비디오를 내려받는 횟수는 미국의 팝송과 같은 외국 음악이나 자국

노래보다도 K팝에 대한 인기가 가장 높다. K팝은 시민들의 일상생활 속에서 자연스럽게 즐기는 음악이 되었다. 어느 시내의 식당이나 백화점, 상점, 관광지 등에서 한국의 음악을 심심치 않게 들을 수 있기 때문이다. 길거리에서 귀에 이어폰을 착용한 젊은이들을 많이 볼 수 있는데, 많은 젊은이들이 K팝을 친구 삼아 하루 일과를 보내고 있다.

베트남은 90년대 말 이후 한류가 지속적으로 발달해 온 지역이며 지리적으로 한국과 가까워서 한류의 혜택을 가장 많이 받고 있는 국가에 속한다. 항공편으로 4시간이면 연예인들이 올 수 있어서 심리적 부담감도 적게 들고, 상대적으로 저렴한 항공료로 인하여 공연비용이 적게 들기 때문에 수익성에 대한 기대감으로 베트남을 자주 찾는다.

2007년 11월 가수 비가 베트남에서 처음으로 단독 콘서트를 개최하였는데, 티켓 2만장이 모두 매진될 정도로 성공적인 공연이었다. 그 이후에도 장나라, 소녀시대, 2NE1, 슈퍼주니어, JYJ, 티아라 등 수많은 연예인들이 베트남을 방문해서 공연하였다.

베트남의 K팝 팬들에게는 잊지 못할 최고의 선물이 되고 있고 언론에서도 공연성과에 대해 극찬을 아끼지 않는다. 하지만 내막을 들여다보면 모든 공연이 성공하고 있는 것은 아니다. 대부분 공연 티켓의 판매가 부진하여 한국 기획사들이 기대했던 것 보만큼 수익을 가져오지 못하게 되고, 손해를 감수해야 하는 경우도 많이 있어서 베트남 문화시장에 대한 철저한 사전 조사와 준비가 필요하다는 의견이 지배적이었다.

2012년 3월에 하노이 국립컨벤션센터3천 석에서 개최되었던 '뮤직뱅크'는 처음부터 입장료를 받지 않고 모든 행사비용은 후원에 의해 치러졌기 때문에 현지 주간 방송사와 KBS 그리고 대사관과 현지 정부 간의 업무 협조와 지원 문제만 있었다. 다만, 좌석이 3천 석에 한정되어 있었기 때문에 현지 정부의 주요인사들이 자녀를 위한 공연티켓확보 경쟁에 개입하는 상황에 이르면서 공연 후 적지 않은 후유증을 남겨 놓게 되었다.

같은 해 11월 29일에 하노이의 국립 미딩경기장에서 있었던 MBC의 '쇼! 음악중심'에서는 유료 공연으로 전환하였고 3만 명에 가까운 관중들이 몰려들었다는 보도가 있었지만 현지 대행사는 큰 손실을 감내해야 했다. 실제로는 K팝 팬들의 일부를 제외하고는 유료 입장표를 구입하지 않고 무료 배포를 기다렸고, 주최 측은 행사 당일에 가까워지면서 초조한 끝에 결국 무료 배포를 할 수 밖에 없었다. 현지 발생 비용의 상당부분을 공연티켓 판매비용으로 충당하려고 했던 의도가 무너지면서 현지 대행사는 큰 손실을 얻게 되었다.

이후에도 중소규모의 공연이 호찌민과 하노이에서 간간이 이어져 왔지만 수익을 내지는 못하고 대체로 손실을 보게 된다. 2015년 3월 28일 하노이 미딩경기장에서 있었던 '뮤직뱅크'공연에 따른 손실은 생각보다 심각하였고 후유증은 여전히 진행중이다. 행사 이후 한국인 현지 책임 대행사 대표는 행방을 감추었고, 협력사는 주관 대행사를 상대로 소송을 진행하고 있다. 현지 베트남 사회에도 큰 혼란과 상처를 남겼다. 공연 전후에 투입되었던 통역원에 대한 통역비와 차량 렌트비가 지급되지 않은 채로 책임자가 종적을 감추고 달아나 버렸기 때문이다.

주관사인 KBS나 어느 업체도 이 문제를 책임지지 않고 있다. 한국문화원에 민원도 제기하지만 문화원에서 해결할 수 있는 방안도 없었다. 대부분이 한국문화를 좋아해서 한국말을 배운 통역요원들에게 이러한 일은 한국인들 전체에 대한 혐오감을 만들어 냈고 오랜 기간 다져온 신뢰성에 기반한 한류의 흐름에 찬물을 끼얹는 결과를 만들어 내고 말았다.

베트남이 한국음악에 대한 유망 시장으로 부상한 것은 분명한 사실이지만, 이러한 이유들로 인해서 최근에는 예산이 막대하게 소요되는 대형 공연이나 콘서트를 개최하는 것보다는 팬들과 직접 대화하고 교류할 수 있는 팬미팅을 개최하는 추세가 많아지고 있다. 현지 팬들을 많이 확보하고 있으며 베트남을 자주 찾는 아이돌 그룹인 티아라, 김재중, 소녀시대, 아이스, 엠티플 등을 예로 들 수 있다. 이처럼 타깃층이 뚜렷한 차별화된 기획은 어느 정도 성공적인 결과를 얻을 수 있다. 특정화된 아이돌 가수를 사랑하는 매니아층은 높은 입장료에도 불구하고 대체로 표를 구입하게 된다. 문화원의 회원으로 내가 만나 본 젊은이들 중에는 자기가 좋아하는 아이돌 가수 공연을 보기 위해 인근 국가인 태국이나 싱가폴에도 자비를 들여 다녀왔다는 이야기를 종종 듣게 되면서 깜짝 놀란 적도 있다.

최근 새로운 현상으로 포화상태에 있는 한국에서 일부 기획사들이 베트남에 진출하여 베트남 출신의 K팝 아이돌 가수를 직접 양성하여 베트남과 한국 시장에 직접 선보이는 사업에 뛰어 들고 있다. 이 시장에는 한국에서 성공적으로 사업을 하고 있는 기업들, 이 분야에 경험과 노하우를 겸비한 기획사들 뿐만 아니라 현지에서 다른 사업으로 어느 정도 터전을 잡은 회사들도 이 분야에 관심을 갖는 사례가 증가하고 있다.

가장 눈에 띄는 사례로는 호찌민에서 사업을 시작한 기획사 V&K는 베트남 오디션 프로그램을 통해 선발된 여성멤버들로 '라임'이라는 팀을 만들었으며, 베트남에서 어느 정도 성공적인 데뷔를 마치고 지금은 한국에 진출시켜 외국 가수로써 입지를 넓혀 나가는 중이다. 이 팀은 한국의 가수 양성 전문기업의 인큐베이팅 시스템 아래 체계적인 훈련을 받았다.

2015년도 봄에 호찌민에서 개최한 '라임'의 첫 데뷔곡 '서두르지 마Take it slow' 발표장에 초청을 받아 참가한 적이 있는데, 처음 듣는 곡인데도 흥겹고 빠른 템포로 중독성이 있어 보였다.

이 곡은 베트남어와 한국어로 불렀다. 베트남어로 부른 이 곡은 베트남 가요계에서 짧은 기간에 큰 인기를 얻게 된다. 여세를 몰아 한국에 진출한 걸그룹 '라임'은 최근에 새로운 곡을 만들어 발표하고 예능 프로그램에도 출연하는 등 활발한 홍보활동을 하고 있어 성공할 수 있다는 긍정적인 생각도 갖게 되지만, 기대만큼 성공할 가능성은 많아 보이지 않는다.

지금은 한국에서 'K팝 아티스트 인큐베이팅 시스템'을 성공적으로 구축하고 CNBLUE, 4미닛 등 K팝 아이돌 스타를 배출해 온 기획사인 RBW가 호찌민에 사무실을 내고 본격적으로 베트남에 진출해서 K팝 컨텐츠와 관련하여 다양한 활동을 전개해 나가고 있다. 그러나 위의 사례들은 장기간의 훈련과 마케팅에 소요되는 막대한 경비를 생각하면 결코 아무나 할 수 있는 사업은 아니라고 생각한다. 손익 분기점에 이를 때까지 버틸 수 있는 재정적 기반을 갖고 있는 경우에나 가능하다고 말할 수 있고, 그렇지 않은 경우에는 상당한 리스크를 감당해야 할 것이다.

2) 드라마와 예능프로그램

〈소비채널의 변화―온라인 시청〉

문화원의 K컬쳐 서포터즈로 활동하다 최근 베트남의 대표적인 온라인 매체 VN Express의 기자가 된 흐엉 까오Huong Cao는 10월 8일자 페이스북에 이준기가 주연하고 있는 SBS의 인기드라마 '달의 연인' 14번째 에피소드에 대한 안내를 했다. 야구경기에 밀려 방영일정이 조정될 수 있다는 안타까운 소식이 있었지만 홈페이지를 통해 확인해 보니 정상적으로 방영될 것 같다고 걱정하지 말라는 안내였다. 베트남 네티즌들은 SBS가 사전 공개한 미리보기를 통해 스토리가 어떻게 전개될 것인지 '설왕설래'하고 있어 방영일정에 대해서 민감해 보였다.

요즘 베트남 젊은이들 사이에 한국배우 박보검에 대한 인기는 대단하다. 이 배우는 '응답하라 1988'에 이어 인기리에 방영되었던 '구르미 그린 달빛'에서 아주 로맨틱하면서도 위엄이 있는 왕으로 활약하면서 여심을 울렸기 때문이다. 이와 같이 베트남 젊은이들은 현재 방영중인 한국의 드라마를 인터넷 사이트나 유튜브 등 SNS를 통해 실시간으로 시청하고 있다. 특히, 한국어를 구사하거나 알아듣는 젊은이들이 늘어나면서 한국 방송사 홈페이지에 직접 접촉하여 다양한 정보를 수집하여 공유하고 있다.

최근에는 온라인 시장의 발전에 따라 드라마 시청 채널의 변화가 뚜렷하다고 할 수 있다. 2013년도 말에 방영된 이민호와 박신혜가 출연한 '상속자들'과 전지현과 김수현이 출연한 '별에서 온 그대'는 인터넷에 유포되어 베트남에서 각각 '김탄 신드롬', '도민준 신드롬' 등을 일으키며 폭풍적인 인기를 모았다. 2015년도 4월에 배우 김수현이 베트남에서 팬미팅을 가졌는데, 입장권이 순식간에 매진될 정도로 인기가 높았다. 이런 소식들도 오프라인보다는 유튜브나 인터넷 사이트를 통해 시청하고 팬페이지에 접속하여 인기를 얻게 된 경우라고 할 수 있다.

한편 베트남에서 한국드라마의 인기가 예전 같지 않다고 말한다. 어느 정도는 맞는 말이다. 그동안 현지 TV방송에서 방영하는 드라마가 한류의 척도로 생각해 온 우리로서는 한류가 침체되고 있는 증거로 보인다. 그렇다면 아주 심각하게 추세를 눈여겨보아야 할 것이다. 그러면 과연 이러한 현상들이 한류의 침체의 징조인지를 검토해 보고자 한다.

〈한국드라마 인기 체감과 영향〉

90년대 후반부터 2천 년 대 중반까지 '첫사랑', '의가형제', '별은 내 가슴에', '겨울연가', 2003년 '대장금'으로 최고점을 찍으면서 베트남 방송에서는 최대 10편 정도가 일상적으로 방영되었다. '대장금'에 이어 '허준', '주몽' 등 한국 사극드라마의 열풍이 풀면서 한국음식, 한국역사, 한국전통의상 등에 대한 관심이 급속히 커지면서 한류의 상승에 기여하였다.

당연히 한국 드라마는 중국, 인도 등 다른 나라의 드라마의 인기를 압도했고, 이를 통한 수익창출 가능성도 높았기 때문에 베트남 프로덕션들은 한국 드라마의 수입에 관심을 기울였다. 특히, 2014년 5월 중순 중국의 남중국해 석유 시추 강행에 반발해 시작된 베트남 반중 시위가 고조되는 과정에서 일부 방송사들은 중국드라마 상영을 줄이고 한국 드라마로 대체하는 추세를 보이기도 하였다. 이를 계기로 한국드라마가 어부지리를 얻게 될 것으로 기대되었으나, '기황후'인 본방 드라마를 제외하면 대부분 재방영 드라마가 다시 차지하면서 시청자들을 식상하게 만들고 거부감을 들게 했다. 그 자리에는 인도나 필리핀과 같은 다른 나라의 본방 드라마로 대체되는 상황이다.

최근 베트남 주요 방송에서는 평일 골든타임인 8시에 인도 시트콤 '사랑과 운명'과 장편드라마 '8월 신부'를 방영하면서 안방의 시청자들을 사로잡고 있다. 이들 드라마들은 2015년 초반부터 매일 저녁 8시에 방영되고 있다. 인도 드라마와 함께 필리핀 드라마가 약진하고 있으며, 태국, 말레이시아 드라마는 주로 지방 도시의 TV채널을 통해 방영되고 있어 한국드라마의 위기가 아닌가 우려된다.

그러나 한국드라마에 대한 전반적인 인기가 줄어들고 있는 것은 아닌 것으로 판단된다. 시청 방식이나 채널이 새롭게 변화하고 다변화되는 과정을 겪고 있다고 보여진다. 베트남 방송국 산하 케이블 방송 채널 중 아시아국가 드라마를 방영하는 D-Drama라는 채널에서는 한국드라마의 점유율이 65%로 '남자가 사랑할 때', '별에서 온 그대' 등 한국드라마의 최신작과 주말드라마 '금나와라! 뚝딱', 일일연속극 '루비 반지', '바보 엄마' 등 다양한 한국드라마를 방영하고 있고 새로운 작품들이 업데이트 되고 있다.

또 다른 변화는 SNS에 익숙한 젊은 층들이 더 이상 TV시청에 몰두하기보다는 유튜브, 인터넷 등 온라인 시청으로 채널을 옮겼기 때문이다. 베트남은 스마트폰 사용률이 52%에 달하는 등 TV라는 미디어에 대한 의존도는 점차 약해지고 있다. 특히, 자신이 원하는 시간대에 원하는 드라마를 보고자 하는 욕구가 강한 젊은이들을 주 타깃으로 해서 한국드라마를 불법으로 중계하는 인터넷 사이트가 여럿 생기고 스마트폰 보급률이 급증하게 된 것이 한국드라마가 TV에서 줄어드는 주요한 원인으로 보인다. 여전히 젊은 층을 중심으로 한국드라마의 인기는 오히려 확산되고 있다고 말할 수 있다.

이에 따라 한때 TV방영용 드라마는 회당 3천~4천 달러345만원~460만원에 수입되던 시절도 있었으나 지금은 TV시청률 하락으로 외면 받고 있다. 대부분 한국드라마는 TV채널에서 방영되기도 전에 많은 사람들이 온라인 사이트에서 무료로 시청함으로써 현지 드라마 수입업자들의 이익이 감소하고 있기 때문이다. 전문가들은 인터넷을 통해 유통되는 한국 드라마에 대한 저작권 보호가 미흡한 상황에서 한류 콘텐츠가 제값을 받고 경쟁력을 확보할 수 있는 방안이 마련되어야 한다고 지적하고 있다. (연합뉴스 2015.7.16)

지금까지 살펴본 바와 같이 한국드라마 방영횟수가 현지 TV에서 줄어들고 있는 추세가 한류의 흐름에 큰 영향을 미칠 것으로 보이지는 않지만, 안방을 차지하고 있는 사람들 대부분이 경제권을 가지고 있고 자녀들에게 영향을 미치고 있는 중년 여성들이어서 한류 바람에 어느 정도의 영향은 미칠 것으로 우려된다.

〈예능 프로그램〉

최근에는 드라마 이외에도 한국의 예능 프로그램이 베트남에 많이 진출하고 있다. 2012년부터 개편된 케이블 방송인 YAN TV에서 인기가 많은 한국 예능 프로인 "우리 결혼했어요"와 "패밀리가 떴다"를 수입하여 자막 제작과 편집을 하고 방영하였는데 기대만큼 시청자들의 반응이 좋지는 않았다. 아이돌 가수의 팬인 청소년 시청자들의 관심만 유도할 수 있는 이러한 예능 프로그램은 유튜브나 동영상 공유 사이트 등 인터넷에서 쉽게 찾아 볼 수 있는 데다가 방송 분량이 너무 적어서 보는 재미가 많이 떨어졌다는 평가를 받기도 하였다.

베트남 청소년들에게 가장 인기가 많은 예능프로그램은 '1박2일', '런닝맨', '슈퍼맨이 돌아왔다' 등이다. 그리고 2009년도에 하노이 방송은 국내에서 최초로 인기 방송프로그램인 '비타민'의 포맷 저작권을 구입해 방영한 바가 있었는데 이런 방식은 2014년 중순부터 그 어느 때보다 활발하게 진행하고 있다. 성형수술을 테마로 한 베트남 방송 VTV2의 'Change Life 한국의 Let's beauty 방송프로그램의 포맷, VTV3의 '아빠, 어디가 시즌1&2' 등을 예로 들 수 있다. 이와 같이 한국의 예능 및 실제 프로그램들이 베트남인의 오락 수요를 만족시킬 뿐만 아니라 생활기능, 건강관리 등과 같은 생활 속에서의 여러가지 풍부한 지식을 학습할 수 있는 기회를 제공한다는 차원에서 유익하다고 판단된다.

〈한–베 합작드라마의 의의〉

그러나 한류는 드라마를 안방에 앉아서 시청하는 것처럼 한 방향으로 이루어지는 교류에 의해서 지속되는 것은 아니다. 이제는 한류의 차원을 달리해야 한다. 베트남 문화에 실질적인 도움이 되는 한류, 상호 대등한 문화교류를 지향하는 한류가 필요한 시점이다. 원래 한류라는 의미는 한국문화가 해외에서 일방적으로 전파되면서 형성된 뚜렷한 흐름이라고 말할 수 있을 것이다. 이제까지 한류의 정의는 그렇게 내려지고 있다. 하지만, 앞으로 한류가 지속하기 위해서는 현지 문화에 유익한 한류, 한류의 현지화에 기여할 수 있는 한류로 발전해야 할 것이다.

　이러한 차원에서 한국은 베트남 드라마시장을 예의 주시하고 그들에게 필요한 현안을 적극적으로 협력함으로써 실질적인 이익을 제공해야 한다고 생각한다. 그동안 한국드라마의 역할은 현지 방송국은 물론 드라마 제작자들에게 많은 동기부여를 했다고 생각한다. 한국드라마의 인기는 오랜 시간 대중들의 외면을 받아 온 베트남 현지 드라마 제작자들에게 간접적으로 자극을 주었으며 이제 그들은 환골탈태를 위한 기지개를 펴고 있다.

　즉, 다양한 방법으로 스폰을 받아 제작비를 높이고, Vu Ngoc Dang, Do Quang Hai, Khai Anh 등 명망 있는 영화감독을 영입하여 완성도 높은 스토리텔링과 첨단 제작방식을 채용하면서 국내산 드라마의 품격을 올리는데 주력하고 있다. 한국, 일본 등 선진 해외 제작사와의 협력과 공동제작을 통해 제작기술과 마케팅 기법 등을 배워가고 있다. 일례로 2014년과 2015년 초에 각각 해외 제작회사와 협력, 제작한 드라마인 '파트너일본 제작사와 합작', '오늘도 청춘한국 제작사인 CJ E &M와 합작'가 있다.

　베트남 국영 방송사인 VTV와 CJ E&M이 공동 제작한 '오늘도 청춘'은 일반 대중의 기호를 잘 파악하여 완성도 높은 스토리를 만들고 오후 8시라는 황금 시간대에 방영하여 높은 시청률을 기록하였으며, 한국 드라마 제작 기술과 마케팅 방법을 전수하여 베트남 드라마 제작 능력을 향상시켜 준 것으로 평가받고 있다. 이 작품에 출연한 한국 가수 강태오는 베트남 현지 젊은이들로부터 큰 사랑을 받는 대스타로 떠올랐으며, 이 드라마는 베트남 현지 방영 이후, 한국을 비롯한 여러 아시아 국가에서 방영되었다. 제1시즌의 성공에 힘입어 같은 배우와 같은 제작자들이 모여 제2시즌을 준비하고 있다.

문화원은 최초의 한–베 합작드라마의 상징적인 의미에 공감하여, 준비단계에서부터 많은 관심을 갖고 후원하였다. 또한 이 드라마가 한국과 베트남 젊은이들의 사랑과 우정이야기이기 때문에 홍보효과가 클 것으로 판단하여 한국문화원이 드라마에 노출될 수 있도록 시나리오가 만들어졌으며, 문화원장은 직접 이 드라마에서 카메오로 출연하는 행운까지 얻게 되었다.

〈결론〉

최근 베트남 정부는 자국 문화산업 보호를 위해 현지 드라마의 방송시간을 전체 드라마 프로그램 방송시간 중 30~40%까지 점유율을 확대시킬 것을 방송사들에 요구한 바 있다. 베트남 방송사들이 인터넷 매체와의 경쟁, 정부의 국산 콘텐츠 사용률 제고 요청 등의 숙제를 해결해야 하는 절박한 상황에 놓여 있다. 이러한 맥락 속에서 한국의 콘텐츠 기업들이 어떻게 베트남에서 관련된 시장을 확보해나갈 수 있을지는 그 대응전략에 달린 것으로 보인다.

결론적으로, 아직도 한국 드라마에 대한 전반적인 인기는 높으나 소비되는 채널이 변하고 있고, 주요 소비층이 변하고 있으며 베트남 콘텐츠와의 경쟁도 높아지고 있다는 것을 주시해야 한다. 한류 콘텐츠만의 독자성 확보와 병행해 현지 문화와의 융합 역시 적극적으로 시도해야 하며, 콘텐츠 제공 채널의 변화와 함께 저작권 침해에 대한 대응도 필요한 시점이다. 보도에 따르면, 2019년2월, 양국 정부기관은 한국 콘텐츠를 불법 유통한 베트남온라인 사이트 2곳(phimbathu, bilutv)을 폐쇄하고 9곳 불법 게시물을 삭제했다고 한다. 양국 정부의 불법 사이트 공동단속은 저작권위원회 하노이 사무소 개설 이후 5년만의 첫 성과이며 앞으로 한국 콘텐츠 유통소비시장의 향방이 주목된다.

3) 영화 열풍

1999년 한류 상륙 초기에는 영화 〈편지〉, 〈연풍연가〉가 상영되었으며, 특히 2001년에 상영된 영화 〈찜〉이 매출 VND 40억을 돌파한 이후 〈엽기적인 그녀〉, 〈피아노 치는 대통령〉, 〈클래식〉, 〈왕의 남자〉 〈괴물〉 〈해운대〉등 수십편의 영화가 베트남 영화관을 찾았다.

2012년에는 〈건축학개론〉, 〈파파〉, 〈시라노 연애조작단〉, 〈음치 클리닉〉, 〈늑대소년〉 등이 좋은 반응을 얻었고 2013년에는 〈자칼이 온다〉, 〈7번방의 선물〉, 〈사이코메트리〉등이 상영되었다.

2011년 한국기업 CJ CGV는 베트남 최대 멀티플렉스인 Mega Star를 인수하여 하노이, 호찌민 등에 14개관, 126개 스크린을 확보하여 베트남 멀티플렉스 1위 사업자가 되었고 계속적으로 보유 극장을 넓혀 가고 있다. 롯데시네마 또한 베트남에서 성공적으로 영화관 사업을 하고 있는 한국회사 DMC를 인수하여 현재까지 총 12개관 60개 스크린을 확보하게 되었다.

롯데시네마 측은 "2015년까지 총 18개 영화관 95개 스크린 확보를 목표로 하고 있으며 단순히 영화관을 개관하는 것이 아니라 한국의 문화를 전파한다는 각오로 사업에 박차를 가하겠다."고 밝혔다. 베트남 최대 멀티플렉스 영화관을 운영하고 있는 CJ CGV와 롯데시네마가 한국 영화 상영 비율을 높이는 것으로 베트남 관람객들에게 한국의 문화, 영화를 효과적으로 알릴 수 있는 기회가 많아 질 것이다.

그리고 '광해', '늑대소년'을 비롯한 최근의 '수상한 그녀'까지 질 높은 한국 영화들은 한국의 개봉시간과 맞추어 베트남에서 비슷한 시기에 개봉하며 상영기간을 가급적 연장하도록 하며 베트남 관객들에게 큰 호응을 얻게 되고 한국 영화를 보다 적극적으로 받아들이는 것으로 보인다.

2012년 11월 문화원과 CJ CGV는 공동으로 하노이, 호찌민, 다낭에서 한국 영화제를 개최했으며 이후에도 한국영화의 홍보를 위해 긴밀하게 협력해왔다. 2013년 11월 16일~12월 22일까지 문화원은 영화진흥위원회와 롯데시네마의 후원으로 하노이를 시작해 한국영화를 접하기 어려운 중소도시 하남, 꽝아이, 닌화, 푸터, 달랏에서 순회영화제를 성황리에 개최하였다.

2014년 6월 CJ CGV에 의해 개최된 베트남 '토토의 작업실'에 1,000명에 가까운 청소년이 몰릴 정도로 큰 인기를 누렸다. 참석한 청소년들이 제작한 영화들은 예년에 비해 수준이 높아졌다는 평을 받으며 현지 언론으로부터 지대한 관심을 이끌어냈다. '토토의 작업실'은 청소년들에게 영화인에 대한 꿈과 열정을 심어줄 영화 제작 프로젝트로 CJ CGV의 대표적 글로벌 사회 공헌 프로젝트이다. 그리고 베트남 영화산업진흥에 크게 기여한 사업을 지속적으로 진행해 왔다. 2014년 11월 20일부터 12월 5일까지 '베트남 찾아가는 영화관 2014 MOVIE FOR EVERYONE' 행사를 개최했는데 주요도시인 하이즈엉, 타이응우옌, 응에안, 나트랑, 달랏, 부온 메 투옷, 닌투언, 안장 등 8곳을 방문해 인근에 극장이 없어 평소 영화 보기가 어려운 4,500여 명의 주민들을 만났다. 베트남 독립영화 제작지원을 위해 2015년 1월에 CGV 호찌민 팍슨파라곤에 2개관, CGV 하노이 호금플라자 1개관을 아트하우스로 운영하고 베트남 독립영화를 중심으로 상영할 예정이다.

연간 개봉하는 자국 영화가 20여 편인 베트남 영화시장에서 독립영화의 제작 여건도 열악할 뿐 아니라, 제작한 작품은 강당이나 홀을 빌려 일시 상영하는 경우가 대부분이다. 이에 CGV는 젊은 영화감독들의 저예산 영화, 제작됐으나 예산이 없어 상영기회를 갖지 못한 작품, 영화제 수상작, 단편영화 및 다큐멘터리 등 다양한 작품을 상영함으로써 베트남 독립영화의 든든한 지원군 역할을 할 계획이다. 한편, CGV E&M의 현지인의 마음을 사로잡는 영화·드라마 맞춤형 프로젝트의 일환으로 2014년 베트남에서 공동 제작한 '내일 결정할게 2'라는 영화는 2014년 설연휴의 히트작으로 베트남 영화사상 최고 매출 기록을 세웠다.

4) 한국어 열기

2014년도 여름 새 학기가 시작되던 어느 날 저녁 모임에서 만난 하노이국립외대 한국어학부 학부장 흐엉교수는 어린아이처럼 웃으면서 자랑을 늘어났다. 금년에는 한국어학과 신입생들이 하노이국립외대 다른 학과 학생들보다 훨씬 우수한 학생들이 입학하게 되었다는 것이다. 최근들어 매년 한국어학과의 경쟁률이 높아지고 있어서 기쁘다는 것이다. 한국어학부에는 물론 교수나 강사진도 20여 명에 이르는데 대부분 한국의 저명한 대학에서 유학을하고 석박사 학위를 취득한 최강의 자질을 갖춘 인재들이고 모두들 대단한 자부심을 갖고 있다.

한글날기념대학연합축제(호찌민 인사대)

문화원은 세종학당을 부설로 운영한다. 강사진은 세종학당 재단에서 파견나온 2명의 정규 강사에다 현지에서 채용한 2명의 강사, 현지인 강사 2명 등 6명으로 구성되어 있다. 학기는 일 년에 두 학기제로 운영되고 있었지만, 수요를 감당하지 못해서 2016년부터는

3학기제로 운영하고 있다. 한 학기에 240명 정도가 입학하고 200명 정도가 졸업하게 되지만, 신청자가 많아서 금년에는 한 학기를 증설하게 되었다.

　재미있는 사실은 한국어를 구사할 줄 아는 젊은이들과 이야기를 하다보면 의외로 이러한 교육기관의 정식 학습과정을 거치지 않고 영화나 드라마를 보면서 스스로 한글을 깨우친 경우가 점점 많아지고 있다는 것이다. 이런 현상은 매우 바람직하다고 생각한다. 한국어만을 목적으로 학교에 다니는 사람보다는 다른 분야를 전공하는 사람들이 한국어를 할 수 있다면 한류의 폭도 훨씬 넓어질 것으로 기대되기 때문이다.

　"제가 한국 드라마, 영화를 많이 보고 한국 음악도 많이 들어서 자연스럽게 한국어를 좋아하게 되었어요. 앞으로 한국에 유학가고 싶어서 한국어를 공부하기로 했어요."(H씨 남, 22살)

　"텔레비전, 인터넷, 친구 소개 등을 통해 베트남에서 개최된 한국의 문화예술공연들을 알게 되었어요. 처음에 호기심 때문에 보러 갔는데 점점 한국문화, 한국어를 좋아하게 되었어요. 앞으로 한국회사에서 일하고 싶어서 대학교를 한국어 전공으로 선택했어요."(씨 남, 20살)

　위는 하노이 국립외대가 실시한 심층면접에서 언급한 두 학생의 인터뷰 결과인데, 대부분의 베트남 젊은이들이 한국 드라마와 영화, 음악을 좋아해서 한국어에 관심을 갖게 되었고, 나아가서 한국회사에 취업하거나 한국유학을 위해 한국어를 공부하게 된다. 온라인 설문조사에 의하면, 조사에 응한 232명중에서 75%가 매우 한국에 유학하고 싶다고 대답했고, 64%가 매우 한국회사에 취직하고 싶다고 응답했다.

베트남에는 2016년도 현재 전국 15개 대학에서 3,200여 명의 학생들이 한국어학을 전공하고 있다. 한국어학과는 보통 대학 내 동방학부 소속학과로 되어 있지만 2010년 호찌민 국립인사대에서 독립학과로 승격된 것을 기점으로, 2012년 하노이 국립외대에서 베트남 대학 중 최초로 한국어학부로 승격되었고 한국어학과와 한국어문화학과로 분과되었다.

베트남은 세종학당도 동남아시아에서 가장 많은 수를 자랑한다. 문화원, 하노이 국립외대, 인사대, 호찌민 산업대, 타이응우옌대, 달랏대, 후에대, 껀터대학, 꾸이년, 빈즈엉 등에서 12개의 세종학당이 개설되어 있다. 그 밖에도 결혼이주 여성들을 위한 한국어교육원, 한글학교, 한국학센터, 기술학교, 한국 기업의 우수직원을 위한 비정규 특별반 등은 물론 일반인들도 잇따라 한국어학원을 개원하고 있다. 앞으로도 한-베 관계의 지속적인 발전, 베트남에 대한 한국 기업의 투자증가, 한국 드라마, 음악 등 문화교류의 활성화에 힘입어 지속적으로 한국어 배우기 열풍은 지속될 것으로 예측하고 있다.

2012년 1월부터 2013년 11월까지 베트남 국영방송 2채널VTV2을 통해 한국어 교육 프로그램 "신짜오 한국어Xin Chao Hankuko"가 한국국제교류재단Korea Foundation의 지원을 받아 방송이 이루어지고 있으며 호찌민시, 하이퐁시 등 중소도시의 TV방송에서도 독자적으로 한국어 강좌가 진행되고 있다. 또한 "베트남인을 위한 종합한국어 교재전 6권"가 KF 및 국민은행의 지원으로 발간되어 베트남 내 대학에 보급되고 있다.

이러한 기세를 몰아, 베트남 교육부가 2020년까지 '외국어교육 선진화 방안'으로 추진하고 있는 교육개혁안에 한국어가 제2외국어로 채택되도록 대한민국 대사관과 합의가 이루어졌으며 2016년도부터 하노이와 호찌민의 일부 중고등학교에서 한국어과목을 시범적으로 운영하고 있다.

이와 같이 한국어 열기가 높아짐에 따라 부작용도 발생하고 있다. 강사에 대한 수요가 높아짐에 따라서 일부 자격이 부족한 강사가 채용됨에 따른 문제점도 발생하고 있고, 교재나 사전한-베 사전 등이 엉터리로 번역된 사례를 다수 발견할 수 있다.

5) 한국 음식

베트남 하노이에는 한국 음식 또는 한국식품을 홍보하는 기관이 많이 있다. 대표적으로는 농수산물유통공사aT가 있는데, 온-오프라인을 통해 활발하게 한국식품을 홍보하고 있다. 최근 온라인을 통한 마케팅으로 업무영역을 확장해 나가고 있어 SNS를 즐겨 사용하는 젊은이들이 많은 베트남의 식품광고시장에 적지 않은 영향을 미칠 것으로 기대된다.

대사관에서도 KBS가 지원하는 한국 음식콘테스트와 연례적인 행사인 한-

베 음식문화축제를 개최한다. 한–베 음식문화축제는 농림수산식품부의 예산을 기반으로 여타 기관에서 기금을 모아 진행하는 역사가 오래된 행사라고 할 수 있다. 이 업무는 식품의약품안전처에서 파견 나온 식약관이 담당한다. 문화원은 축제기간중 한국에서 공연단을 초청하고 영화제를 개최하는 등 음식축제를 문화축제로 승화시키는데 기여하여 왔다. 한식문화홍보는 관광공사하노이지사와 문화원에서도 중요한 업무 중의 하나라고 할 수 있지만, 다른 기관과의 중복을 지양하기 위하여 협력기관으로만 참여하고 있다.

지난해부터는 이 축제가 교민들이 자율적으로 준비하고 참여하는 축제다운 축제로 만들어 보자는 취지로 대사관측은 이 축제의 주관자를 하노이한인회로 이관하여 개최하고 있는데 축제의 지속성과 민관이 서로 원원할 수 있다는 차원에서 바람직한 전략과 방향이라고 생각하고 기대 이상의 성공을 거두고 있는 것으로 평가받고 있다.

하노이 aT사무소는 2013년도부터 문화원과 한국음식홍보를 위해 긴밀하게 협력해 오고 있다. aT는 하노이와 호찌민에서 독자적으로 한국식품 홍보사업을 정기적으로 개최하고 있지만, 문화원이 주최하는 대형 공연장이나 축제장에 한식홍보관을 설치해서 운영하여 시너지 효과를 내고 있다. aT는 2016년 6월 최초로 개원한 문화원 요리교실 한쪽 편에 식품홍보관을 설치하는 것과 병행해서 요리교실에 필요한 강사운영비를 지원하고 있다.

한식홍보를 위해 문화원이 할 수 있는 일은 높은 현지 수요를 고려하여 요리교실을 운영하는 것이었다. 그러나 문화원 시설이 부족하고 공간이 협소해서 고민에 고민을 하지 않을 수 없었다. 가장 좋은 장소는 세종학당과 창고로 사용하고 있는 별관 건물이었지만 공간 자체가 협소했다. 그러던 중 건물주와 지속적인 협의를 거쳐 콘크리트가 아닌 유리로 1층의 외벽을 확장하는 것을 조건으로 시설 증축을 할 수 있는 허락을 받게 되었다.

우여곡절 끝에, 역사적인 의미를 앉고 문화원 10주년을 기념하는 해인 2016년 3월 중순, 드디어 요리교실이 완성되어 오랜 숙원사업이 완성되는 기쁨을 느낄 수 있게 되었다. 이를 계기로 3월 31일과 4월 1일 양일간에 걸쳐 정부 주요인사의 배우자 및 일반인 등 60명을 초청하여 '한식요리특강'을 개최하게 되었다.

특히, 4월 1일 오전 특강에는 베트남 부총리겸 외교부 장관의 배우자 응우엔 응엣 응아Nguyen Nguyet Nga, 문화관광체육부 차관 배우자 쩐 티 밍 투Tran Thi Minh Thu, 자연환경부 차관 배우자 부 티 마이Vu Thi Mai, 사회과학원장 배우자 보 티 쯩Vo Thi Truong 등 정부의 주요 인사 배우자들이 직접 참여하여 그 열기를 확인할 수 있었으며 많은 언론의 관심도 커서 홍보효과를 달성할 수 있었다.

정규수업을 위해 하노이에 거주하는 교민중에서 경험과 전문성이 높은 두 분을 강사로 선발하여 6월 중순, 드디어 문화원은 한식 요리교실을 개원하였다. 강좌는 일반인, 학생과 특별반으로 구성하였는데, 특별반은 베트남에서 한국남성과 결혼한 다문화가정의 배우자를 대상으로 특별 강좌를 열게 되었다. 기대한 데로 반응은 매우 뜨거웠다. 문화원의 책임자로서 4년여 재임기간 중에 마지막 미션을 성공적으로 달성한 셈이어서 공식적으로는 한국문화의 엑기스인 한식문화 홍보의 거점을 마련했다는 상징적인 의미가 크고 개인적으로는 커다란 자부심과 보람을 안겨 주었다.

"제가 알기로 한식은 모양도 아름답고 맛도 있고 영양소도 많아요. 한식을 아주 좋아해서 돈이 있을 때마다 여러 재료를 사서 언니와 같이 김밥, 비빔밥, 떡볶이, 미역국을 만들곤 해요. 특히, 추운 겨울에는 가끔 가족과 같이 삼겹살도 구워서 즐겁게 먹기도 합니다."(K씨, 여, 17살)

"한식은 요리법, 겉모습, 맛 다 신기하네요! 가끔 같은 반 친구들과 같이 집에서 김치도 만들어 보는데요. 김치를 담글 때 아주 여러 단계에 걸쳐서 해야 하죠. 따라서 세심함과 인내심을 자연스럽게 학습할 수 있어요."(L씨, 여, 19살)

위의 심층면접에서 나타나는 바와 같이 한식은 드라마, 영화, 신문, 잡지 등에서 뿐만 아니라 베트남인의 일상적인 밥상에서도 등장하고 있다는 것을 알 수 있다. 이렇게 베트남 사람들의 일상적인 밥상에 한국 음식과 베트남 음식이 공존한다는 것은 한식이 베트남 문화생활 속에서 미치는 긍정적인 영향이 매우 크다는 것을 말해 준다.

베트남에서 한류는 현지화라는 차원에서 새로운 국면을 맞이하고 있다. 주요 도시를 거점으로 현지인들이 운영하는 한국식당, 한국식 카페, 한국화장품 및 악세서리 가게, 한국 전자제품 판매점 등이 증가하고 있다.(베트남에서 전국적으로 체인점을 확장해 나가고 있는 현지기업이 운영하는 고기하우스Go Gi house)

　베트남에서 방영된 한국드라마를 통해 김치, 소주를 비롯한 한국 음식이 알려져 관심을 끌게 되었다. 2005년 방영된 드라마 〈대장금〉의 인기로, 베트남인들의 한국 음식에 대한 선호도가 급격하게 증가하였다. 베트남 북부지역에는 약 100개 이상의 한국 식당이 있다고 알려지고 있으며, 한국교민뿐 아니라 베트남인들도 한국 식당을 애용하고 있다.

　베트남인들이 좋아하는 한국 음식으로는 삼계탕, 불고기, 비빔밥 등을 들수 있다. 또한 대형마트와 현지에서 생산된 김치, 김밥, 한국과자류가 널리 판매되고 있어 한국 식품의 인기를 실감할 수 있다. 한국인이 운영하는 음식점 외에 현지인이 직접 운영하는 한국 식당이 날로 증가하는 것으로 보인다.

그리고 최근 베트남에서 체인점을 빠르게 확대하고 있는 K Market과 함께 롯데마트의 등장으로 한국 과자, 라면, 김치, 음료수 등 다양한 한국 음식과 식품은 현지인에게 널리 소개되어 색다른 맛과 수입제과와 달리 저렴한 가격에 판매되고 있어서 인기를 모으고 있다.

한국 식당의 급증으로 한국의 전통음식을 널리 알리지는 한편 1998년 베트남에 진출한 롯데리아, 2013년 한국의 최고 제빵 체인점인 빠리바게트와 뚜레쥬르, 한국의 인기 커피전문점인 커피빈2012년, 카페베네2014년, 엔제리너스2014, 한국의 분식체인점 'School Food'2014년 등이 속속 등장해서 팥빙수가 올여름에 꼭 맛봐야 할 메뉴가 될 정도로 한국 사람이 즐겨먹는 분식, 음료수 등이 현지인에게 인기가 많아 한국의 음식 문화를 다양하게 알려졌다. 특히 이러한 한국 패스드푸드 체인점은 매점의 세련도와 친절한 서비스가 공통 특징으로 꼽힐 수 있다.

6) 기타 문화산업

젊은이들 사이에서는 드라마에 나온 패션, 미용 등에 대한 관심이 높아서 한국 의류, 화장품, 식품제과류, 장류, 인스턴트 식품 등의 판매가 급증하고 있고, 한국의료관광성형수술에 대한 관심이 높아지고 있다. 특히, 한국은 최근 의료관광홍보를 위해 다각적인 노력을 기울이고 있는데 한국의 의료단체, 한국의 방송국과 베트남 방송국이 협력해서 베트남의 심장병 어린이 등을 치료하는 과정을 방송하기도 하였다.

2014년도에는 부산광역시는 한국관광공사와 손잡고 대규모로 의료전문가, 의료기관과 의료기기수출기업들을 이끌고 '베트남국제관광박람회'에 참가하기도 하였다. 최근에는 베트남 방송국은 한국의 방송프로그램 "Let 美人"을 수입하여 "Change life"라는 베트남 버전을 만들었는데, 이 프로그램은 외모의 결점 때문에 고생하는 베트남인들을 선정하여 한국인 의사가 무료로 성형수술을 해주는 프로그램인데 한국의 성형수술을 간접 홍보하는 효과를 가져왔다.

최근 한국을 방문한 베트남 친구들을 몇 차례 안내한 적이 있는데, 그들이 관심을 갖는 품목을 보면, 주로 건강보조식품, 화장품, 의류 등이었다. 우황청심원 등 건강보조식품은 가족 중의 어른을 위한 선물이나 친지가 부탁하는 경우가 많았다. 한국을 찾은 젊은이들은 일반적으로 화장품을 구매하는데 많은 시간과 돈을 지출하는 것을 볼 수 있었다.

레 당 환Le Dang Hoan교수2007에 따르면 한류열풍이 시작된 때부터 베트남의 젊은 여성들은 한국 연예인의 의복이나 헤어스타일이나 화장 사용습관 등을 모방하는 방향으로 변화해 왔다고 본다. 즉, 한국 연예인을 본떠 여성들은 염색과 파마로 머리를 치장했고 남성들은 짧게 자른 머리에 무스를 바르기 시작했다고 한다. 조사한 시점이 10년 전임을 감안하면 그 당시와 비교하여 베트남 젊은이들의 패션과 미용에 많은 변화가 있다는 것은 당연한 이야기라고 생각한다. 오늘날 더 페이스숍, 스킨푸드, 네이처리퍼블릭, 토니모리, 에뛰드 하우스 등과 같은 한국의 화장품 브랜드들은 베트남에서 낯설지 않은 이름이 되었다.

베트남 젊은이들은 만화를 좋아한다. "Giaoduc.edu.vn"라는 베트남 전자신 문에 따르면 오늘날 만화를 선호하여 구독하는 베트남 젊은층의 비율이 70% 라고 한다. 문화원의 자료실 네 면중에서 한 면을 한국 만화가 채우고 있다. 여러 책 중에서 만화가 가장 많이 대출되고 있다. 그만큼 만화는 한국 문화 를 소개하는 좋은 창구가 될 수 있다. 그러나 베트남 출간 만화는 1%에 불과 하고 나머지 99%는 일본, 중국의 만화이고 한국 만화의 인기도 날로 증가하 고 있다고 한다. 페이스북, 구글 등에는 Mangaka, 황미리와 한유랑의 만화 동호회, 한국 만화 동호회, The Breaker의 만화 동호회 등과 같은 페이지들이 빠른 속도로 등장하고 있다. 또한 한국 웹툰의 번역본이 실리는 blogtruyen. com, truyentranhvietnam.vn 등과 같은 여러 베트남 웹사이트를 쉽게 검색할 수 있다. 베트남의 유명한 출판사 중의 하나인 Kim Dong출판사에서 한국 만 화를 많이 번역해서 출간하고 있다. 만화와 함께 한국 애니메이션도 베트남 에서 인기가 많은 한류콘텐츠로 여겨진다. 특히, 많은 어린이 시청자들은 '라 바나 '뽀로로'와 같은 한국 애니메이션 캐릭터에 흥미를 붙이고 있다.

03
한류의 성과

/

"한류의 성숙단계가 지속됨에 따라 베트남에서
한국상품의 판매가 날개를 달고 있고,
베트남에 진출한 한국기업, 베트남에서 개인사업을 하는 사업가들에게도
새로운 시장을 제공하고 있다."

이 시점에서 한류의 성과를 짚어 보는 것도 시의적절한 것 같다. 한류의 성과
는 우선 한국의 입장에서 어떤 성과가 있었는지를 알아봐야 할 것이다. 하지
만, 지금까지 대부분의 논의는 한국의 입장에서 한류의 성과를 분석해 왔다
고 할 수 있기 때문에 간단하게 정리하는 정도로 논의해 보고자 한다.

다음으로는 베트남 입장에서 한류의 성과, 즉 혜택은 무엇이 있을까 생각
해 볼 수 있다. 한류가 반드시 현지의 문화에 긍정적인 영향을 미치는 것은 아
니기 때문에 한류의 성과를 논할 때에는 긍정적인 측면과 부정적인 측면으로
나누어 검토해야 할 것이다.

〈한류의 성과-한국의 입장〉

우선, 한국문화의 전파 효과를 톡톡히 보았다. 베트남에서 한국문화는 일

상적이어서 이제 특별하지가 않다. 젊은이들은 언제 어디서나 일상적으로 K팝을 듣고 춤을 춘다. 인터넷을 통해 한국드라마를 실시간으로 즐기고, 온라인사이트를 통해 다양한 한국문화콘텐츠를 공유한다. 그동안 한국을 직접 방문하는 것을 포기하고 있던 젊은이들은 이제 취직도 하고 경제적 여유가 생기면서 필자에게 한국 관광일정을 짜는 데 자문을 요청하고 있다. 학생들은 한국도 관광하고 한국어도 배우기 위해 일찍부터 유학을 준비하는 사례도 증가하고 있다.

2016년도 한국을 방문한 베트남 관광객은 25만 명을 넘어섰고 이는 전년대비 54%가 증가한 숫자이다. 한국에 유학하고 있는 청년들은 거의 8천여 명에 이른다. 하노이 영사관에는 한국 유학을 위해 이른 아침부터 젊은이들이 길게 줄을 서고 있어 비자 담당 직원들이 일처리에 몸살을 앓고 있다. 한국문화에 대한 동경과 경제적 성장이 맞물리면서 당분간 베트남 관광객과 유학생은 크게 증가할 것으로 기대된다.

두 번째로 한류로 인해 정치외교적인 관계도 친근해지고 있다. 한국과 베트남은 한류가 베트남에 상륙한 시기인 2009년도에 '전략적 협력동반자' 관계를 맺었으며, 이후에는 국제적으로 가장 친근한 우방으로 상대국가를 배려하고 있다. 최근 양국 지도자들은 양국 관계는 단순한 동반자관계가 아니라 이제는 사돈관계라는 덕담을 주고 받고 있다. 한국남성과 결혼한 베트남 여성이 학대받는 사건 등과 같이 국가 간에 갈등을 일으킬 수 있는 요인들도 우호적인 정치지도자들과 언론에 의해 조기 마무리하는 모습을 보여주고 있다. 진정성 있는 문화교류를 통해 미래에도 문화동반자로써 양국 관계는 돈독하게 발전해 나갈 것으로 기대한다.

세 번째로는 경제적인 이익이다. 한류의 성숙단계가 지속됨에 따라 베트남에서 한국상품의 판매가 날개를 달고 있고, 베트남에 진출한 한국기업, 베트남에서 개인사업을 하는 사업가들에게도 새로운 시장을 제공하고 있다. 나아가서 한국의 젊은이들에게는 새로운 일자리를 만들어 주고 있다. 삼성은 하노이 북부의 스마트폰 공장의 성공적인 진출에 이어 호찌민에는 삼성전자가 들어서면서 베트남은 삼성의 국제적 전진지대가 되고 있다. 북부의 항구도시 하이퐁에서 새롭게 공장을 설립한 LG전자는 한류와 함께 성장했다고 해도 과언이 아니다. LG그룹의 에어컨과 화장품은 시장점유율 1위를 달리고 있고 매년 상품 판매가 6-7%씩 급성장하고 있다. 의류공장, 신발공장, 화장품 공장 등 그 수를 헤아릴 수 없는 중소규모의 공장들이 베트남 전역에서 힘차게 돌아가고 있다. 베트남은 한국의 공장이라고 해도 과언이 아니다.

〈한류의 성과-베트남의 입장〉
- 소비문화, 생활문화와 태도에 긍정적인 영향
한류, 문화한류의 베트남 사람들의 소비문화, 생활문화에 긍정적인 영향을 주고 있으며, 여가 및 소비문화의 발달에도 기여하고, 소비취향의 선택의 폭을 넓혀 주는 역할을 하고 있다.

한류는 나아가서 베트남 문화산업의 발달에 기여하고, 한류가 현지인들의 일자리를 만들어 내고 있다는 점에서 긍정적이라고 할 수 있다.

한국의 매력적인 문화콘텐츠, 즉, 드라마와 K팝, 영화, 한식 등은 베트남 국민, 특히, 젊은이들의 사고와 태도에 긍정적인 변화를 주고 있고, 세련된 여가 및 소비생활을 유도한다는 점에서 한류는 행복의 전령사라는 느낌을 갖는다. 특히, 한류가 우리나라 정치·경제·사회·문화의 최고 이념으로 널리 인간세계를 이롭게 한다는 홍익인간 정신이 전 세계로 이어지면서 현대적으로 발현된 형태라는 해석을 하고 싶다. 한류로 행복한 세계 시민, 한류로 만들어 가는 세계 평화가 한류정신, 한류가치의 궁극적인 목표가 되기를 희망한다.

"하노이 젊은이들에게 한국의 TV드라마와 영화의 영향"이라는 주제의 연구Vu Hoa Ngoc, 2005에서 베트남 젊은이들에게 낭만적인 사랑 고백 방식56.2%, 자립생활 방식39%, 일에 대한 몰두23.4%, 인내심22.5%, 가정과 직장에서의 예절 보존 의식20.5% 등으로 나타났다. 최근 하노이국립외대 한국어학과에서 진행한 한류에 대한 연구조사에서도 한국의 드라마와 영화가 베트남 젊은이들에게 유익한 정보를 제공하고 있고, 젊은이들의 생각, 생활방식에 대체로 긍정적인 영향을 미치고 있다는 것을 보여주고 있다.

그러나 일부에서는 서구식 생활문화를 많이 반영하고 있는 한국드라마의 내용이 베트남 젊은이들의 행동이나 사고방식에 부정적인 영향을 주고 있다는 의견도 있다.

"오늘날 원래 남성답게 보였던 많은 베트남 남자들이 갑자기 여성처럼 연약하게 말하고 행동하곤 합니다. 이는 역시 몹시 감상적인 한국 드라마 내용의 영향 때문입니다. 또한 지나치게 비현실적인 내용들은 일부의 젊은이들로 하여금 맹목적이고 공상적인 꿈을 꾸게 합니다."(A씨, 여, 25살)

"베트남 젊은층 속에서 날로 늘어나는 혼전동거 추세와 폭력 추세야말로 한국드라마의 영향이라고 생각해. 가족 감정을 주제로 하는 드라마들은 매우 감동적이지만 폭력적인 장면이나 혼전동거에 대한 내용이 있는 드라마들이 정말 좋지 않아. 베트남인의 좋은 전통가치에 적합하지 않거든."(B씨, 여, 45살)

그러나 K드라마는 베트남 국민들의 높은 소비문화적 욕구를 채워주는 역할을 하고 있다. 천편일률적인 주제, 사회주의 국가 특유의 홍보성 드라마, 제작기술의 부족 등에 따른 실감이 나지 않는 베트남 드라마를 대신해서 잘 짜여진 스토리텔링을 기반으로 예쁘고 잘 생긴 배우들, 세련되고 고급스런 생활문화, 깨끗하고 잘 발달된 생활환경 등을 보여주는 K드라마가 베트남 국민들의 문화적 갈증을 적절히 해소해 주고 있다는 점이다.

한국드라마는 베트남 젊은이들의 소비문화를 변화시키고 있다. 예를 들면, 2014년 여름에 방영된 드라마 〈별에서 온 그대〉라는 드라마는 베트남에서 큰 반향을 불러일으켰다. 이런 드라마의 열풍을 이용하여 한국의 소매산업의 제품들이 날개돋힌 듯 팔려나갔다. 베트남의 온라인숍들도 '라네즈' 파우더, '이브생로랑' 립스틱, '젠틀몬스터' 색안경 등과 같은 '별에서 온 그대'에서 나오던 명품들을 판매하기 위해 이런 기회를 놓치지 않았다. 심지어 베트남 옷가게들은 영화 배우들이 입었던 복장을 모방하여 아기 사슴 '밤비'의 이미지가 있는 옷, '구찌' 스웨터 등과 같은 비슷한 제품들을 신속히 제작하기도 하였다. 원래 가격이 저렴한 중국 제품들을 주로 사용하던 베트남인들은 소비문화를 바꾸어 가격이 상당히 비싼 한국의 브랜드 제품들을 선호하는 추세를 보이고 있다. 이는 한류가 베트남 사람들의 소비문화를 고급화시키고 문화로 행복한 생활을 만들어 나가는 데 기여하고 있다고 생각한다.

TV드라마와 함께 K팝도 베트남의 라이프스타일에 긍정적인 영향을 주고 있다. 대다수의 심층면접자들은 K팝이 오락기능이 있을 뿐만 아니라 생활리듬을 바꾸고 있다고 인정하고 있다. 드라마와 달리 K팝은 단순히 음악을 청취하고 아이돌 가수를 추종하는 것에서 한 걸음 나아가 직접 행동으로 옮기고 있다는 것에서 젊은이들의 행동양식이나 소비문화에 강력하고 실질적인 영향을 미치고 있다고 할 수 있다.

가장 기본적으로는 한국의 전통음악이나 트로트와 같이 단조롭고 느린 멜

로디를 갖고 있는 베트남 음악만으로는 베트남 젊은이들의 예능적 욕구를 충족시킬 수 없다.

K팝은 베트남 젊은이들의 소비문화와 생활문화에 가장 강력한 영향을 미친 장르라고 할 수 있다. K팝이야말로 베트남 젊은이를 위한 건전한 문화공간이면서 신선한 정신적 양식이고 유익한 운동방법이라고 할 수 있다. 특히, 주목할 것은 K팝이 베트남 팝 문화를 새롭게 만들고 있고, 문화원이 개최한 K팝 대회, 한국기업에서 개최한 K팝 오디션 프로그램에서 우승한 친구들이 전문예능인으로 활동하고 있다는 것이다.

예를 들어, 문화원이 개최한 K팝 댄스 대회에서 1등을 여러 번 차지했던 ST319는 프로로 데뷔하여 베트남 젊은이의 자랑이 되었을뿐만 아니라 한국인 연예인들이 베트남에 대해 더 많은 관심을 갖는 계기가 되었다. 2015년도 KBS가 주관한 K팝 월드페스티벌 한국본선에서 베스트 퍼포먼스상을 받은 논라스Nonlas의 경우에도 지속적으로 공연활동을 하면서 인기를 얻고 있다.

〈한류의 성과 – 베트남 경제의 활성화에 기여〉

베트남에는 한류열풍을 이용하여 경제적 이익을 얻고 있는 현지인이 상당히 많이 있다. 우선 Digital Creative회사이다. 이 회사는 360K팝 포럼의 주관기관이다. 이 포럼은 한국을 사랑하는 베트남 젊은 층을 위한 포럼이다. 설립 초기부터 젊은이들이 이 포럼에 들어와서 한국 연예인에 대한 이야기를 나누는 것부터 한국 연예인에 관한 신문, 영화, 드라마, 노래가사를 번역하는 것까지 정보와 취미를 나누고 교환한다. 여러 홍보 회사에 한국에 관한 정보와 자료를 판매함으로써 매년 적지 않은 이윤을 기록하고 있으며, 젊은이들의 소비심리를 재빨리 파악하여 한국 연예인의 의상, 앨범, 포스터 등과 같은 상품과 한국 화장품 등을 판매하는 가게들을 개장하기도 했다. 현재 이 포럼의 회원수는 379,272명이다. 360K팝과 같은 포럼들은 유익한 문화놀이터이면서 잠재적인 경제 시장이라고 할 수 있다.

두 번째는 베트남 주인이 운영하는 한식당이 최근 급성장하고 있다.

최근 가장 빨리 사업을 확장하고 있는 고기집인 'GOGI'는 물론, 'Big BBQ', '김밥소주' 식당, '김치 김밥' 식당, '그린 향' 식당, 하이바 쭝에 있는 '양' 식당, 미딩에 있는 '연꽃' 식당 등이 한국교민 밀집지역에서 성업하고 있다. 이런 현상은 하노이의 중심인 호안끼엠 인근에도 서울식당, 쭈꾸미 등 베트남인이 운영하는 한국이름과 한국음식의 베트남식당이 속속들이 창업하고 있는 것을 볼 수 있다.

베트남 슈퍼마켓에서도 한국의 미역, 김, 김치, 양념, 음료수 등을 쉽게 찾아볼 수 있다. 이들 식품들은 한국에서 직접 수입해 오는 경우도 있지만, 김치 같은 경우는 베트남 식품회사에서 직접 만들거나 베트남 사람들이 직접 담가서 파는 경우도 많다.

세 번째로 지적하는 것은 한국유학센터의 등장이다. 현재 한국유학상담 겸 한국어교육 담당 센터가 전국에 우후죽순으로 생겨나고 있다. 하노이 동다에 위치한 신해양 주자 주식회사, 꺼우자이에 위치한 글로벌 노동수출과 교육상

담 주식회사, 박닌에 있는 HANNA상업 서비스 주식회사, 하이바쯩에 있는 Atlantic 유학 상담센터 등을 열거할 수 있다.

네 번째로는 한국스타일 패션숍이다. 한류가 베트남에 들어왔을 때부터 한국스타일 패션은 베트남 젊은이들뿐만 아니라 중년층에게도 미美의 표준이 되었다. 베트남 주인이 운영하는 대표적인 패션숍에는 하노이의 꺼우저이에 있는 Korea 패션, 하동에 위치한 Thoi trang xach tay Han Quoc과 Ovy 패션, 장보에 있는 Mix style과 호찌민에 위치하고 있는 Pinwheel Shop, Lime Orange 한국 패션, Emily House, ANNACOCO 등을 찾아볼 수 있다. 대부분의 가게주인들은 중국에서 수입된 패션 상품보다 한국패션 상품이 훨씬 비싸지만 높은 경제적인 이익을 가져오고 있다고 털어놓는다.

이외에도 한류의 영향을 이용하여 베트남 사람들이 운영하는 화장품 가게, 미용 센터, 성형수술센터, 미용병원, 여행사 등이 시간이 지날수록 빠르게 늘어가고 있다. 유명한 화장품 가게로는 하노이에 위치한 동양미 주식회사, Hanhstore, Hieuparis, Korea화장품 등이 있고, 호찌민시에 위치한 가게로는 베트남 연꽃주식회사, MONO화장품 주식회사, 한국화장품 등이 있다. 미용 센터, 병원으로는 Thu Cuc국제 병원, 미용과 스파 Hong Nogoc 병원, 베-한 국제 미용센터 등이 있다. 한-베 가족인 Jace Nguyen이 최근 창업한 조은여행사(JOEUN Travel)와 같이 한국과 베트남 중간지대에 서 있는 한-베가족들이 새로운 사업 아이템을 발굴하는 경우도 있다.

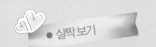

베트남 스포츠와 한류

베트남에서 근대 스포츠는 국가지도자 호찌민의 강력한 권장에 의해 일찍부터 활성화되었으며, 국제 스포츠게임에도 적극적으로 참여하게 되었다. 호찌민은 일찍이 "신체훈련과 스포츠는 국민들의 건강과 행복은 물론 국가건설과 국가의 방위와 번영에도 중요하다."고 강조하고 스스로 체력단련을 통해 모범을 보이기도 하였다. 베트남에서 가장 인기있는 종목은 축구이며 배구, 배드민턴, 레슬링, 사이클링, 체스 등도 함께 즐기고 있다. 베트남의 축구는 어린이부터 어른에 이르기까지 일상적으로 즐기는 생활스포츠로써 지역마다 축구클럽이 구성되어 있다. 그러나 베트남 축구국가팀은 FIFA월드컵 본선에 출전한 없으나, 2007년도 AFC아시안컵에서는 8강전에 진출하는 등 동남아시아에서는 가장 실력이 뛰어난 다크호스라는 자부심을 갖고 있다.

그러나 최근 태국, 말레이시아 등 주변국들과의 경쟁에서 별다른 두각을 이루지 못하고 있어 국민적 아쉬움이 깊어가는 시점에 한국의 박항서 감독이 국가 대표팀 감독으로 취임하면서 베트남 축구가 기적을 만들어가고 있다.

2018년 1월 27일 중국 창저우에서 개최된 아시아축구연맹 23세 이하 챔피

언쉽 결승전에서 눈발이 날리는 추운 날씨 속에서 최강 우주베키스탄과 혈전을 벌여준 우승을 이끌었고, 2018년도 인도네시아 아시안게임에서도 첫 4강에 오르는 기염을 토하기도 했다. 나아가서 2018년도 12월, '동남아시아의 월드컵'으로 불리는 스즈키컵에서 10년만에 강적 말레이시아를 누르고 우승하면서 베트남 전역이 흥분과 열광에 들썩였다.

박항서 감독의 마법에 빠진 베트남 시민들은 물론 현지 언론들은 박 감독과 축구 대표팀을 향한 깊은 애정을 표하고 있다. 경기 직후 베트남 국민들은 베트남 국기와 태극기를 함께 흔들며 한국에 감사를 표시하고 페이스북 등 SNS에는 박 감독과 한국을 언급하며 한국어로 "감사합니다", "고맙습니다", "한국인 고마워요" 등의 글들이 쉴 새 없이 올라왔다.

1952년 헬싱키에서 개최된 하계 올림픽에 참여한 이래로 베트남은 호찌민 주석의 스포츠 육성 방침에 따라 아시안게임과 국제스포츠 대회에도 적극 참여했으며, 주로 수영과 수상스포츠, 무술, 카누, 레슬링, 탁구와 육상, 태권도 선수를 파견하였다.

특히, 태권도는 1960년대부터 베트남에 들어와서 뿌리를 내려가고 있으며 1980년대부터 지역 및 전국단위의 조직을 갖추면서 체계적으로 선수를 육성하고 있고 최근에는 국제대회의 유망종목으로 인식되고 있다.

1994년 제12회 아시아경기대회(히로시마 개최)에서 최초로 금메달을 땄으며 2000년 하계올림픽에서 쩐 하우 응안Tran Hieu Ngan 선수가 여자태권도 부문에서 최초의 동메달을 획득했다. 한국에서 베트남 태권도 선수의 기량향상을 위해 적지 않은 지원도 기울이고 있다. 한국의 CJ그룹은 2014년도 문화체육관광부와 MOU를 체결하고 코치를 파견하고 국제대회에 앞서 일정기간 한국에서 전지훈련을 실시하고 있고, 문화원에서도 대사배태권도대회를 개최하여 베트남의 태권도선수 기량향상을 지원한 바 있다.

한국의 두산그룹은 2015년도 베트남 문화체육관광부와 MOU를 체결하여 베트남의 양궁선수의 훈련을 지원하여 왔다.

2016년도 브라질 리우올림픽에서 사상 처음으로 베트남의 호앙 쑤안 빈 Hoang Xuan Vinh 선수가 남자 10미터 공기권총에서 금메달을 획득하여 국민적 영웅으로 부상했는데, 한국의 박충권감독의 지도가 있었다는 사실이 알려지면서 큰 화제가 되기도 하였다.

앞으로 교역, 문화, 외교, 교육분야는 물론 스포츠 분야에서 더욱 많은 친선교류가 이뤄지고 국제스포츠 경기에서 한국의 기술과 노하우가 전달되어 베트남 스포츠의 경기력 향상에 기여하기를 기대한다.

황쑤안 빈 선수가 한국의 박충권감독과 금메달 획득을 기뻐하고 있다.(사진: 연합뉴스 2017.08.08. 기사)

04

한류의 미래

/

"진정성과 신뢰성을 불변의 철학으로 무장하여 공동 번영이라는 목표를 향해
한 차원 다른 한류로 발전시켜 나아가야 한다."

90년대 후반 드라마, 영화, 음악 등으로부터 시작된 한류가 베트남에 상륙한 지 어언 20여 년이 흘렀다. 그동안 한류는 문화에서 전 산업과 공공 분야까지 영역을 확대하면서 이제 한류가 문화교류만을 의미할 수 없게 되었다. 그러나 여전히 문화한류는 한류의 가장 큰 부분을 차지하고 있고 한류를 평가하고 바라보는 바로미터로, 그리고 다른 분야를 자극하고 동기를 부여하는 촉매제로써의 역할을 하고 있다.

앞장에서도 살펴보았지만, 한류의 미래를 논하기 위해서는 그동안 한류가 한국과 베트남에 어떠한 영향을 주었는지에 대한 사전적인 검토가 필요할 것이다. 우선, 베트남에서 한류는 오랫동안 사랑을 받아왔다. 일부 장년층과 지식층의 우려도 제기되었지만, 젊은이들의 압도적인 한류사랑을 막아내지는 못했다. 이제 한류는 일상화가 되었고 모든 분야로 확대되면서 실질적인 기여로 이루어지면서 베트남 국가와 국민들의 삶 속에 긍정적인 흐름으로 안정을 찾고 있다고 말할 수 있다. 즉, 기업의 투자확대를 통해 베트남의 경제성

장에 기여하였으며 무상원조자금을 통해 저소득층의 보건, 생활, 교육 등의 여건을 개선하고 100만 여 명의 젊은이들에게 일자리를 제공하였다. 젊은 층의 사고방식과 자세, 전통가치에 대한 관념, 전통적 생활 방식과 소비문화 등에 긍정적인 변화를 이끌어 냈으며 자국의 서비스 분야 및 문화산업발전을 촉진하는 계기도 마련하였다.

한국에게도 베트남은 가장 중요하고 필요한 파트너로써 인식된다. 경제적으로는 중국, 미국, 일본에 이어 한국의 4대 교역국이고 한국은 베트남의 제1위 투자국이다. 2017년도 한–베트남 교역액은 639억 달러에 이른다. 지금도 7천개가 넘는 한국 기업들이 진출해 있고, 중국의 투자환경이 열악해 지면서 베트남 진출을 서두르는 기업들이 줄을 서고 있다. 한국의 연예기획사, 이벤트회사, 교육기관, 방송기관 등도 베트남 시장에 진출했거나 진출을 서두르고 있다. 베트남은 명실공히 '포스트 차이나'의 위상을 얻게 되었다.

이제 한국과 베트남은 무역, 외교, 국방 등 전략적인 측면은 물론 결혼을 통한 사돈관계로서도 긴밀한 동반자 관계를 갖게 되었다. 한국에는 16만여 명의 베트남인이 거주하고 있고, 베트남에도 한국인이 15만여 명이 살고 있다고 알려져 있다. 한국에는 베트남 결혼여성들이 6만여 명에 이르고 이들의 가족들을 포함하면 20여만 명의 한–베 가족이 살고 있다.

최근 베트남의 경제가 지속적으로 발전하고 투자환경이 개선되고 있으며 젊은 층을 중심으로 문화소비시장도 큰 도약을 서두르고 있다. 인터넷 사용자가 전체인구의 60%를 넘어가고 있고, SNS 활용 인구페이스북, Zalo는 베트남 인구의 과반수인 4,600만 명에 이른다. Euromonitor International에 따르면, 2015년도 기준 베트남의 청장년층8~29세 인구는 약 2,040만 명으로, 전체 인구의 약 22%를 차지하고 있다. 이들 인구는 이른바 'middle youth'라고 불리는 30~44세 인구 다음으로 가장 큰 비중을 차지하며 베트남 소비시장에서 막강한 영향력을 행사하고 있다. 이들 청장년층은 온라인을 통한 정보 수집과 여가 및 친목 활동, 쇼핑 등에 많은 시간을 할애하고 있다. 특히, SNS를 통해 자신의 일상과 경험을 공유하는 것은 베트남 현지 젊은이들에게 매우 보편적인 문화가 되고 있다. 출처 안녕 베트남

베트남은 연 6% 전후의 경제성장을 지속하고 있고 앞으로도 당분간은 성장을 지속할 것으로 보여진다. 한국의 자국내 투자환경은 점점 열악해지고 해외 진출을 통해 경제적 위기를 극복하려는 기업들에게 베트남은 투자하고 개척할 만한 가치가 있는 신흥시장이라고 할 수 있다.

또한, 국가이익을 위해 새롭게 편성되는 국제질서에서 우리의 편에 설 수 있는 나라 중 몇 안되는 나라라는 위상도 갖고 있다. 한류의 미래를 짚어볼 때에, 우리에게 베트남은 매우 중요한 전략적이며 심리적인 파트너라는 데 의심의 여지가 없어 보이고, 한류의 미래를 밝게 만들어 가야 하는 이유이기도 하다.

그러나 한류의 미래를 밝게 만들어 가는 것이 그렇게 간단한 문제는 아닌

것 같다. 문화의 흐름은 상대적이고 심리적인 요소가 매우 크다. 자존심과 자부심이 걸린 문제다. 파급력이 커서 하루아침에 명암이 바뀔 수가 있다. 그렇기 때문에 우리가 바라는 대로 한류를 지속시키기 위해서는 그만큼 넘어야 할 산이 존재하고 있고, 최소한 아래의 조건들이 꾸준하게 실천될 때 한류의 미래는 밝을 것으로 기대한다.

우선, 베트남 문화의 정체성과 함께 베트남 국민들의 특성을 이해해야 한다. 베트남 문화와 국민을 존경하고 사랑해야 한다. 우리의 관점이 아닌 베트남인의 관점에서 문화의 특성과 국민성을 이해하지 못한다면 문화적 갈등과 충돌은 불가피할 것이고 한류의 미래를 어둡게 만들 것이다.

둘째로는 한국으로 시집온 베트남 여성들이 한국 사회에 잘 적응하고 국민의 한 사람으로 차별받지 않고 살 수 있도록 정책적인 배려와 가족과 이웃의 열린 자세가 요구된다. 공동체 사회로서 가족에 대한 애정이 남다른 베트남에서 한국에서 종종 발생하는 사건 사고소식은 한류에 치명적인 타격을 줄 수 있다.

셋째로 베트남의 경제적 발전과 국민의 문화적 삶의 질을 높일 수 있도록 적극 기여해야 한다. 베트남 시장의 성장은 한국 시장의 확대라는 의미도 갖기 때문에 한국의 경험과 노하우를 베트남에 적극 지원하여 경제문화산업 발전을 지원해야 한다. 경제적, 사회문화적 공동 번영은 한류의 미래를 밝게 만들 것이다.

양국은 2020년도 국교 정상화 28주년을 맞이하여 역사적으로 전대미문의 밀월관계를 유지하고 있고, 앞으로도 특별한 변수가 발생하지 않는다면 양국 관계의 미래는 밝을 것이다. 그러나 국가이익을 우선시하는 최근의 국제질서에서 어느 누구도 불변의 파트너쉽을 장담할 수는 없다. 따라서 우리는 오늘날의 한류를 진정성과 신뢰성을 불변의 철학으로 무장하여 공동 번영이라는 목표를 향해 한 차원 다른 한류로 발전시켜 나아가야 할 것이다.

부록

베트남 문화체육관광부 조직도

참고문헌

베트남 문화체육관광부 조직도

기초문화국	베트남민족들의 관광문화마을 관리부	체육 · 스포츠 총국
가정부	관광총국	문체부 사무실 관리
도서관부	저작권국	장려책 관리부

· 베트남전시박람회 센터 유한책임회사 · 꼬앙 응아이 도서 및 문화상품 출판사 · 문화 · 통신 출판사 · 민족문화 출판사 · 세계 출판사 · 체육스포츠 출판사 · 짠푸 인쇄사 · 프린트 장비 수출입 회사 · 문화수입 및 개발 유한책임회사 · 방송 및 기술개발 유한책임회사 · 베트남민족들의 문화관광마을 기반시설 투자 및 개발 유한책임회사 · 중앙미술 유한책임회사 · 기타 (문체부 소속 주식회사들)	· 주라오스베트남문화원 · 주프랑스 베트남문화원회사	· 문화신문 · 문화 체육 관광 관리간부 양성센터

참고사항

중앙정부 소관기관

분야별 국립기관

업 체

간부관리부	문화유산국	공연예술국
기획재정부	교육부	영화국
대외협력국	과학 · 산업 · 환경 부	미술사진전시국

- 베트남국립음악아카데미
- 후에 음악아카데미
- 호찌민 시 음악아카데미
- 다낭 체육 스포츠대학교
- 하노이 문화대학교
- 호찌민 시 문화대학교
- 베트남 미술대학교
- 호찌민 시 미술대학교
- 하노이 연극영화대학교
- 호찌민시연극영화대학교
- 동나이미술디자인전문대
- 베트남 무용전문대
- 비엣박 문화예술전문대
- 떼이박 문화예술전문대
- 하노이 관광전문대
- 다낭 관광전문대
- 하이퐁 관광 서비스전문대
- 후에 관광직업전문대
- 붕따우 관광직업전문대
- 나트랑 관광직업전문대
- 베트남 서커스 예술 및 예능 고등학교
- 다랏 관광전문학교
- 껀터 관광전문학교
- 호찌민 시 무용고등학교
- 베트남 문화예술원
- 유적보존원
- 정보통신센터

- 문화예술잡지
- 하노이 오페라하우스 관리부
- 베트남 뚜옹극장
- 베트남 까이르엉극장
- 베트남 째오극장
- 베트남 인형극극장
- 베트남 음악 무용 연극극장
- 베트남 연극극장
- 청춘극장
- 베트남 가요 무용 음악극장
- 베트남 오케스트라
- 베트남 서커스협회
- 베트남 영화원
- 창작지원센터
- 영화기술센터
- 국립영화상영센터
- 베트남예술문화전시센터
- 꼬로아 촬영장
- 주석궁의 호찌민 주석유적지
- 호찌민 박물관
- 유적지보존원
- 베트남혁명 박물관
- 베트남역사 박물관
- 베트남미술 박물관
- 베트남민속문화박물관

참고문헌

권쾌현, "아주 특별한 베트남 이야기", 연합뉴스, 2010
김선한, "베트남을 통하다", 연합뉴스, 2015
김영순 · 응웬 반 히에우 외 지음, "베트남 문화의 오디세이", 북코리아, 2013
금기형, "한국, 베트남 전래동화", 주베트남한국문화원, 2011
송정남, "베트남 사회와 문화 들여다보기", 한국외대지식출판원, 2016
송필경, "왜 호찌민인가?", 에녹스, 2013
윤하, "사랑한다면 눈을 감아라", 좋은 베트남, 2016
전경수, "베트남 일기", 통나무, 1993
허유리, "베트남 100배 즐기기", 알에이치코리아, 2016

〈참고자료〉
Kotra 베트남 경제 및 한-베 교역 · 투자 현황(2015. 6.5)
한-베 미래 포럼, 향후 20년 한국과 베트남 전략적 관계: 비전과 지식공유(2012, KF)

〈월간지〉
한인소식
좋은 베트남
굿모닝 베트남
라이프 프라자
가이드 베트남
베한타임즈

〈신문〉
DongA.com: CJ"CGV의 창조 DNA, 베트남에 이식"(2013.5.13.)
서울경제: 컬처플렉스 등 새 패러다임으로 'CGV창조경영'해외에 심었다(2013.7.17.)
한국경제: CJ · 롯데, 베트남 영화시장 장악...스크린 65%, 배급 70%차지(2016.7.26.)

〈블로그〉
베트남 영화산업 문제점 및 개선방향
http://blog.daum.net/ganztief/135(2011.4.20.)
베트남 영화산업 동향 http://www.ois.go.kr(2014.6.3.)
베트남 영화상영 서비스시장, 한국기업이 주도 http://hanryu1000.glog.
me/220448277808 (2015.8.12.)
베트남 문화산업 개황 자료, 한국콘텐츠진흥원 2013.7.28.
한국-베트남 국제교류작업 참관기, 연극평론 2016 여름(2016.6.1.)
'전도유망' 베트남 관광산업- 베트남, 동남아의 관광대국 태국을 긴장시키다(코트라,
2016.9.21.)

Huu Ngoc, "Wandering Through Vietnamese Culture", The Gioi Publishers, 2014
Vietnam Annual Tourism Report 2015, Vietnam National Administration of
Tourism
Vu Son Thuy(배양수 옮김), "베트남 베트남 사람들", 대원사, 2000
The strategy of Cultural development in Vietnam by 2020, The ministry of Culture,
Sports and Tourism
Tran Thi Huong, Cao Thi Hai Bac, "베트남 문화생활 속에서의 한류현상에 대한 연구",
주베트남 한국학연구학회, 2015
베트남 축제:
「Kho tàng lễ hội cổ truyền Việt Nam」(베트남 고전축제 총람) _ 공저 (편집장 Nguyen
Chi Ben)_ 민족문화출판사 _ 2000

〈인터넷〉
베트남 영화산업 현황
1. https://vi.wikipedia.org/wiki/%C4%90i%E1%BB%87n_%E1%BA%A3nh_
Vi%E1%BB%87t_Nam
2. http://baovannghe.com.vn/fcviet-1-2-15814.html?vip=bvn
3. http://cinet.vn/articledetail.aspx?sitepageid=542&articleid=22885#sthash.
fYVLn6wR.eaXH2kGY.dpbs

베트남 방송산업 현황

1. http://vneconomy.vn/cuoc-song-so/nganh-truyen-hinh-viet-nam-se-phat-trien-nhu-the-nao-2012101208563605.htm
2. http://mic.gov.vn/Pages/TinTuc/116095/Tinh-hinh-phat-trien-linh-vuc-bao-chi-va-phat-thanh-truyen-hinh-nam-2015.html
3. http://sohoa.vnexpress.net/tin-tuc/doi-song-so/hom-nay-tat-song-truyen-hinh-analog-tai-ha-noi-va-tp-hcm-3452728.html

베트남 만화산업 현황

1. http://news.zing.vn/thi-truong-truyen-tranh-viet-nam-2-thap-nien-vat-lon-post583226.html
2. http://www.nhandan.com.vn/vanhoa/nghe-doc-xem/item/30706602-tiem-nang-truyen-tranh-viet-nam.html
3. http://hanoimoi.com.vn/Tin-tuc/sach/827969/truyen-tranh-viet-nam-loay-hoay-tim-cong-thuc-phat-trien

베트남 게임산업 현황

1. http://www.game360.info/toan-canh-thi-truong-game-mobile-viet-nam-qua-tung-con-so.html
2. http://viettimes.net.vn/thi-truong-game-mobile-viet-nam-dat-doanh-thu-120-trieu-usd-nam-2015-64230.html
3. http://vtc.edu.vn/tintuc/mobile-game-chiem-linh-thi-truong-game-viet-nam.2258.aspx
4. http://khoahocphattrien.vn/cong-nghe/game-mobile-viet-nam-thi-truong-nghin-ty-bi-bo-quen/20150911115320712p1c859.htm